百年五四与青岛

张荣大　张树枫　著

青岛出版社

序言

2019年5月4日,是五四运动爆发100周年的纪念日。百年沧桑巨变,传承、发扬其爱我中华、不惧外强的初心更显弥足珍贵。

五四运动是伟大的反帝反封建的爱国运动、伟大的思想解放运动和新文化运动,标志着中国新民主主义革命的伟大开端。她开了中国人民抵制和反抗旧政权与外强签署新的不平等条约并取得历史性胜利的先河。

自1840年鸦片战争以来,世界列强鱼肉瓜分中国达到了肆无忌惮的疯狂程度,而腐败无能的旧政权在1841年至1949年间,共与外强签订上千个条约,其中对中国领土主权侵害最严重的有34个,让世界人口第一大国和有数千年文明历史的中华民族蒙受了莫大的屈辱和盘剥。

我们不妨把这些条约一一列举出来,看一看列强是多么贪得无厌,丧权辱国是多么可恨无耻,历史的警示又是多么令人刻骨铭心。

这34个不平等条约是:

《中英南京条约》,1842年(道光二十二年)8月29日;

《中英虎门条约》,1843年(道光二十三年)10月8日;

《中美望厦条约》,1844年(道光二十四年)7月3日;

《中法黄埔条约》，1844年（道光二十四年）10月24日；

《中俄伊犁塔尔巴哈台通商章程》，1851年（咸丰元年）8月6日；

《上海英法美租界租地章程》，1854年（咸丰四年）7月5日；

《中俄瑷珲条约》，1858年（咸丰八年）5月28日；

《中俄天津条约》，1858年（咸丰八年）6月13日；

《中美天津条约》，1858年（咸丰八年）6月18日；

《中英天津条约》，1858年（咸丰八年）6月26日；

《中法天津条约》，1858年（咸丰八年）6月27日；

《中英北京条约》，1860年（咸丰十年）10月24日；

《中法北京条约》，1860年（咸丰十年）10月25日；

《中俄北京条约》，1860年（咸丰十年）11月14日；

《中德通商条约》，1861年（咸丰十一年）9月2日；

《中英烟台条约》，1876年（光绪二年）9月13日；

《中俄勘分西北界约记》，1864年（同治三年）10月7日；

《中日北京专条》，1874年（同治十三年）10月31日；

《中葡和好通商条约》，1887年（光绪十三年）12月1日；

《中英会议藏印条款》，1893年（光绪十九年）12月5日；

《中日马关条约》，1895年（光绪二十一年）4月17日；

《中俄密约》，1896年（光绪二十二年）6月3日；

《中日通商行船条约》，1896年（光绪二十二年）7月21日；

《中德胶澳租界条约》，1898年（光绪二十四年）3月6日；

《中俄旅大租地条约》，1898年（光绪二十四年）3月27；

《中英展拓香港界址专条》，1898年（光绪二十四年）6月9日；

《中英订租威海卫专条》，1898年（光绪二十四年）7月1日；

《中法互订广州湾租界条约》，1899年（光绪二十五年）11月16日；

《中英辛丑条约》，1901年（光绪二十七年）9月7日；

《中日会议东三省事宜正约》，1905年（光绪三十一年）12月22日；

《中英续订藏印条约》，1906 年（光绪三十二年）4 月 27 日；

《中俄满洲里界约》，1911 年（宣统三年）12 月 20 日；

《中日民四条约（二十一条）》，1915 年（民国四年）5 月 2 日；

《中俄蒙协约》，1915 年（民国四年）6 月 7 日。

这一个个不平等条约，让人窒息而又无比震惊与愤慨。这一个个不平等条约，是丧心病狂的列强肆意侵害中国主权和利益的铁证，是套在丧权辱国的旧政权脖子上的条条枷锁，是压在中国人民心头上的块块巨石。

面对侵略和侵占，有屈辱就有反抗。伟大的五四运动终于像火山一样爆发，让中国人民在黑暗中找到了一条内反腐朽、外抗列强的光明之路。

我们传承和弘扬五四运动爱我中华、不惧外强的伟大精神，需要追根溯源研究五四运动发生、发展、取胜的全过程，总结五四运动深远的历史意义和现实意义，只有这样才能彻底领悟五四运动爆发是历史的必然，全国人民参与的五四运动是必胜的、是不可抗拒的历史潮流，世代高举五四运动的旗帜、传承爱我中华的初心是十分必需的。

研究五四运动的必然性，必须从青岛为什么成为五四运动导火索入手。

震惊中外的五四运动，始终围绕中国从日本侵略者手中收回青岛主权和山东权益这一重大问题而酝酿、发生、发展，也始终与中国人民不屈不挠地与列强置青岛主权和山东权益于不顾而奋力抗争并最终取得胜利分不开。

青岛原是胶州湾一个不出名的小渔村，清廷从其重要战略位置考量，于 1891 年派兵驻防，为青岛城市建置之始。

然而，刚刚六岁还处于年幼的青岛，却在 1897 年被觊觎多年的德国黑鹰紧紧盯上了，借突发"巨野教案"之机，德皇威廉二世狂叫道："中国人终于给了我们一个占领胶州湾的时机了！"于是德军于当年 11 月 14 日采取炮舰政策大举进犯占领青岛，并于 1898 年 3 月 6 日强签了中德胶澳租界条约，视胶州湾为控制中国和称霸世界的重要基地，将胶州湾划归德国海军部直辖，并在胶州湾租借地设置胶澳总督，为胶澳租借地最高军政长官。名为"租借"，实为殖民，这一状况持续时间长达 17 年。

1914 年第一次世界大战爆发。中国要不要参战，成为摆在袁世凯掌管的中华民国政府面前的一个难题。有的要员力主向德国宣战，理由明摆着，德国已无理侵占青岛 17 年，还在山东夺取了很多权益，现在德国身陷一战，驻扎青岛的德军仅有数千人，中国派兵将德军赶出青岛并不难，也可以借此废除《中德胶澳租界条约》，实乃天赐良机。

大权在握的袁世凯也曾有过开战的念头，但反对开战的一些要员泼冷水。前怕狼后怕虎的袁世凯为了逃避战火，没有把主动权牢牢掌握在自己手上，反而把希望一直寄托在他人身上，紧急与美日协调立场瞎忙活。袁世凯已察觉到日本动作频频，他于 1914 年 8 月 3 日请求美国遏制日本的行为，使其不要在包括胶州湾在内的中国领土和领海开展军事行动。8 月 6 日，中国外交总长孙宝琦紧急向日美提出，中日美应联合起来，劝告欧洲参战国不要扩大战局，尽量缩小战祸，以维护东亚和平。但袁世凯一厢情愿、自作多情的游说却碰了满鼻子灰，被心怀鬼胎的日本断然拒绝。袁世凯最终拍板拒绝参战，名之曰恪守中立，让国人大失所望，但却让日本兴奋不已。

袁世凯一宣布恪守中立，日本内阁即在 8 月 7 日连夜紧急开会，通过了参加一战的决定。8 月 23 日，日本正式对德国宣战。9 月 2 日，日军在山东登陆侵占胶济铁路和沿线城镇，向青岛德军要塞发动海陆围攻。11 月 7 日，青岛德军战败投降，日本取代德国占据青岛和胶济铁路。随之，日本于 1915 年 1 月 8 日向中国提出了意在灭亡中国的"二十一条"。反动的袁世凯政府在日本武力威迫和政治诱引下，于 5 月 9 日答允了这一卖国协约，激起了全国人民的反对。收回青岛主权和废除"二十一条"成为全国人民共同的愿望。

1918 年 11 月一战结束。翌年 1 月 18 日，处置战败国权益的巴黎和平会议召开，中国作为战胜国出席会议，在会议上提出要求收回被德国占据的青岛和山东权益的正当要求。但在英、法、美列强把持下，和会竟将德国在青岛和山东的权益转交给日本。中国在巴黎和会的外交完全失败。

国家兴亡，匹夫有责。在中华民族危难之际，一些有良知的新闻记者和社会名流，接连不断向国内外揭露巴黎和会的黑暗内幕，发出了"山东亡，中国亡""誓死力争""还我青岛"的怒吼，5月4日，北京13所大专院校3000多名学生走上街头举行游行示威，在集会上宣读了《北京学生天安门大会宣言》，并派代表到美、英、法、意各使馆投递了《说帖》。游行队伍在散发了两万份《说帖》之后，又火烧亲日官员曹汝霖宅邸、痛打驻日公使章宗祥。五四运动像火山一样爆发，而且一发不可收，迅速发展成全国性轰轰烈烈的反帝反封建伟大运动。

五四运动爆发是历史的必然，而青岛作为导火索与五四运动的发生、发展有必然的联系。

五四运动之所以必胜，与这场运动的鲜明目的密不可分，那就是内反丧权辱国，外抗列强侵略，中国人民这一意志不会向国内外任何势力屈服。五四风暴由北京学生发起，引领全国学界纷纷响应，由全国学生运动迅速转化成全国工人运动，而且工商学拧成一股绳，使斗争发展成为以工人阶级为主力军的波澜壮阔、声势浩大的反帝爱国政治运动，这一摧枯拉朽、排山倒海之力是国内外任何反动力量也阻挡不了的。

在五四运动爆发当天，32名学生遭到逮捕，此举引发了更大规模的游行。北京大学学生郭钦光是五四运动中牺牲的第一个烈士。他与同学们走上街头示威游行，在冲向赵家楼搜寻卖国贼曹汝霖、焚烧赵家楼时，遭到警察殴打，吐血不止，伤势严重。又闻许多同学被捕，怒不可遏，不幸于5月7日吐血而死。郭钦光英勇牺牲后，全国许多城市的人们纷纷悼念这位勇士，掀起了运动的新浪潮。

在强大压力下，五四被捕学生很快被释放。但当局非但没有响应学生呼吁，反而急切地想要秋后算账。5月19日北京举行全市大罢课，6月3日又有几千名学生走向街头，再次与北洋政府较量，170多人被反动军警逮捕。临时监狱竟然设在北大法科校舍，大批军警在附近驻扎。6月4日逮捕行动继续，又辟北大理科为临时监狱。6月8日迫于各界压力全部学生获释。

北京学生大规模的爱国活动及被镇压的消息很快传遍全国，全国人民被激怒了，学生罢课、工人罢工、商人罢市的"三罢"斗争迅速席卷全国。从此，五四运动转入了一个新的阶段。运动的中心从北京移到上海。运动的主力也由青年知识分子扩大到工人阶级。

面对全国性的斗争，北洋政府终于低下了头，向人民屈服，6月10日接受了曹汝霖、章宗祥、陆宗舆的辞呈，实质是将三人罢免。后于6月28日，北洋政府在巴黎和会上拒签《凡尔赛和约》，中国外交虽败犹荣，五四运动取得了阶段性重大胜利。

为了乘胜前进，完成收复青岛主权和山东权益的大业，中国人民继续不屈不挠地抗争。1921年11月12日，来自美、英、法、意、日、比、荷、葡和中国的代表齐聚美国华盛顿，举行了太平洋会议，一直开到1922年2月6日，历时近3个月。经过各方努力和中日间反复谈判，《解决山东悬案条约》终于在1922年2月4日签订，青岛主权和山东权益得以交还中国，但中国为此付出了6100万日元的巨大代价。

1922年12月10日正午，中日在原德国胶澳总督府举行交接仪式，沦陷于德、日殖民统治下长达25年的青岛最终回到祖国怀抱。这成为中国收回外国在华租借地的先声，五四运动至此画上了句号。

强调世代高举五四运动的旗帜、传承爱我中华的初心是十分必要的，这是百年五四用生命和鲜血换来的真理，来之不易。

青岛这座城市命运多舛。日本对在华盛顿会议上失去青岛并不甘心，借发动侵华战争之机，于1938年1月10日再次侵占青岛，开始了长达7年多的殖民统治。日本在青岛布下了军事、特务、宪兵、汉奸的罗网，疯狂掠夺青岛及山东资源，还在侵占青岛期间，大规模地将在中国各地招募和强掳中国劳工集中到青岛，然后由此转口输往我国东北、内蒙古和日本国内，强迫他们充当苦役，其滔天罪行罄竹难书。

1945年8月15日，日本无条件投降，抗日战争取得伟大胜利，青岛再次摆脱日本殖民统治。支持国民党和民国政府的美国，从1945年9月起，先后派遣美国海军基地司令部、海军陆战队等11个军事单位和8个情报机关进驻青岛，可谓日军豺狼刚去，美军虎豹又来。1947年11月，美国政府与国民党政府签订了青岛海军基地秘密协定，自此青岛成为美军在远东的主要海军基地。美军士兵在青岛横行霸道，肆无忌惮，劣迹斑斑，在短短的31个月中，美军在青岛犯罪案件达 373 件。其中美军士兵无故开枪打死、打伤市民 117 人，车祸肇事导致死伤 193 人，肆意强奸污辱妇女的暴行更是令人发指。

1949 年 5 月 25 日，在隆隆的炮声中，我人民解放军势如破竹，兵临青岛城下。专门帮国民党打内战的美军一看大势已去，黯然撤离青岛海面。

6 月 2 日，解放军一举攻破青岛市区，国民党残兵败将乘船南逃。当天中午 12 时，青岛宣告解放，人们欢天喜地迎接解放军入城。

始终高举五四伟大旗帜、弘扬五四伟大精神的是伟大的中国共产党。1917 年 11 月 7 日俄国十月革命一声炮响，给中国送来了马列主义。五四运动促进了马克思主义在中国的传播，为中国共产党的诞生在思想上、组织上和干部上准备了条件。

1939 年 5 月 1 日，毛泽东在纪念五四运动胜利 20 周年时对青年发表讲话。又于 1939 年 5 月 4 日，在延安青年群众举行的五四运动 20 周年纪念大会上，作了《青年运动的方向》的讲演。毛泽东在对中国国情的系统考察和综合研究的基础上，发展了关于中国革命问题的思想，正确地评价了青年运动在中国革命中的地位和作用，总结了五四运动以来中国青年运动的历史经验教训，指明了中国青年运动的方向。中国人民在中国共产党的领导下，推翻了"三座大山"，建立了新中国，不仅始终开展五四运动纪念活动，还始终坚持爱党爱国爱人民的教育，在纪念百年五四的时刻带领人民走进了新时代。

我们迎来了五四运动一百周年这个伟大的日子，还有"两个一百年"在等待着我们，我们更要不忘初心，继续前行。让我们向着"两个一百年"奋斗目标，紧紧拥抱中国梦，建设国强民富、社会和谐的伟大祖国。

目录

第一章

青岛设防

明清时期，青岛是山东省即墨县的一个小渔村。600 年前的明代，为防御倭寇，保卫海疆，即墨沿海一线建起众多海防设施。

青岛天后①宫始建于明成化三年（1467 年），位于青岛市太平路 19 号，毗邻栈桥，距今已有 500 多年的历史，是青岛市区现存最古老的明清砖木结构建筑群。在天后宫内，两株相互守望了 500 余年的银杏古树，见证了历史的变迁。

◎始建于明代中叶的青岛天后宫

明万历六年（1578 年），即墨县令许铤奏请开海口，将青岛辟为贸易港，称青岛口。到了清代，其仍属即墨县仁化乡，仍称"青岛口"。

从明朝开始，"青岛"这个地名开始从海上逐渐移向陆

---

①天后，又名妈祖，是以中国东南沿海为中心、包括东亚等地区民众信仰的海神，是历代船工、海员、旅客、商人和渔民共同信奉的神祇。由于被朝廷赐封，沿海人民便尊其为海神，立庙祭祀，祈福保平安。

◎始建于明朝初年的青岛防倭炮台

◎来开辟时的青岛光景（今中山路一带）

地。"青岛"北面的海湾称为青岛湾，湾边的村庄称为青岛村，村南的小河称为青岛河，村东南的山称为青岛山。

成书于1928年的《胶澳志》明确提到，"青岛，在青岛湾内不足一海里"，"山岩耸秀，林木荟清"，故名"青岛"。又指出，"青岛村，初为渔舟聚集之所，旧有居民三四百户，大都以渔为业。"

1891年6月，清廷决定在胶澳设防，调派登州镇总兵章高元移驻胶澳，建总兵衙门于青岛村旁。1897 年 3 月，即德国侵占青岛的前夕，胶澳镇的商贸店铺已达 60 余家，成为一个繁华的海港小镇。

1891 年 6 月 11 日，地处山东半岛南端胶州湾畔的青岛小渔村突然热闹起来。正在近海劳作的渔民发现从崂山海面方向驶来一大队喷吐着黑烟的大铁船，都惊呆了。

人们扔下手中的活计，蜂拥到被称为青岛口的海湾处看热闹。对于这种钢铁制造的海上怪兽，青岛口一带的居民并不陌生，因为他们早在几年前就看见过这种载有大炮的铁船来到胶州湾，人们传说那是大清北洋海军来作什么"查勘"的。尽管如此，这一次由 19 艘军舰组成的庞大舰队来到胶州湾，还是未有先例的。舰队在前海一带抛锚停泊，从两艘"巨无霸"战舰上下来一群大清官员，乘小艇驶抵青岛口唯一的官办设施——东海关青岛分卡处登陆，随后便在大批海军官兵保护下向西边的西岭、团岛走去。村民们满腹狐疑："这么多军舰和这么多的大人物到咱这荒僻海口来干什么呢？"

假如村民们知道来的大人物是当今大清王朝最有权势、赫赫有名的北洋大臣、海军会办大臣、直隶总督李鸿章和他们的父母官——山东巡抚、海军帮办大臣张曜，一定会惊得目瞪口呆。平时连个即墨县太爷的踪影都难得一见的小小青岛村，竟然有这么多的大官员光临，真可谓"蓬荜生辉"了。

李鸿章和张曜是在完成北洋海军建成后的首次"校阅"大典之后专程来到胶州湾的。他们此行的目的，就是要亲自勘查和确定胶州湾有没有辟为北洋海军基地的价值和可能。这个问题在朝中已争论多年。

有关胶州湾辟建海军基地的辩论始于 1886 年。出使德国的大臣许景澄上奏清廷，建议在胶州湾驻扎军队，修建炮台和码头，辟为北洋海军基地。其后，御史朱一新等也纷纷上书建言，对北洋海军建设献计献策，形成了空前的"海军热"。

　　一般史书都认为是许景澄最早关注和提议开发胶州湾的，他提出辟建胶州湾为"海军屯埠"，由此引发了长达数年的辩论。但客观地说，最早关注和派人视察胶州湾的中国官员不是别人，正是李鸿章。

　　鸦片战争后，英、法等国军舰四处游弋，勘测中国沿海，曾多次侵入胶州湾。中法战争中，法国舰队曾计划侵占胶州湾，沿陆路进犯北京。慈禧闻报急令直隶（河北）、山东、奉天（辽宁）三省严防海口，防止法国人登陆。山东巡抚陈士杰派兵 200 人到青岛驻防。中法战争结束后，驻军随之裁撤。但身为北洋大臣的李鸿章却由此记住了青岛这个胶州湾畔的小渔村。

　　中法战争结束后，中国筹建新式海军，任命李鸿章主持海军衙门事务。为选择海军港口，1886 年 3 月，李鸿章派道员刘含芳到胶州湾实地勘查。刘含芳给李鸿章呈报了《查勘胶州湾条陈》，对胶州湾的地理形势作了分析，认为与旅顺、威海相比，各有优劣，应该设防。但从北洋海军目前的兵力、军舰、经费等条件而言，开发胶州湾困难极大，刘含芳便断言："此口地势之偏僻，断非目前之兵力饷力所宜用也。"

　　此后不久，许景澄的奏折被慈禧批给李鸿章查复。李鸿章再次派北洋水师统领丁汝昌、洋顾问琅威理前去胶州湾勘查。琅威理勘查后，呈报了一个《布置胶澳说帖》，极力主张在胶州湾驻军设防，并开列了具体开发建设条目。但李鸿章此时已接受刘含芳的观点，对胶州湾失去了兴趣。这时，朱一新关于开辟胶州湾为基地的奏折也转到了李鸿章手中。朱一新力主开发胶州湾，批评李鸿章选定的旅顺口不适合作海军基地而惹怒了李鸿章，被斥为"书生逞意妄谈"。李鸿章遂上奏朝廷，叙说自己如何关注和处置胶州湾，表示：若照琅威理说帖中胶澳设防计划，"约估需费已不下数百万两"，"而北洋目前兵力饷力实形竭蹶，一旅顺小口，澳坞、军库，并日经营，至今尚未齐备，断难远顾胶州"，从而否定了许、朱的建议。至此，胶州湾设防辩论暂告结束。

◎李鸿章

　　胶州湾辟建军港一事虽然被李鸿章否定，但朝廷中重视胶州湾的仍大有人在，特别是北洋海军于 1888 年正式建成后，海口防务成为北洋海防的重点，加之旅顺、威海、大连等海口防务工程进展顺利，清廷大员中主张开发胶州湾者又活跃了起来，山东巡抚张曜就是最积极的一个。张曜是清末豫军之一嵩武军的创建人，靠镇压捻军起家，官至布政使司和总兵。后随左宗棠入新疆平定叛乱有功，于 1886 年出任山东巡抚，其嵩武军 11 营亦随其进驻烟台、曹州等地，成为山东军队主力。张曜到任后，对山东海防比较重视，尤其关注胶州湾和烟台防务。1889 年，张曜上书光绪皇帝生父、总理海军事务大臣醇亲王，建议在胶州湾驻军设防，建成北洋海军驻地，得到醇亲王赞同。不久，张曜就被任命为"帮办海军事务大臣"，可以直接过问和参与北洋海军建设事宜。在张曜建议下，胶州湾设防一事再次提到海军总理衙门的议事日程上。

　　1891 年，北洋海军成军 3 周年。按照《海军章程》，每过 3 年，清廷会派大臣会同北洋大臣校阅北洋海防和海军演习。在海军衙门呈报的校阅计划中，包括了视察胶州湾这一内容，说明清廷再次将开发胶州湾列入

了北洋海防的计划中。由于张
曜的特殊地位，清廷特派张曜
会同李鸿章校阅北洋海军。

1891年5月23日，李
鸿章从大沽口乘船出海，在北
洋海军提督丁汝昌统领"定
远""镇远"等13艘军舰和
南洋水师统领郭宝昌统率的6
艘军舰护航下到达旅顺，与从
山东渡海而来的张曜会合。二
人逐一视察了旅顺口、大连湾、

◎张曜

威海卫的港口、船坞、炮台等设施，校阅了北洋海军的新式战阵演习后，
率领舰队南下胶州湾，于6月6日驶抵青岛。两人对胶州湾口内外港湾、
陆地情况进行了两天的实地调查，深切感到胶州湾水深湾阔，形势险要，
是一处天然良港，如不开发，实在可惜。但若要开发，又缺少经费。二人
商量再三，达成协议：为防止外国人侵占这一海口，必须在胶州湾驻军设防，
在目前兵力、军舰、经费不足的情况下，先驻扎少数军队，修筑几处炮台，
待其他几处港口建成、经费充裕之时，再大规模建设胶州湾。由于李鸿章
不愿从北洋拨付经费和调派军队，便商定由山东当地拨出数营兵力到胶州
湾驻扎，承建炮台，建设炮台的经费可以从山东海防捐中截留。同时商定
的还有在烟台修建炮台的事项。至于胶州湾、烟台二处炮台的承建部队，
均由嵩武军统领、汉中镇总兵孙金彪负责。因孙金彪所部正在烟台驻防，
遂决定：先承建烟台炮台，等工程完竣，再建设胶州湾炮台，"先烟后胶"
的方针就此确定。

李鸿章回到天津后，与张曜联名上奏朝廷，禀报北洋海防情况，又
单独奏请在烟台、胶州湾建设炮台、驻扎军队："现与臣曜等筹计再四，

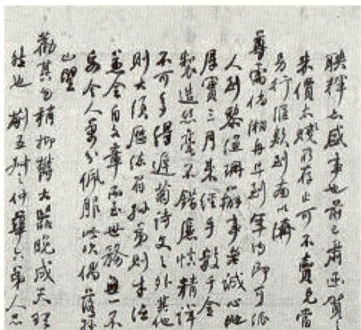

◎李鸿章、张曜上书胶澳设防。

拟将烟台、胶州炮台择定基址，酌量建筑。所需经费，拟请将山东海防捐截留，作为建筑炮台之费。虽然数目极微，尚可分年兴办。臣曜仍当督饬司道，随时移缓就急，务使告成有期。其余俟威海、大连湾工竣，再行奏明，接续筹办。所需布扎营队，拟就山东现有各营抽拨，毋庸添募，以节经费。"

翌日，即1891年6月14日，清廷内阁接到光绪皇帝的"上谕"："（李鸿章、张曜）奏拟在胶州、烟台各海口添筑炮台等语，著照所请。"正式批准了在胶州湾设防的建议。

应当指出，李鸿章所奏请的胶州开发计划与许景澄、朱一新等人主张辟建胶州湾为海军基地、驻防北洋海军主力的建议无疑是正确的，并为历史发展所证明。但李鸿章仅从防止外国人侵占的角度出发，规划的胶州湾设防的规模、用途、地位，不仅与许景澄、朱一新的主张相差甚远，就连琅威理的开发规划也比不上。由于李鸿章这种保守海防战略意识作祟，胶州湾再次与北洋海军基地这一历史机遇失之交臂，这种先天不足的开发状况延迟了胶州湾的正常发展。但无论如何，清廷的一纸诏书，使胶州湾从一个荒僻的海滨变为北洋海防要地。随着章高元率兵入驻青岛，胶州湾的历史翻开了新的一页。

1892年秋天，一支由两营湘军、两营豫军组成的清军从胶州通往胶州湾的土路上来到青岛村。带兵的是一位安徽籍的将军，他就是在青岛近代史上有着重要地位的淮军将领、时任登州镇总兵的章高元。他与四个营的清军来到青岛，是为落实一年前光绪皇帝下诏在胶州湾建筑炮台的命令。

众多史料记载：1891年6月，清廷批准在青岛设防，派登州镇总兵章高元率兵四营到青岛设防，修筑炮台，是为青岛历史之开端，云云。实上谕李鸿章张曜会同校阅海军并勘各海口台坞工程事竣一摺览奏均悉该大臣等周历旅顺等处调集南北洋轮船会齐合操并将水陆各营以次校阅技艺均尚纯熟行陈亦属整齐各海口碳台船坞等工俱据坚固李鸿章尽心筹画连年布置渐臻周密洵堪嘉许所有出力各将领着交部从优议叙钦此睢会同筹办著文部询嘉许著交部从优议叙钦此臺坞不无微劳足录着其择尤保奏以示鼓励海军关繫至要必须精益求精仍着李鸿章张曜切实谋求督筋提镇各员认真经理以期愿久相日起有功另片奏拟在膠州烟台各海口碳臺等处著照所请行该衙门知道钦此

◎1891年6月14日，清政府批准在胶州湾设防的"上谕"

际上，章高元不是 1891 年来青岛设防的，而是 1892 年才来到青岛的。至于为何是章高元而不是孙金彪来青岛驻防，这里边还有一段鲜为人知的故事。

章高元是安徽合肥人，早年投入淮军刘铭传部下，参加镇压太平军和捻军运动，升为总兵。因清朝官多实职少，他一直没有担任过实职。1884年中法战争中，章高元随刘铭传渡海到台湾驻防，在基隆战役中勇歼法军，功勋卓著，被任为总兵实缺。在台湾的几年中，他修筑炮台，演练士兵，"颇有历练"，后调任登州镇总兵，驻防蓬莱。由于登州镇所辖地区广阔，士兵分散驻防，章高元所能直接统率的只有一营广武军。清朝官场腐败，军官主要靠克扣军饷、承建工程而发财。章高元在山东既非张曜嫡系，没有工程可办，指挥的军队又少，经济顿呈困难。虽然老上司李鸿章主持北洋防务，但登州镇不属北洋管辖，李鸿章鞭长莫及。因此，尽管章高元一再向李鸿章诉苦，要求关照，但一直没有获得机会。幸运的是，张曜在检阅海军后不久，突然病逝，山东巡抚由福润接任。此时，孙金彪已经在烟台动工兴建炮台，无法兼顾胶州湾。李鸿章乘机与福润协商，让章高元承建胶州湾炮台，并由福润调派广武军一营、嵩武军两营归章高元指挥。1892

◎章高元

◎驻防青岛的清兵

年6月，李鸿章电召孙金彪、章高元、盛宣怀到天津，研究胶州湾和烟台防务规划，决定立即兴建胶州湾炮台，订购炮台火炮，正式任命章高元负责胶州湾修筑炮台和驻防任务。经过紧张筹备，章高元终于在1892年秋天率领四营军队进驻青岛。

章高元进驻青岛后，修通了连接青岛口与胶州的大路，建起了连接济南、天津和北京的电报局。章高元在青岛村东两侧修建起一座气势宏伟的总兵衙门，在衙门东西山两侧，修建了嵩武前营、嵩武中营、广武前营（炮兵）、广武中营四处兵营和军火库等军事设施。

为便于装卸货物和利于北洋舰队停泊，章高元在东海关青岛分卡前方修建了一条长200米的石基铁码头，俗称海军栈桥或前海栈桥，并根据青岛的地理形势，选择了三处炮台基址，兴工建造。

青岛各炮台的建设计划最早是根据琅威理的《胶澳布置说帖》确定的。1892年10月，海军帮办、南洋大臣刘坤一接到章高元呈送的炮台布设计划书，上面标明清军计划建筑团岛、坦岛、西岭、青岛四处炮台，章高元

◎1891年6月，李鸿章偕山东巡抚张曜由威海抵胶澳视察并上奏清政府决议在青岛设防。翌年，登州镇总兵章高元奉命率兵4营进驻胶澳，图为初设的总兵衙门。

◎1891年，清政府决定在胶澳设防，次年登州镇总兵章高元率兵驻防胶澳，建立兵营。图为清军东大营（今为中国海洋大学鱼山校区）。

◎章高元建筑的青岛前海铁码头（即青岛前海栈桥），供海军运输之用。

进驻青岛后发现团岛、坦岛原是一地，遂改变计划，只修筑团岛、西岭、青岛3处炮台。其中团岛炮台在团岛湾，西岭炮台在台西镇[2]，青岛炮台在今金口二路。由于经费有限，兵力不足，炮台工程进展缓慢。到德国侵占胶州湾时，只有地位突出的青岛炮台（也叫衙门炮台）完全建成，布设了大型火炮，其他两个炮台均未建成。

---

[2]德语拼音：Taihsitschen，位于市南区台西半岛中部，铁路青岛站以西。因地处观象台（有说贮水山）以西而得名。

经过两年建设，青岛的面貌发生了巨大变化，已经成为初具规模的海滨城镇和军事要地。1894 年 5 月，李鸿章再次校阅北洋海军时，又一次来到胶州湾，对章高元大加夸赞后，决定在团岛东部海滨再增设一处炮台，安设三门 240 毫米和两门 120 毫米火炮，并增设水雷营和布雷舰。这些布置均获得光绪批准。但是，甲午战争的爆发使这一切都成了泡影。

1894 年 8 月，中日甲午战争爆发。10 月，章高元奉命率部到奉天参战，在盖平之役中全军奋勇作战，歼敌甚多，后因友军败退，盖平失陷，章高元受到革职留任处分（不久即恢复原职）。甲午战争结束后，章部被调往山东与直隶交界处驻防，至 1895 年年底才回到青岛，继续建造炮台。但此时被巨额战争赔款压得透不过气来的清廷无力顾及海防，胶州湾工程难以进行，章高元因此只好向青岛口的商人借支数千两银子维持工程进度。此时，章高元所带之两营广武军全部裁撤，另补充了两营嵩武军，兵力仍为 2000 人。

到了 1897 年，章高元所部在青岛海口又修建了一座总兵衙门、两座栈桥码头、三座炮台（未建成）、四座兵营以及电报房、军火库等军事设施。连接胶州、即墨的大路也已经修成，青岛口已成为清朝北洋海防体系中的重要支点。同时，青岛也成为山东海港交通的枢纽之一，海上贸易远达朝鲜和南北洋，俨然是一座新兴的海滨小镇和北洋军事重镇。青岛日益引起人们的关注。

第二章

德国觊觎青岛

正当年幼的青岛艰难发展并初具规模之际，帝国主义列强已经盯住了这方风水宝地，乌云逐渐逼近了胶州湾。

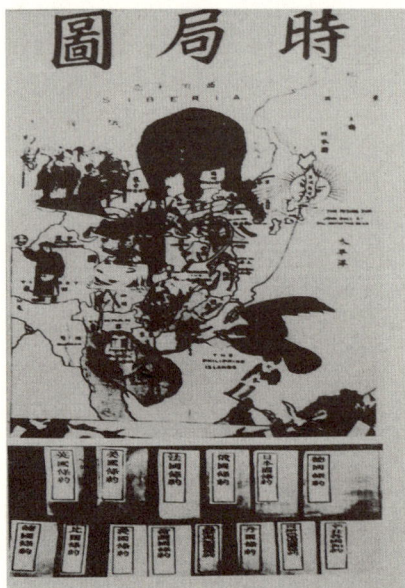

◎《时局图》形象地说明了列强瓜分中国的险恶形势。图中虎代表英国，熊代表沙俄，蛤蟆代表法国，太阳代表日本，香肠代表德国，老鹰代表美国。下图为一系列不平等条约。

除早期关注并闯入过胶州湾的英、法外，俄国和德国对胶州湾也极感兴趣。甲午战争后，俄、德、法为遏制日本在华势力，曾联合"劝告"日本放弃马关条约规定的割占中国辽东半岛，即"三国干涉还辽"事件。事后，俄、德即以曾帮助中国为名，图谋在中国攫取海口作为其海军基地。当时，中国海军基地旅顺、威海卫都被日军占领，胶州湾便成为俄国的目标。1895 年冬季，俄国太平洋舰队未经中国同意，强行闯入胶州湾，长期驻泊，清政府

◎青岛设防仅仅6年多，德国就于1897年11月14日武力侵占胶州湾。下图为侵占胶州湾的德军登陆。上中人物为德皇威廉二世，上左为最早鼓吹占领青岛的柏林大学教授、地质学家李希霍芬，上右为德国驻华公使海靖。

一面令驻俄、德公使许景澄与俄政府交涉，一面照会俄国驻华代办喀西尼，要求俄舰撤离。喀西尼狡辩说，俄国在太平洋没有可以过冬的不冻港，舰队到胶州湾是"越冬"。虽经中国一再交涉，俄舰队直到第二年春天才驶离胶州湾。

1896年5月，李鸿章作为奉贺使到莫斯科参加俄皇尼古拉二世的加冕典礼，在接受了俄国的巨额贿赂后，与俄国签订了《中俄密约》，出卖了东北主权和中国海口。《密约》内容规定："俄国于东洋方面，尚无不结冰良港，为防近时有战争，使俄国太平洋舰队自由运动之故，中国以胶州湾租借于俄国，十五年返还。"自此以后，俄国舰队更加频繁地进出胶州湾，大有赖着不走之势。

继俄国之后，德国的侵略目光也盯向了胶州湾。其实，最早关注和鼓

◎德皇威廉二世

吹占领胶州湾的不是别人，正是德国人。早在 1868 年，普鲁士柏林大学教授、地质学家李希霍芬到中国各省调研时，对资源丰富的山东省极为重视。尽管李希霍芬从未到过胶州湾，但他从各种资料中认定胶州湾是天然良港。他向普鲁士政府建议："欲图远东势力之发达，非占领胶州湾不可。"由于当时德国海军较弱，李希霍芬的阴谋没有得逞。

19 世纪末，德国势力急剧膨胀，争夺世界霸权已成为德皇威廉二世的战略目标。为达到这一目的，威廉决定尽快在中国夺取一基地。于是，德国的海军部、外交部、驻华使领馆、天主教会以及在中国供职的德国人等都被调动起来，为选择一处基地而忙碌。黑鹰的目光扫遍中国沿海各海口，一大批名单提出来，又一个一个被否掉，最后只剩下厦门、三门、舟山和胶州湾。德国驻华公使和驻上海领事力主占领胶州湾，既可作为海军基地，同时又能发展商业。但海军部认为胶州湾太大，水太浅，位置偏北，又远离贸易路线，不同意选择胶州湾，双方发生了争执。

为尽快解决这一问题，威廉二世派出了他最信任的两位部下来中国任职。1896 年 4 月，海军少将梯尔匹茨被任命为远东舰队司令，威廉下达给他的命令就是："要在中国沿海寻找德国能够建设军事基地和经济基地的地方。"5 月，威廉又任命海靖为驻华公使，其使命与梯尔匹茨相同。威廉叮嘱海靖和梯尔匹茨："你们二位应该干出点名堂来，不要让我失望。"

梯尔匹茨来华后，逐一勘察了候选名单上的厦门、三门、舟山，认为都不理想。8月，梯尔匹茨乘军舰来到胶州湾勘察后，认为胶州湾是最理想的目标，是中国沿海仅有的天然良港，地理位置优越，极宜发展商业贸易。从军事角度看，胶州湾湾阔水深，建港条件优越，虽有中国军队驻防，但德军很容易就能夺取胶州湾。梯尔匹茨的报告使德皇夺取胶州湾的决心终于确定。为此，他一面命令海靖向中国提出"租借"胶州湾的要求，一面派海军工程师佛朗求斯到胶州湾实地考察。海靖的无理要求被清政府以"恐各国援照，碍难实行"为由予以拒绝。清廷于震惊之余，决定将胶州湾辟建为海军基地，让新从英、德订购的8艘军舰驻扎胶州湾，并命北洋大臣和山东巡抚制订建设计划，但未及实施胶州湾即被德国占领。

佛朗求斯在胶州湾进行了5天的考察，作了建设港口码头的详细报告，从技术上解决了德国海军部最关心的建港问题。德皇遂下令远东舰队做好武力占领胶州湾的准备，择机攻占胶州湾。

1897年11月1日，两名德国传教士在山东曹州府巨野县张家庄教堂，被当地反洋教组织大刀会所杀，这一事件就是在中国近代史上有名的"巨野教案"。

"巨野教案"又称"曹州教案"，发生的经过是这样的：巨野县张家庄教堂传教士薛田资(Stenz Georg Maria)在当地发展教会势力，指使教徒欺压平民，引起当地民众和大刀会的不满。1897年11月1日，天主教山东教区主教、德国大特务安治泰(Jean Baptist Anzer)差遣邻区的传教士能方济(Nies Fyanciscns)和韩·理加略(Hen Ze. Ricanaus)，跑到巨野县去搞一些鬼鬼祟祟的勾当。二人途经张家庄夜宿德国传教士薛田资卧室，被当地群众和大刀会发现，大刀会当夜将外来的两个传教士杀死，薛田资则因宿他处而幸免。

"巨野教案"的发生有其深刻的历史背景。19世纪，世界列强把垂涎中国变成侵略的实际步骤，派出大量"马前卒"传教士从精神文化上奴役

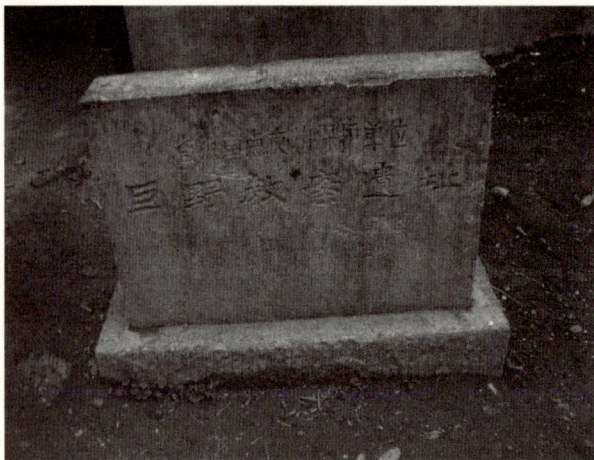

◎当年的巨野教堂早已被拆，
只剩一眼水井藏在村里了。

中国人民。据统计，当时仅山东一地便有大小教堂 1300 余处，外国教士
150 余人，遍及全省 72 州县。天主教势力最大，在济南、兖州、烟台 3
地分设北境总堂、南境总堂和东境总堂，并以这些总堂为巢穴，指挥和联
系散布在全省各地的教堂，作为进行侵略活动的据点。

胡绳在 1952 年所著《帝国主义与中国政治》一书中揭露说："连续
发生太平天国、义和团暴动，中国人民已从实际生活中感受到帝国主义侵
略的影响，而外国教士则是普通人民所直接接触到的外国人，他们正是假
慈假悲，在中国人民头上作威作福的外国人，所以教会成为群众愤怒的对
象。"

每发生一次"教案"，帝国主义就强迫清政府和地方官吏镇压一次群众，
勒索一次赔款，扩张一次教会势力，也引起更加广泛的愤怒和仇恨。据史
料记载，光绪二十二年(1896 年)，义和团在山东、河南、安徽、江苏交
界地区活动，焚烧外国教堂 22 处，两江总督刘坤一和山东巡抚李秉衡奉
命派兵"会剿"，但没有能加以消灭。

在"巨野事件"刚刚发生时，昏庸的清政府就已经按照德国使馆的要求，
逮捕了十几名所谓"凶犯"，处分了州、县官员，其办理速度远远超过其

他教案。其中两人在圣诞节刚过就被刑斩。为了警示他人，砍下的头被涂黑了，在城东门上挂了好多天。

德皇威廉二世接到"巨野事件"的报告后，兴奋异常，狂叫着"中国人终于给了我们一个占领胶州湾的机会"。他谕外交大臣布洛夫电称："我决定立即动手。因为根据从东亚旅行回国的人所作的书面或口头的报告，毫无疑问，我们现正站在一个增强我们整个威信势力及商业发展的转折点……上千的德国教民将扬眉吐气，当他们知道德国的战舰在他们跟前；几百个德国商人将欢欣鼓舞，当他们知道德意志帝国最后已在东亚取得了一个坚强的据点；成千上万的华人将发抖，当他们感觉德帝国的铁拳沉重地压在他们的颈上；而全德国人将欢迎他们的政府作了一个英雄的勾当。我已令海军提督立即开往胶州，胶州将是我们的。希望全世界人们从这件事上永远取得这个教训，我可以说'逆我者亡'。"

11月7日深夜，威廉二世密令停泊在上海的新近代替梯尔匹茨担任远东舰队司令的棣特利希海军少将："全部舰队立即开往胶州，占领合适的据点和村庄，而且以你认为最好的方式，使用最大可能的力量，坚决地去获取最充分的满足。此行目的必须保密。"

棣特利希接到密令后，命令在上海的德国舰队立即进入战争状态。10日，棣特利希率领满载陆战队和军火的3艘军舰从上海驶往胶州湾。13日下午，棣特利希率舰队驶入青岛前海。青岛炮台的清军发现德舰后，报告章高元，章高元派人前去询问德舰来胶州湾的目的。棣特利希以"游历"为名欺骗清军。章高元以为德舰此次仍和以前一样短暂停泊"游历"，遂放下心来，未做任何防范。

棣特利希骗过章高元后，立即布置偷袭青岛的计划，命令一艘军舰驶入胶州湾，在后海停泊，旗舰和另一只德舰停泊在小青岛南面和西南面，挡住总兵衙门和青岛炮台的视线。14日清晨8时，德国各舰同时行动，兵分9路，从前后海乘小艇登陆，分头占领了清军的军火库、电报局、栈

◎德军占领清军青岛兵营。

桥、青岛炮台和大石头山（信号山），包围了总兵衙门和4个兵营。在做好上述动作后，于9时向章高元发出通牒："本司令受德皇陛下的旨意，占领胶州，限3小时内将驻防官兵全部退至女姑口、崂山之外，不准携带火炮，限48小时内退清，过此即作为敌军办理。"

章高元事先毫无防范，事发后惊慌失措，在德军炮口下彻底屈服，只好一再请求德军不要相逼，要求延缓退兵，以便等待上级命令。但棣特利希表示："如再不退兵，就要开炮攻击清军。"虽然清军激于义愤，纷纷要求抗敌，但章高元早已丧失抗敌的勇气，在德军武力威胁下仓皇率军撤

◎驻泊青岛的德国东亚舰队，图为"埃姆登"号巡洋舰

出青岛，退往四方。所有炮台、兵营军火库及野战火炮全部沦入德军之手。这就是历史上著名的"胶州湾事件"。

德军占领青岛的消息传到北京，清廷顿时陷入一片慌乱之中。光绪皇帝一面电令驻德公使许景澄与德国外交部"论理"，要求德军撤出青岛；一面责令总理衙门与德国驻华公使海靖交涉。早在"巨野事件"刚刚发生时，清廷就已经按照德国使馆的要求，逮捕了十几名所谓"凶犯"，处分了州、县官员，其办理速度远远超出其他教案，对于德国以此一小小教案为由出兵占领青岛，则万万没有想到。尽管清廷意识到"德国图占海口，蓄谋已久，此时将藉巨野一案而起。"但又天真地认为只要满足德国在教案中的要求，就可换取德国退兵。因此，在给章高元的电报中命令道："惟有镇静严扎，任其恐喝，不为之动。断不可先行开炮，致衅自我开。"殊不知德占青岛已经是挑起衅端，侵犯了中国领土主权。清廷无视这一事实，真是昏庸之极。

德军的无理行径激起了清廷中有爱国思想的官员的愤怒。素以爱国著称的山东巡抚李秉衡坚决主张武力抗击德军，电令章高元坚守防地，不准撤退，一面调集兵力增援青岛，准备与敌决战。但光绪在主和派的包围下，电令李秉衡："敌情虽横，朝廷决不动兵——若轻言决战，立启兵端，必致震动海疆，贻误大局。"为防止李秉衡"抗命"，光绪下令解除李秉衡对山东军队的指挥权，武力收复青岛的计划夭折。

在中德交涉期间，德皇一面电令青岛德军侵占胶州、即墨，扩大占地范围，一面组织远东第二舰队增援棣特利希。当德国增援舰队驶近中国时，海靖公然推翻了几经周折才达成的解决教案的办法，提出租占青岛的无理要求。俄国也趁火打劫，以帮助中国为名，出动舰队侵占旅顺，并提出租占旅顺、大连的无理要求。在德俄的武力威胁下，清政府彻底屈服。1898年3月6日，光绪派李鸿章、翁同龢与海靖签订胶澳租界条约，其主要内容有：德国租借胶州湾，租期99年；中国允许德国修筑胶州湾到济南和胶州湾经沂州府、莱芜到济南的两条铁路；铁路沿线30里允许德国开采

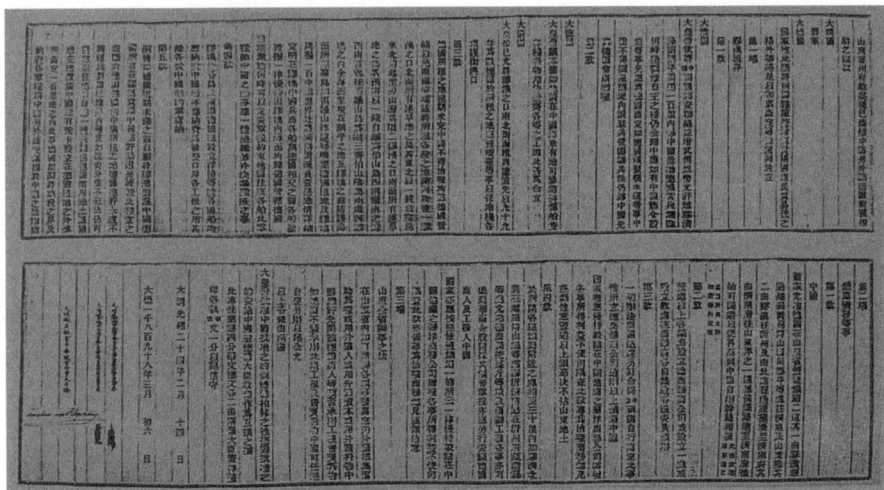

◎1898年3月6日，中国大臣李鸿章、翁同龢与德国驻华公使海靖签订胶澳租界条约，胶州湾从此沦为德国殖民地。

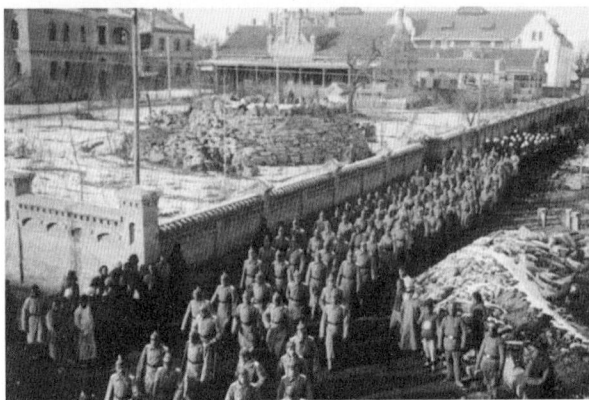

◎德军侵占青岛。

◎胶澳租界条约正本复制件

矿产；山东所有工程，德人有优先承办权等。从此，胶州湾及周边数十个村庄，共计约513平方公里的土地、胶州湾及前海576.5平方公里的海域以及8万居民沦为德国的殖民统治之下。

德国占据青岛，名义上是租借，实际上完全是施行殖民地统治。

1898年4月27日，德皇威廉二世发布一道命令，毫不掩饰德国侵吞青岛的野心，他称："依1898年3月6日，朕之政府与中国政府在北京

◎盘踞青岛的德国军队

缔结之条约，其所指定之胶州湾领土，归德意志帝国之所占有。兹朕以帝国之名置该领土于朕保护之下。"

　　由于德国视胶州湾为控制中国和称霸世界的重要基地，德皇一反德国殖民地统归外交部殖民局治理的体制，将胶州湾划归德国海军部直辖，并在胶州湾租借地设置胶澳总督，为胶澳租借地的最高军政长官。胶澳总督由德皇钦命，充任此要职的是海军少将或上校，直接听命于海军部。总督职务设置之初，德国海军部和议会商定：不对胶澳总督过分约束，以保证总督有充分自主权。因此，总督权限很大，可谓"上马管军、下马管民"。除海军远东舰队不受其指挥外，所有胶澳租借地内的军队、民政、司法、铁路、矿山均归总督公署管理。下面设置了军事部和民事部，民事部又分为内务部和华人事务部。在租借地内设立青岛（市区）、李村（农村）两个大区，下分若干小区。各部、区长官，均由海军校尉充任，形成了严密

◎刚竣工时的德国胶澳总督府

的殖民管理体系。

德国侵占胶州湾的目的是要把青岛建成德国在海外的重要军港和新型工商业城市，以满足德国争霸世界的需要。租界条约尚未签订，德国就公开宣布将青岛辟为自由港。1898年4月，德国开始建设大港码头，历时7年，于1905年建成了大港、小港和船渠港。青岛港建成后，为德国从中国掠夺煤、铁资源和向中国倾销洋货提供了极大的方便，使德国从中获取了巨额利润。更重要的是，青岛港的建成，为德国海军唯一的海外舰队提供了重要的活动基地。为了巩固这块海军基地，德国向青岛增派大批军舰，使其远东舰队的兵力从"胶州湾事件"前的5艘老式军舰激增到16艘重型巡洋舰等新式军舰。德国不断加强这支舰队的实力，在青岛建立了海军工厂、亚洲最大的16000吨浮船坞等军事附属设施，巩固了青岛作为德国海上争霸亚洲和世界重要基地的军事战略地位。

在建港的同时，胶济铁路也于 1898 年 7 月筹建，山东铁路公司和山东矿务公司也顺势成立。1904 年胶济铁路建成后，山东完全成为德国势力范围。但德国野心绝不局限于山东一地，通过与英国的争夺，德国取得了修筑津浦（江）铁路北端天津—山东南境到镇江（后为浦口）的特许权。通过争建津浦铁路，德国势力从山东扩展到北京、天津，为控制中国和称霸亚洲增加了筹码。

为了确保这块远东殖民地的安全，德国加紧军事要塞建设，构筑了庞大的海陆防御体系。青岛前海一线修建了团岛、台西镇、衙门（原章高元的青岛炮台）、汇泉角和俾斯麦南炮台等海防炮台；沿山脊北侧修了俾斯麦北、伊尔奇斯北、伊尔奇斯东、仲家洼等陆防炮台；沿今太平山东麓和海泊河修筑了横贯前、后海的步兵堡垒线，即小湛山、小湛山北、中央、台东镇、海岸五大堡垒，亦即民间所说的一至五号炮台。

日德战争前，德国又驱逐数万中国人抢筑了 11 处大型临时炮台和众多小型炮台。整个青岛要塞共配置了 130 门台炮和数十门野炮，平时其陆防兵力 2300 人，战时达到 5000 人；德军在青岛还有两架飞机，加上远东舰队的 16 艘军舰，青岛已成为德国在海外最大、最

◎青岛大港开工典礼

◎德占时期的胶济铁路青岛火车站，右上图为济南火车站

◎德国在青岛的俾斯麦兵营

◎正在青岛建筑的德军炮台　　　　◎德国强占下的青岛

重要的军事基地和对中国入侵的桥头堡，青岛名副其实地成为德皇威廉二世争霸世界的一张王牌。

1898 年 3 月，在原章高元总兵衙门、时为德国胶州占领军司令部大门前，德国兵将东村西乡的中国人赶到这个被乡民视作阎王殿的地方，观看德军新发布的告示。只见告示上赫然写着："现德中两皇帝间，已缔结和平友好条约，谈妥租借占领地内的一部分。——租借地的界线由两国官吏会同划定之。租借地内的居民，若有不服从德意志官宪命令者必依法给以惩处，不予宽容。租借地内人民必须认清并服从之。"人们至此终于明白：祖祖辈辈生活在这块土地上的大清子民，从此落入德国人手中了。

德国侵占胶州湾后，建立了胶澳总督公署，颁布了 180 余条军律法令，奴役和镇压青岛人民。侵占之初，德国当局为防止中国人民反抗，颁布禁止持有和携带军械的法令，对租界内的中国居民进行全面搜查，凡鸟枪、土炮、腰刀、扎枪、弓箭等民间武器一律收缴。其法令规定：凡未有准照而持有军械者，判罚打 100 大板并处 3 个月苦役；严禁将军械弹药卖给中国人等。更在 1900 年规定，中国人在租界之活动，如聚众议事、张贴告示、搭台演戏、燃放鞭炮、民间各类游戏等，均须报经当局批准方可进行。居民住宅、店铺，当局无论何时均可任意搜查。更带歧视性侮辱性的规定有，中国人在晚上 9 点至清晨日出之前，上街时须打灯笼，否则即遭拘捕。

◎德军在青岛信号山麓岩壁刻
飞鹰"记功"碑。

德国殖民当局在青岛实行的是残酷、不文明的法律。对于在青岛的外国人，实行西方的司法、行政分开，其司法实行二级裁判制，有陪审官，死刑必须由德国最高法院批准。而对中国人则采取司法、行政一体，且同等情事罪加一等，其刑法有鞭笞、打板子、监押、苦役、绞首、砍头、枪毙等。甚至将在西方早已废止的断头机运来青岛。当时有一匡姓青岛人被德军强加罪名，押解修筑总督官邸，因不堪忍受德国监工迫害，用工具击伤德人后逃走，但不幸被德军抓获后用断头机残酷杀害。

为在青岛修筑炮台、严密控制港口和奴役青岛人，德国殖民者从山东内地诱骗大批农民来青岛当苦力。令人发指的是，炮台建成后，德军为保守秘密，将劳工秘密杀害，仅汇泉角炮台一处就有数百劳工被害，尸体被抛入大海灭迹。此外，德军还多次越出"租"界，制造了胶州大辛疃惨案、高密芝兰庄惨案和昌邑克兰村惨案，给中国人民带来了巨大的灾难。

德国采取边建设、边掠夺的方针，对山东和青岛大肆掠夺。他们规定青岛区为欧人居住区，将原居民驱赶到台东镇、台西镇一带，将其土地全数强买，除一部分作为官用地外，一律高价出售，获取厚利。

掠夺矿产资源是德国占领山东和青岛的主要目的，他们将胶济铁路两侧30里内的矿产资源全部据为己有，开设了坊子、淄川煤矿和金岭铁矿，通过胶济铁路掠走了大量煤炭和铁矿石。据不完全统计，仅1902年

◎德军残酷屠杀青岛人民。

◎1899年7月1日，近代中国第一个租借地海关——胶海关设立，沿用原东海关常关青岛口分关。

到 1913 年的 11 年间，德国就从坊子、淄川二矿掠走煤炭 341 万余吨。

胶济铁路成为德国掠夺中国资源财富的吸管，从 1905 年到 1913 年，德国通过胶济铁路发运旅客 812 万余人，货物 556 万余吨，获利高达 1950 余万马克。德国利用各种手段让清政府将青岛海关（胶海关）设在租界内，聘用德国人充任海关要员，并规定德国每年从关税收入中截留两成用于租界开支，仅此一项，即掠走白银数百万两。

德国还在青岛设立了由 14 家德国银行联合组建的德华银行，发行纸币，掠夺中国财富。德国战败后，德华纸币成了废纸，给青岛和山东人民造成重大损失。

第三章

引狼入室

　　1914 年 6 月 28 日上午 9 时整，主张吞并塞尔维亚的奥匈帝国皇储斐迪南大公夫妇，正在被奥匈帝国控制的波斯尼亚观看一次军事演习，其假想敌直指邻近的塞尔维亚。演习结束后，当兴冲冲的斐迪南大公夫妇乘坐敞篷汽车进入萨拉热窝市区时，却遭遇塞尔维亚一个秘密组织派出的多名杀手连续两次突袭，最终斐迪南大公夫妇被当时仅有 19 岁的塞尔维亚青年普林西普连开数枪射杀。这一重大事件就是成为第一次世界大战导火索的"萨拉热窝事件"。

　　正想吞并塞尔维亚的奥匈帝国怒不可遏，立刻摆出了与塞尔维亚决一死战的架势，于 1914 年 7 月 23 日在获得德国全力支持下正式向塞尔维亚发出最后通牒，逼迫塞国立即拘捕凶手、镇压反奥活动，并罢免反奥官员。

　　塞尔维亚预感到大难临头，只好屈从求和，除对涉及内政的有关条件予以保留外，悉数接受奥国提出的其他无理要求。然而此举并没有让奥国息怒罢休，反而迅速将外交层面的行动升级到战争层面。

　　此时，德国得知俄罗斯帝国正进行军事动员，准备出手援助塞尔维亚抵抗奥匈帝国，德皇威廉二世立即要求俄国停止一切备战行动，同时在德国本土积极备战，全力为奥国撑腰打气。

◎德国官员宣读对英开战诏书。

　　欧洲各大强国早已因利益争夺而分为以德、奥、意为一方的同盟国和以英、法、俄为一方的协约国两大阵营。"萨拉热窝事件"发生后，欧洲各国都纷纷显示强硬外交，对自己国家军事力量也都自命不凡，咄咄逼人，相互较劲，一场世界大战已经不可避免。

　　在俄国和英法等协约国的支持下，塞尔维亚也表示出强硬态度。在外交上没有得到满足的奥匈帝国遂于1914年7月28日向塞尔维亚宣战。塞尔维亚也向奥国宣战。战火首先在历来被称为"火药库"的巴尔干地区爆发。8月1日，德国向俄国宣战，随后，俄国、法国、英国等欧洲多国纷纷对德、奥宣战，德、奥等同盟国也向英、法、俄等国宣战，战火笼罩欧洲大地，人类历史上第一次世界大战全面爆发。

　　交战的一方为同盟国，有德意志帝国、奥匈帝国、奥斯曼帝国、保加利亚4国。

◎英国议会通过对德国宣战决议。

◎残酷的一战战场

另一方为协约国，包括英国、法国和俄罗斯帝国，以及支持这些国家的塞尔维亚、比利时等国。原属同盟国的意大利，从自身利害关系考虑，又选边加入协约国方面作战。

一战的烽火迅速波及亚洲乃至中国，中国面临参战不参战的选择。到一战爆发时，德国已在青岛实行了长达 17 年的殖民统治。其间，德国派兵参加了八国联军侵华战争，对中国人民犯下了累累罪行，这是中国一段忍气吞声的耻辱历史。

按照常理，袁世凯统治下的北京民国政府应该毫不犹豫地首选积极参加对德作战，以雪前耻。当时德国深陷欧战已无法分身，不可能再派兵固守青岛，德军守备青岛的驻军仅有 5000 人，孤立无援，北京政府的兵力打败德军收回青岛应该不成问题。如果这一步果断跨出去，之后的中国历史就会因此而被改写。

不过此时的袁世凯，真的没有那份精力和胆识，他的心腹之患就是以孙中山为代表的革命党，最大的盘算就是恢复封建帝制，荣登皇帝宝座，一统中国，因而抵御外侮的事情就被他扔到了脑后。

袁世凯早年因在朝鲜任职而显名，甲午战争以后因在天津小站训练新军而发迹，后因在戊戌变法运动中向慈禧告密导致光绪被囚禁，戊戌变法失败，从此获得慈禧和李鸿章等人赏识。袁世凯曾在清末新政期间积极推动近代化改革，尤其利用辛亥革命爆发之机，使出浑身解数逼迫清朝末代皇帝溥仪退位，清朝统治被一举推翻，他因此代替孙中山出任中华民国临时大总统。为取掉"临时"二字，袁世凯在帝国主义支持下于1913年镇压孙中山、

◎袁世凯

黄兴等革命党人发动的"二次革命"，扫平了阻碍其独掌大权的异己势力，同年当选为首任中华民国大总统。1914年5月1日，袁世凯颁布中华民国约法，又称"新约法"，俗称"袁记约法"，共分10章、68条。主要内容包括：规定国家实行总统制，大总统为国家元首，总揽统治权；除拥有一般元首享有的职权外，在制定官制、宣战、媾和、缔结条约等方面无须征得国会同意，总统甚至可以发布与法律有同等效力的紧急命令。这些特权为袁世凯实行大权独揽、复辟帝制披上了"合法"的外衣。

一战爆发后，中国政府内部曾展开秘密讨论，在要不要参战的问题上争论激烈，主战方力主应趁德国缠身欧战无暇东顾之良机，一举派兵赶走德军，强行收回青岛。

袁世凯的亲信梁士诒是积极参与袁世凯胁迫晚清皇室退位的干将，后任袁世凯总统府秘书长、交通银行总理、财政部次长、北洋政府国务总理等职务，实属清末和民国初年非常活跃的一位重量级政治人物。他作为主张中国参战的代表人物，认为中国牵扯到一战参战各国的利益，注定会被拖入到一战中，中国主动参战更为有利，同时断定协约国必胜，同盟国必败。

他力主应该尽快同英国签署相关条约，并与德国使节进行接触磋商，同时果断派军队围困青岛德军，双管齐下逼迫德国交还青岛，让蠢蠢欲动的日本措手不及。这一着虽然是步险棋，但确有胜算的可能。

袁世凯的政治顾问乔治·厄内斯特·莫理循，是在澳大利亚出生的苏格兰人，1887 年毕业于爱丁堡大学医科，曾于 1897—1912 年担任《泰晤士报》驻华首席记者，并于 1912—1920 年担任中华民国总统政治顾问，是一位与近代中国关系密切的记者、旅行家及政治家。他力劝袁世凯领导的北京政府加入协约国参加第一次世界大战，他断定协约国一定能胜利，待到胜利之后，中国就可以参加战胜国会议，就可以在会议上要求废除与战败国签订的不平等条约。据莫理循回忆，袁世凯曾经有过策划攻取青岛的想法，但几名受德国影响或曾在德国深造的将军反对对德宣战，认为德国是中国的朋友，盲目参战会引火烧身。

此时战火缠身的德国有意识地向中国政府表示愿意将青岛归还中国，但要求中国政府给以建设青岛的资金赔偿，并要求重新为德国选择一个适宜的港口。德国这种"归还"青岛的形式对自己来说并不吃亏，从某种意义上讲是最好的缓兵之计。

袁世凯政府与德国就此问题进行了秘密接触，日本得知消息后，向袁世

◎梁士诒，曾任中华民国国务总理

凯政府发出警告，指责中国站到了德国一边，后果很严重。胆怯的袁世凯政府再也不敢提及此事，怕引火烧身，祸从天降。

举棋不定的袁世凯为了逃避战火，竟然不把主动权牢牢掌握在自己手上，反而把希望寄托在别人身上，又派人紧急与美、日协调立场，完全是在瞎忙活。袁世凯已经察觉日本对德国和青岛的动作频频，他于1914年8月3日请求美国遏制日本的行为，责令其不要在包括胶州湾在内的中国领土和领海展开军事行动。

8月6日，中国外交总长孙宝琦紧急向日、美提出，中、日、美应联合起来，劝告欧洲参战国不要扩大战局，尽量缩小战祸，以维护东亚和平。但袁世凯一厢情愿、自作多情的游说却碰了满鼻子灰，被心怀鬼胎的日本断然拒绝。

在8月6日与美、日协调无果的情况下，袁世凯当日即作出不可宽恕的决定：中国拒绝参战，恪守中立。对此日本在背后敞怀大笑，兴奋不已。莫理循在回忆这段历史时指出，袁世凯当时对军队有很强的控制力，独揽北洋政府大权，任何决策都显示他的意志，不参战完全是袁世凯自己的选择，别人无法左右，也怨不得任何人。

当断不断，必受其乱。袁世凯所谓的恪守中立、不参战的决策，不仅导致中国失去赶走德军收复青岛的良机，最可怕的后果是引狼入室，让日本先下手为强，他们不是派兵远征欧洲参战，而是直冲占领青岛的德军挥刀而去，使预谋从德国手中夺占青岛变成了现实。这笔账只能记在袁世凯的头上。

日本为什么极力反对中国参加一战？因为日本有不可告人的目的。要是中国参战，向盘踞胶州湾的德军发起围攻，日本攻占青岛进而控制山东的图谋就会破灭，这是日本最不希望看到的结局；同时，如果中国军队战胜德国军队，袁世凯政府就会进一步亲近英、美，疏远日本，这显然与日本扩大对华侵略的战略背道而驰。

　　一战爆发之初，日本认定欧战是实现独占中国美梦的天赐良机，当然不乐见中国参战并从中得到好处。据莫理循说，当时英国公使朱尔典提出希望中国参战的动议后，袁世凯竟然摆开了大架子，声称只有英、法、俄、日4国共同提出邀请，他才考虑中国参战问题。但当英、法、俄3国驻日使节一起向日本政府提出动议时，日本政府却一口回绝，随之频出先下手为强的恶招，于8月7日通过了对德宣战的决议，让中国始料不及，把中国逼进了死角。

　　软弱的中国政府在失去了先发制人对德宣战的机会以后，面对日本的狂妄态度和侵略行径，一退再退，被迫在自己的领土上划定交战区域，美其名曰限制战火在中国蔓延，这仅是自欺欺人，无济于事。

　　野心勃勃的日本根本不予理睬，警告中国不得进行任何抵抗，于9月2日悍然出兵，在山东省龙口港登陆，不仅占据了黄县、莱州、平度、胶县、即墨、潍县等交战区各个城镇，并无视中国政府划定的"战区"界线，沿胶济铁路长驱直入，占领山东省会济南和胶济铁路沿线城镇，最后于11月7日攻占青岛，自编自演了一场"贼喊捉贼、强盗打强盗"的恶剧。至此，中国政府自食"不参战恪守中立"的苦果，青岛刚刚跳出火坑又坠入深渊。

　　山东是德国在华的势力范围，日本隔海虎视了10年之久，终于利用1914年爆发的第一次世界大战的机会，把德军打出了青岛，进而取代德国控制了山东全境。日本驻华公使日置益战前幸灾乐祸地说过："怕他战不成，战则大妙。""珠宝店着火了的时候，住在珠宝店旁边的人不去拿几个珠宝是办不到的。"现在，这个趁火打劫的盗贼终于如愿以偿了。

　　紧接着，中国更大的噩梦接踵而至。日本对从德国手中抢夺来的青岛不但没有一丁点儿"以备将来交还中国"的意思，更进而厚颜无耻地向中国政府提出了灭亡中国的"二十一条"。

　　1915年1月7日，中国北洋政府以日、英两国已在山东结束对德战事为理由，请求日、英撤销交战区域，并商请沿胶济线的日军撤至胶州租借地内。北洋政府的想法多么天真可笑！梦想已久好不容易到手的果子，日本哪肯轻易放弃。

1月10日，日本给北洋政府复照，坚决拒绝中国的请求。日军当局匆忙在山东胶济铁路沿线城镇建立民政署，架设军用电话联络网，把青岛的中国海关官员全部换为日本人。

不仅如此，1月18日，日本公使日置益还直接向袁世凯递交了"二十一条"，违反了照会应通过外交部递交的正常外交途径的办法，实际上逼袁世凯就范，要中国政府付出代价，价码就是"二十一条"。

日置益还直言不讳地说："如果得到肯定的答复，日本政府将支持袁大总统再高升一步。"露骨地暗示日本支持袁世凯复辟帝制的野心，并强调要对"二十一条"和谈判内容要严格保密。

"二十一条"共分五号，第一号7条，是关于山东问题，日本不仅要求继承德国在山东的各项权利，保证山东半岛地区的任何地方不让与第三国，还要求得到各种新的特权。第二号4条，要求扩大日本在中国东北和内蒙古东部的特权，租借旅顺、大连及南海、安奉两条铁路，为期99年。第三号2条，要求享有独霸汉冶萍公司及其附近矿产的权利。第四号1条，要求"中国政府允准，所有中国沿岸港湾及岛屿，概不让与或租与他国"。第五号7条，要求享有操纵中国政治、财政、军事、警察机关的权利，并把福建、江西、广东等省事实上划为日本的势力范围。毫无疑问，这是一个把中国变成日本独占殖民地的条约。

据说，日置益向袁世凯呈递的"二十一条"文本，誊写在印有无畏舰和机关枪的水印纸上。日本将如此重要的外交文件誊写在这种水印纸上，绝非偶然。它暗示了日本政府将不惜付诸武力，迫使北洋政府接受"二十一条"。

袁世凯在了解了这些要求后，请日本公使与中国外交部的代表进行谈判。为此，急忙于1915年1月27日任命陆征祥为外交总长，任命臭名昭

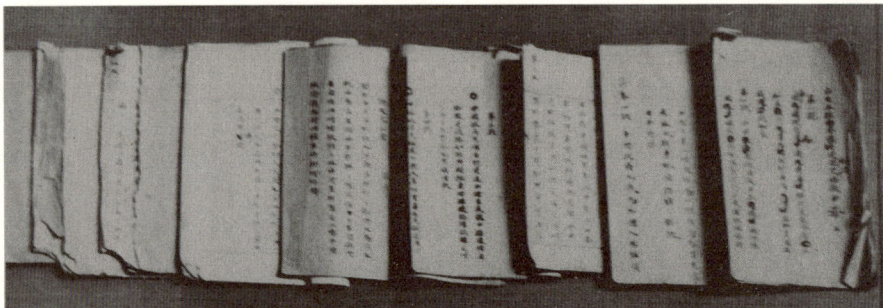

◎ "二十一条" 原件

著的亲日派曹汝霖为外交次长。日本公使日置益同中国代表第一次会谈时，拒绝讨论这些要求，坚持要中国政府回答是否同意全部接受这些要求。

3月8日，日置益再次要求曹汝霖给以满意的答复。同时，日本派遣3万军队到山东及天津大沽地区，为其蛮横无理的要求撑腰。

在谈判过程中，日本代表日置益于3月17日因坠马受伤。既然如此，那就应该暂停谈判或者由日方改派代表。但是，北洋政府没有要求这样做，而是应日方要求开展"床前外交"，派自己的谈判代表曹汝霖到东交民巷日本使馆日置益的床前去谈判，完全丢弃了国家尊严。

袁世凯当时正忙于称帝，遭到革命党人的强烈反对。能否得到外国列强的承认和支持，对袁世凯来说非常重要。但是，日本人的要价也实在太高了。如果这个条约实现了，中国就全部沦亡于日本之手了，而日本也就圆了自明治维新以来征服中国的美梦。

由于这个卖国条约太露骨了，袁世凯政府在谈判开始的时候，不得不顾及其他帝国主义的干涉和人民群众的反对，一再请求日本"原谅中国政府实在为难情形，勿过坚持"，"请留亲善余地"。而日本则野心极大，各号逐条毫不让步。所以谈判进展十分缓慢。

日本政府很不满意袁世凯政府的犹豫，于1915年3月间增兵东北、山东、津沽等处，向袁政府进行恫吓，施加压力。4月26日，日本政府提出修正案二十四款。这一修正案，在形式上和文字上有所变动，但万变不离其宗，基本内容没有摆脱"二十一条"灭亡中国之本意。

5月7日，日本政府向袁世凯政府下达最后通牒，限袁世凯政府在48小时内应允。袁世凯指望欧美列强干涉落空，便以中国无力抵御外侮为理由，于5月9日递交复文，表示除第五项各条容日后协商外，接受日本的要求。5月25日在北京签订了所谓"中日条约"和"换文"。

有关"二十一条"的谈判充分暴露了日本帝国主义的侵华野心和袁世凯政府的奴才嘴脸，它深深地刺伤了中国人民的民族自尊心。当袁世凯政府与日本进行亡国谈判的消息传出后，举国愤恨。全国人民迅速掀起了声势浩大的反日爱国运动。

◎迫于日本武力威胁，北洋政府于1915年5月9日答允了"二十一条"。图为商签"二十一条"时的中日代表。

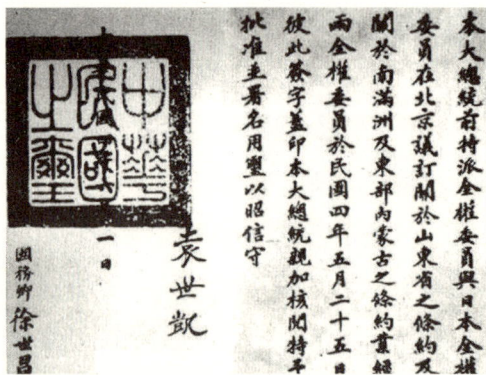

◎6月1日, 袁世凯在丧权辱国的条约上签字。

当时正在日本学习的李大钊怒不可遏, 立即与留日同学成立了留日学生总会, 组成归国请愿团。2月, 李大钊起草了留日学生的《警告全国父老书》, 以期唤醒民众, 举国一致, 共同对敌。《警告全国父老书》全文6000余字, 25岁的青年李大钊慷慨悲歌, 一开头便指出亡国惨祸迫在眉睫, 他揭露了日本乘第一次世界大战欧洲各国无暇东顾之机, 一再侵犯中国主权、杀戮中国人民的桩桩罪行, 呼吁全国人民对此要"镌骨铭心, 志兹深仇奇辱", 并要以血肉之躯与日本抗争。他号召全国民众"认定中国者为吾四万万国民之中国, 苟吾四万万国民不甘于亡者, 任何强敌, 亦不能亡吾中国于吾四万万国民未死以前。必欲亡之, 惟有与国同尽耳"。最后, 李大钊"泣血陈辞", 痛呼: "九世之深仇未复, 十年之胆薪何在! 往者不谏, 来者可追。愿我国民, 从兹勿忘此弥天之耻辱!"

◎李大钊

李大钊起草的这篇战斗檄文, 由留日学生总会油印散发全国, 在当时的反日爱国运动中起到了激励民心、鼓舞斗志的巨大作用。其团结奋起、自救自强的思想深深影响了于4年之后爆发的五四爱国运动。

全国人民展开了反对"二十一

◎毛泽东痛斥"二十一条"。

条"的斗争，北京、上海、汉口等地的学生、市民纷纷集会游行，反对日本的侵略和袁世凯的卖国丑行。

年轻的毛泽东闻知袁世凯答允日本"二十一条"要求后，在课本上写下了"五月七日，民国奇耻，何以报仇，在我学子"的壮语，积极投身于反对"二十一条"的斗争中。

在中国人民的强烈反对下，中国国会没有批准"二十一条"，条约的大部分内容未能实现。对此，美国驻华公使芮恩施在回忆录中这样写道："日本从不能代表中国人民的北京当局那里获得了某些具有深远影响的特许权，但是中国人民作为一个古老的有组织的社会，比任何政府都强大得多，中国人民始终没有同意日本提出的'二十一条'要求。"

袁世凯是中国近代史上最具争议的人物之一，对其荣辱功过众说纷纭，相互对立的评说各持己见。但是有一点很明白，袁世凯的追求不仅仅是推翻清朝当上中华民国大总统，他梦寐以求的是恢复封建帝制、登基称帝。在一战正酣的 1915 年 12 月 12 日，袁世凯宣布接受帝位，推翻共和，复辟帝制，改中华民国为"中华帝国"，并下令废除民国纪元，改民国五年（1916年）为"洪宪元年"，史称"洪宪帝制"。此举引发轰轰烈烈的护国运动，

◎袁世凯复辟登基。

袁世凯勉强做了83天皇帝美梦之后宣布取消帝制，并忧愤成疾，于1916年6月6日因尿毒症不治身亡，归葬于河南安阳。一代枭雄灰飞烟灭，但其恪守中立不对德国宣战，失去从德国人手中夺回青岛的良机而引狼入室，放纵日本趁机夺占青岛，所造成的后果是难以得到历史宽恕的，必将被永远钉在历史的耻辱柱上。

第四章

日夺青岛

19 世纪末，世界各帝国主义国家竞相争夺殖民地的斗争达到极为尖锐的程度。

腐败无能的晚清政府已不堪一击，一被打就趴下，一趴下就签订卖国条约，已然成为常态。

1895 年中日甲午战争之后，按照马关条约，清政府割让辽东半岛和台湾给日本。此举引发其他列强的窥觑，中国成为列强们垂涎的美味和纷争的焦点。

1898 年，德国强租胶州湾，随之沙俄强租中国东北军港旅顺口、商港大连。

1898 年 5 月 23 日，中国向日本付清甲午战争赔款，日军撤出威海卫。

◎中日签订割让辽东半岛的马关条约。

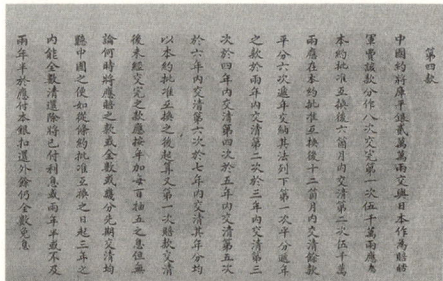

◎马关条约部分内容

◎俄国强租大连后开工建设。

◎1898年被英国占领的山东威海卫

◎1898年6月，英国强租我国九龙半岛（也称香港新界）
周围水面和岛屿，租期99年。

◎1899年，法国强租广州湾。
图为法国在广东湛江的兵营。

　　5月24日，英军强行占领刘公岛。在军事占领已成事实的情况下，清政府提出中英共同利用威海卫军事基地的方案流产，被迫于7月1日在北京签订了《中英订租威海卫专约》，租期25年（后延长10年）。同时，两国签订《展拓香港界址专条》，强行租借九龙半岛，租期99年。

　　在第二次鸦片战争后西方帝国主义瓜分中国的割地狂潮中，法国以"趸煤"为借口，步步紧逼，胁迫清政府签订了《中法互订广州湾租界条约》，将遂溪、吴川两县属部分陆地、岛屿以及两县间的麻斜海湾（今湛江港湾）划为法国租界，统称"广州湾"，划入法属印度支那联邦范围，设广州湾行政总公使署，受安南总督管辖。

　　日本对侵占中国的台湾岛、澎湖列岛并不满足，早就对青岛虎视眈眈，在青岛被德军占领时期，常有日商到青岛做买卖。日本当局为了及时掌握青岛和山东的近况，还时常派特务化装为中国人，潜伏到胶济铁路数百公里沿线进行活动，可见日本对青岛的垂涎时日已久。

日本明治天皇就曾叫嚷"以武力开拓万里波涛""布国威于四方"。1897年德国强租胶州湾，日本打心眼儿里不自在，他根本没有想到，日本比德国入侵中国早，由于自己忙于争夺在中国东北和朝鲜的利益，山东这块肥肉却成了来自欧洲的德国的囊中之物，这对日本殖民野心是一种挑战和刺激。

早已垂涎青岛的日本对此耿耿于怀，一直千方百计寻找染指山东和青岛的时机。在德国盘踞青岛的前些年里，日本不敢轻举妄动，很少到青岛活动，似乎对山东和青岛没有什么想法与兴趣。这种表面的心理平静无法长期掩饰日本渴望占有青岛的野心。到了1913年至1914年第一次世界大战爆发前，日本突然活跃起来，对青岛表示出异乎寻常的关注与兴趣，频频派军政要员到青岛调查，窥探德军在青岛的布防情况，伺机取代德国对青岛的"租借"，以建立向东亚侵略扩张的桥头堡。这种强烈的占有欲，促使日本紧锣密鼓地行动起来了。

1914年，第一次世界大战在欧洲爆发。

欧洲各国都收缩战线，把主要精力和兵力用在欧洲战争事务上，远在他国的殖民地就顾及不上了。德国驻扎胶州湾只有数千兵力，这一不堪重击的布防形势，正中日本下怀，于是日本有了乘虚而入的机会。他们准备与驻青德军大干一场，趁势取代德国人对青岛的占有，把垂涎青岛变成一口吞掉。

在大战爆发半个多月后的1914年8月15日，日本以"维护远东和平"的名义，向德国发出最后通牒，8月23日正式向德国宣战。同时，德国驻华代办马尔参代表其政府向袁世凯建议把胶州湾租借地立即无条件地归还中国。袁世凯不敢表示同意，却建议美国政府从德国手中接收胶州湾，以便随后归还中国。然而，袁世凯企图利用日美矛盾的希望落空了，美国政府不愿意干预，怕冒无益的风险。

◎1914年8月23日，日本借口对德国宣战，派兵侵入山东。9月2日，日军主力在山东龙口登陆，向青岛发动进攻。青岛成为第一次世界大战中亚洲唯一战场。

　　帝国主义列强尽管相互间矛盾重重，但整个说来，他们纵容了日本帝国主义的侵华行为。中国作为中立国，要求日本和德国把战事限制在租借地境内。然而，日军司令部无视这一要求，在租借地内外统统摆开了战场，日军不是从德国人已设防的海上进兵，而是从后方、绕过筑有工事的胶州地区去攻打青岛。日德青岛之战，无论从哪个方面讲，都已不可避免。

　　1914年9月2日，日本在向德国宣战后的第10天，从距青岛180公里的山东半岛北端的龙口登陆，浩浩荡荡向青岛的德军发起了全面进攻。

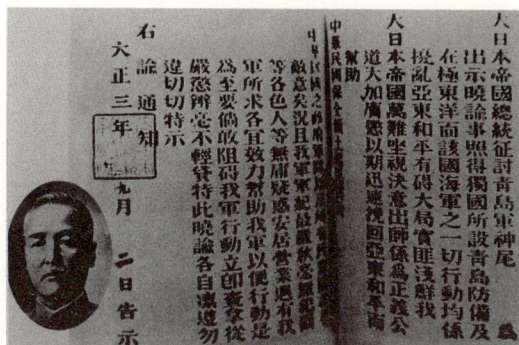

◎1914年9月2日，日军主力在山东龙口港登陆时，由神尾光臣（下左图）发布的布告。

　　中国政府于9月3日向列强驻北京的代表宣称，作为中立国的中国政府，对所有在龙口、莱州及接近胶州湾附近地区的交战国的一切行动不能负责。软弱无能的袁世凯政府同时与日本约定，划潍县东站以东为特别行军区，车站以西为中立区。

但是，日军根本不受约束，我行我素。9月10日，日军直入平度，大肆搜刮和强索粮草以补充军需，还宣布斩律5条，暴露了日本军国主义刽子手的狰狞嘴脸。

9月15日，日军挺进到即墨城西北毛家岭村，强奸妇女，抢劫财物，遭到村民奋起反抗。日军血腥镇压村民，打死打伤10余人，全村36户居民的164间房屋化为焦土，一手制造了青岛历史上骇人听闻的"毛家岭惨案"。

不久，日军突然占领潍县车站，继而越过作战区进兵济南。

9月18日，日军第29旅团在崂山仰口登陆，侵占王哥庄、李村等地。

9月26日，日德军队在白沙河、女姑口一带交火。

9月27日，德人放弃李村水源地，炸毁机关室和专用海泊河水源地。

9月27—28日，日军占领浮山、孤山一带。同日，英日舰队炮轰青岛德军要塞俾斯麦炮台、汇泉岬炮台。

10月6日，日本终于占领了济南火车站，胶济全线为日军侵占，沿线矿山和城镇也被日本占领。

10月10日，日军又增派一个混成旅到山东。此时，日本派往中国的陆海军总兵力已达4.9万人，海军总兵力为60余艘军舰。

10月31日，日英联军在经过一段较长时间的准备后，集中兵力，先扫清了外围，紧接着向驻青德军发起总攻。日军展开两翼合击德军有生力量，炮兵依据孤山阵地猛烈轰击停靠在青岛港内的德军船只，日本首次运用飞机参与对驻守青岛德军的侦察和轰炸，极为奏效。德军在青岛仅有5000人、军舰5艘，寡不敌众，仍顽强抵抗，战斗十分激烈。

11月5日，日本飞机参战，并在市区散发警告传单。

日军第二舰队在海上正面呼应陆上作战的日军，对准德军筑造的海岸各个炮台雨点般地炮轰，所有的炮台遭到炮火毁坏，已无力还击。德国在

青岛苦心经营 10 多年的军事打击和防御设施
难以承受日军海陆空三面强攻，开始土崩瓦
解。

　　11 月 7 日，日军趁德军极度疲惫之机，
于凌晨 4 点发动猛烈进攻，摧毁了德军的重
火力基地，德军失去了最后的反击能力。

　　德皇曾电令驻青德军"必须战至最后一
人"。但后来眼见大势已去，德皇不得不下达
"准予撤退""毋庸驻守"的急电。但为时已晚。

　　德军自行炸毁了所有炮台。销毁除警卫
部队手提式武器以外的全部军火，同时将所有
船舶炸沉于胶州湾口。

　　万般无奈，德军于 7 时悬挂白旗就范，9
时 20 分，德军宣布投降。德军代表与日军代
表在青岛郊区东吴家村会见，接受了日本提出
的弃城投降的要求，签订了停战条约。

　　11 月 11 日上午 10 时，日军入城侵占了
青岛，13 日日军接收青岛行政，14 日日军发
布占领青岛宣言，16 日宣布对青岛实行军管。
经过两个多月的作战，日军终于将德军赶走，
占领了垂涎已久的青岛。

　　日德青岛之战，给青岛人民带来了巨大
苦难。德军投降前将重要设施如自来水、供
电、船场起重机破坏殆尽，全市秩序混乱，晚
间漆黑一团，中国绅商大都外逃避难，居民苦
不堪言。战争使台东镇受到严重破坏，墙倒屋

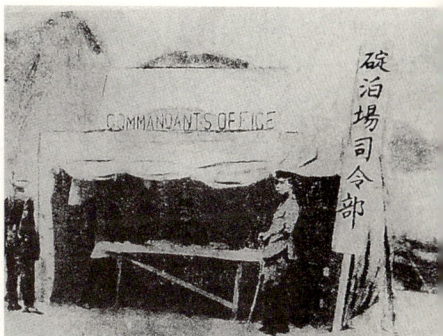

◎1914年9月，日军在崂山湾设
"碇泊场司令部"。

◎日军攻占青岛时被德军破坏
的李村水源地水道机械室

◎进攻青岛的日军兵站

◎日德青岛之战，日本出动60余艘军舰进攻青岛，图为被德舰击沉的"高千穗"号巡洋舰。

◎日军飞机轰炸青岛。

塌，惨不忍睹，1548户人家遭受战火伤害，财产损失达1900余万银元，40人在战火中身亡。

日德战争后，日本取代德国占据青岛，太阳旗在青岛到处飘动，日本开始了对青岛长达8年的殖民黑暗统治。

当占领青岛的日军发布了在青岛实行军事管制的第一号军令、青岛守备军发布了接管青岛地区军政的命令之后，青岛切切实实成为日军一手控制的天下。

1914年11月27日，就在日本攻占青岛的半个月后，日本大正天皇

◎围攻青岛的日军炮兵阵地

◎青岛德国步兵抵抗日军进攻。

◎1914年11月7日，日军攻破德军青岛防线，德军战败。图为德军投降前自行炸毁的俾斯麦炮台。

◎德军投降前在大港自沉军舰。

◎1914年11月7日，日军攻占青岛。图为日军入城仪式。

◎青岛台东镇居民的房屋被日德交战炮火摧毁。

发布命令，在青岛设置日本守备军司令部，任命率兵攻占青岛的日军中将神尾光臣为首任司令。其职权和责任为"直隶天皇，统率守备驻军各部队及特别指定之各机关，担任占领地区之守备；统率占领地区之民政；监督、守备山东铁道及矿山的经营管理"等，与德国胶澳总督职权相似。日本守备军司令部建制庞杂，远超过德国总督公署，计有参谋部、副官部、宪兵队、通信部、经理部、军医部、军理事部、青岛军政署、李村军政署、邮电部、水道部、埠（码）头部、港务部、山东铁道管理部、运输部、防备部、无线电信所等。以上各部，除山东铁道管理部外，全由陆军将校充任。

为镇压中国人民反抗，日本在青岛部署了由 8 个步兵大队、1 个重炮大队、1 个铁道联队以及骑兵中队、工兵中队等组成的守备军，总兵力两万余人，分别驻扎在青岛和胶济铁路沿线，还有日本海军舰队停泊在青岛港内。日本依仗军事实力，对青岛和山东实行严酷的军事管制，从政治、军事、经济、文化等各方面控制青岛，实行野蛮的殖民统治和疯狂的经济掠夺。

日军占领青岛之初，宣布设立青岛、李村军政署，在青岛城乡实行"军政"，并颁布《军政施行规则》10 条，规定中国人一切活动，均需经军政署批准方能进行，"不许有所稍违。倘有违者，无论如何情由，定行从严惩办，毫不宽待。"之后，日军又颁布数十部军规法令，对青岛人民实行残酷的军事殖民管制和野蛮镇压。日本宪兵和警察可以随意逮捕、关押、审讯、残杀中国居民，严禁一切群众聚会和反日活动，将 20 万青岛人民逼进了苦难的深渊。

日军在对青岛实行全面军事统治的同时，又迫不及待地于 1914 年 12 月 28 日公开宣布，向日本本土居民开放青岛，凡是愿意到青岛来的日本人将受到热情欢迎和极大关照。于是，犹如蜂箱打开，闸门提起，日本人潮水般地向青岛蜂拥而来。一时间，青岛街头巷尾到处可见身着和服、口操日语、脚踏木屐的日本人，青岛完全变成日本人的天堂，使人误以为到了日本。

日本人侨居青岛，是在第一次世界大战爆发的前几年。最早进入青岛的日本人是卖春妇，即日本妓女。但在德国当局统治下，外侨在青岛受到种种限制，因此日本侨民一直未能大批来青。直到1914年一战爆发前，滞留青岛的日侨仅有300余人，但这为数不多的日侨却成为除德国人之外在青岛最多的外侨。

日德战争刚刚结束，青岛上空硝烟尚未散尽，日本政府即号召日本人大规模移居青岛和山东内地，其目的非常明确，就是要进一步扩大侵华势力，不仅以武力去征服青岛和山东，还想用更多的日本人来压服青岛人和山东人。这种武力加移民的政策，是日本侵略青岛的双管齐下战略。

此前，青岛居民为躲避战火，纷纷丢下房屋财产，逃离青岛战区。在战争结束后，他们纷纷要求返回家园，日本占领军理应允许。然而，日本守备军公然发布告示，严禁中国居民回青，违者将严惩。与此相反，日军公然无所顾忌地煽动日本人纷纷到青岛居住。在海上水雷尚未排除之时，第一批日本人就冒着危险乘舰船来到青岛，随后大批日本人鱼贯而至。战争结束后仅仅几个星期，来青日本人已达数千人，超过战前十多倍。等到青岛秩序恢复，涌入青岛的日本人已超万人。

这些日本人大都是无业游民，有的在日本国内穷困潦倒。日军为他们敞开进出青岛的大门，使他们抓住了发横财的机会。于是，来到青岛的日本人，见房屋就占，遇财物就抢，不仅将德国公产、私产统统据为己有，更是抢占出逃在外的中国居民的房屋财产和土地、企业。中国人的财产转眼之间变成日本人的财产，许多日本人一夜之间成为暴发户，靠的就是到青岛肆意掠夺。

在中国居民的强烈要求下，日本守备军终于同意原青岛居民返回市区，但日本人就是拒不交还他们占有的房屋财产。青岛居民向日本殖民当局进行过反复交涉申诉，要求返还被占财产，但日军故意刁难，要求提供各种证件以证明其主人身份。一则许多人因战乱而遗失证明，二则日本人要的许多证明根本就不存在，又怎么能提供得出来？这就是日本侵略中国的强盗逻辑和无赖嘴脸。许多中国人的财产就这样平白无故地变成了日本人的财产。面对日本的无理刁难和武力压制，中国人敢怒不敢言，只好任日本人宰割。

对于日本守备军的上述行径，中国政府虽一再交涉，日本始终置之不理。直到1915年9月，日本人才象征性地向中国政界要人返还了6所房产。这6所房产分别归杨度、赵尔巽、洪述祖所有，因为这3人均为袁世凯的亲信，所以才有此特殊优待，其他中国人则永无索回家产之日矣。关于日人强占中国人财产之事，洪述祖之子洪深在其编导的《劫后桃花》电影中曾作过深刻的揭露。

日本对中国的经济掠夺，充分显现了它的贪婪本性。攻占青岛后，日本将德国公产和中国人的财产攫为己有，拒不返还中国主人。青岛海关历来归中国政府所有。日军占据青岛后，悍然将其占为己有，驱逐中国关员，截留海关税银。中国政府一再抗议，均被日军以"军政时代，不能承认"为由予以拒绝。仅此一项，日本即掠夺了巨额关税。

日本占领胶济铁路后，驱赶原有中国职员，逼迫中国护路军警撤走，而以其铁道联队管理和警卫铁路。通过铁路，日本掠夺了大量资源，获取了高额利润。据统计，日本统治山东8年中，仅从胶济铁路就获利5126余万日元。

土地掠夺是日本经济掠夺的重点之一。日军将德国已征官用地据为己有，出售获利。同时不断强占民地，扩充官地。据1922年统计，日本官用地已达4620万平方米；日本还以低于德国一半的价格强行霸占沧口、李村大片民地。

日本经济掠夺的主要手段是在青岛开办工商企业。据1922年统计，日本在青岛和胶济铁路沿线开办各项商店企业299家，其中50万日元以上有36家。而此时这里全部中国工商企业不足30家，其中50万日元以上者仅有2家。日商内外棉、大康、宝来、钟渊、隆兴、富士六大纱厂建成后，青岛成为与上海、天津并驾齐驱的轻纺城市。日本凭借雄厚的经济实力和政治、军事力量，控制青岛与山东的经济命脉，为日本掠夺了大量财富。

最令人发指的是，日本大量走私武器，制造中国内乱，培植亲日势力，以扩大其侵略势力。而日本守备军公开贩卖鸦片，实行毒品专卖，牟取暴利，毒害中国人，罪恶昭彰。据报纸刊载，8年中，日军仅贩毒一项即获利1亿日元。

在日本统治下，青岛人民陷入空前的灾难之中。摆脱异族统治，完成青岛回归，已成为青岛人民共同的心声。

第五章

有侵略就有反抗

　　哪里有压迫哪里就有反抗，哪里有侵略哪里就有反侵略。自从德国侵略者踏上青岛土地的那一刻起，为维护国家主权和领土完整，中国人民就开始了反对德国入侵、誓争青岛主权的斗争。在日本从德国手中抢走青岛实行更加残酷的军事统治后，青岛、山东乃至全国人民的反抗，越来越强烈，越来越高涨。

　　在德军殖民占领青岛 17 年和日军第一次强占青岛 8 年的 25 年间，中国人民驱逐外敌、收回主权的斗争坚持不懈，最终在伟大的五四运动的直接作用下，完成了收回青岛主权和山东权益的大业。

　　直接处于德国殖民统治下的青岛和山东人民，所受压迫最重，反抗也最激烈。

　　1898 年 1 月 22 日，占领胶澳租界的德军入侵即墨城。驻扎在文庙及西关质库的德军横行霸道，砸毁文庙孔子圣像，同时派兵侵占栾村（今蓝村）等地。

　　1 月 23 日夜，一名酗酒闹事的德军士兵夜间闯入即墨县李象凤家图奸妇女。李象凤大怒，奋起反抗，不顾自身安危，怒杀这名兽性十足的德国士兵。

◎义和团的反帝斗争得到广大农民的响应，许多清军士兵也加入了义和团。图为入团的清军士兵，右下图为义和团宣传品。

德国士兵侵占文庙砸毁孔子圣像和夜闯民宅图奸妇女被杀的案件发生后，在北京为官的即墨籍官员联名上书朝廷，要求向德国提出抗议，迫令德军退出即墨县城，并要求判决李象凤无罪。因为按照大清律法，杀死夜闯民宅图奸妇女的罪犯属正当防卫，理应无罪释放。但腐败卖国的清政府不仅不保护受害民众，反而屈从于德国淫威，下令山东巡抚张汝梅将李象凤逮捕处死。李象凤之死，激发了山东和青岛人民反抗外敌入侵的爱国行为，首开了武装反德的先河。

德国侵占青岛进而践踏山东以及霸占民田修筑铁路的行为，遭到孔孟之乡的人民奋起反抗，并直接引发了反筑路斗争和义和团运动。因反对德国传教士横行而由农民组成的大刀会、义和拳等，迅速发展成遍及全省的义和团组织，开展了轰轰烈烈的反洋教、反德国入侵和反筑路的反帝爱国

◎当时外国报纸登载义和团反帝宣传情景

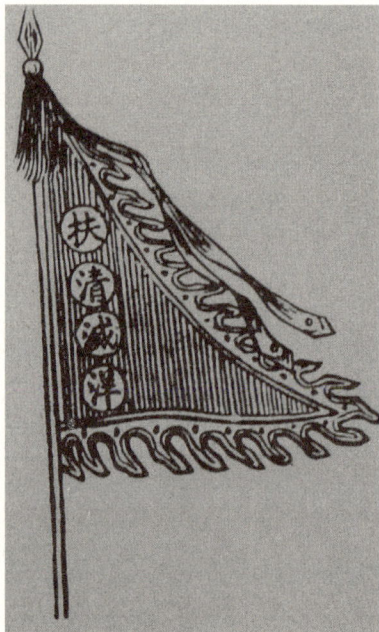

◎义和团"扶清灭洋"旗

斗争。斗争迅速发展到京、津和整个中国北方，掀起了著名的义和团运动。在八国联军的血腥镇压下，运动失败，但它的反对外国侵略的斗争精神则永远为人们所敬仰。

1899年，青岛周围村庄联合起来，拒向德人售粮。

这年4月，即墨王义训联合大刀会众进行反教堂、反官府的武装斗争。

德占青岛之初，在租界内外兴起并活跃着一支抗德义勇队，首领傅二原为章高元部的士兵，对于德军侵占青岛及其在中国地面横行霸道的罪行深恶痛绝，对清政府之怯懦卖国行为痛心疾首，遂愤而弃军，联合乡民与德军展开针锋相对的斗争，袭击德军一些据点，歼灭其小部官兵，焚烧其屯集物资，沉重地打击和震惊了德国当局。德国占领当局出动军队多方"围剿"义勇队未能得逞，后与清政府勾结，收买汉奸将傅二逮捕杀害，抗德义勇队余众加入义和团继续抗敌。

　　山东人民抗德斗争在反对德国修筑胶济铁路时达到高潮。最初，人民采用拔路标、拒绝出让土地、拒绝提供粮草、驱赶筑路工程测量人员和拆毁铁轨等斗争方式，迫使德国放弃全线开工计划，只好采取由军队保护、逐段铺设的方法修路，大大降低了筑路速度。

　　为消除乡民的反抗，德军从青岛派出骑兵前往镇压，遭到胶县、高密人民武装反击，高密西乡108村的农民在孙文领导下，联合抗击德军，打得德军狼狈而逃。德军从青岛增派炮兵、骑兵和步兵前往镇压，血洗村庄，屠杀老幼妇孺，犯下严重罪行。农民的反抗虽然失败，但迫使德国改变了强占农民祖坟和阻塞河道、毁坏民田的行为。高密孙文抗德和山东人民反筑路运动谱写了近代反侵略斗争可歌可泣的一页。

　　在抗击德国殖民青岛的斗争中，青岛城阳就曾出现一位杰出的爱国志士宫仲栩。

　　宫仲栩生于道光十一年（1831年），他虽然家境贫寒，但从小就好学苦读，颇有才气，后考取即墨县生员。年盛气旺的宫仲栩对清末社会动荡、当局腐败十分不满，对仕途不抱期望，便在四乡塾馆当老师。他除认真传授知识外，十分重视教育学生以中华民族历代爱国忠臣名将和仁人志士为榜样，尤其鼓励学生长大成人后以报效祖国为己任，其品德和学识备受乡人敬佩和赞扬。

　　1897年德国侵占胶澳后，宫仲栩所居之南屋石村被划入租界之中，德国当局在1899年10月委任德国人为李村区长，颁布殖民法令，强化殖民统治，还建立专门关押中国人的华人监狱。

　　德国为了掠夺山东和青岛资源，于1901年后开始修建铁路和公路，本来属于中国人民的财富却源源不断地白白流入德国人囊中，大大伤害了中国人的权益和感情。

　　宫仲栩视德国强占青岛为奇耻大辱，他疾呼："我堂堂炎黄子孙，岂容德人宰割；我神州大地，怎忍沦为异域！"

◎宫仲栩遗书

　　为揭露和抵抗德国侵略行径，宫仲栩在白沙河沿岸各村庄四处奔走，号召当地民众不要顺从德国人颁布的条令，以中华赤子之心继续向即墨县衙门纳粮，但这在殖民当道的年代是行不通的。

　　宫仲栩没有丧失信念和斗志，愤然弃家，只身奔走于北京、盛京（长春）等地两年，进谏寻求救国救民之道。然而结果让他大失所望，腐败无能的晚清气数将尽，已无力反对外强，安邦治国。

　　宫仲栩失望而归，目睹家乡人民依然生活在艰难困苦中，此次北行让他认清了晚清"宁赠友邦，勿予家奴"的丑恶嘴脸，彻底粉碎了他那颗爱国爱家乡的赤子之心，发誓以死抗争铭志，永不为德国人所奴役。

　　光绪三十年（1904年）农历二月二十四日午夜时分，宫仲栩在家中自缢身亡，并在其居室中留有一份红纸遗书，共351字，慷慨陈词："邦有道，危言危行；邦无道，危言行孙。"这表达了他忧国忧民的情怀。

　　宫仲栩以自绝来声讨腐败无能的清政府、抗议德国侵略者占领胶州湾的大无畏精神，震惊了胶澳城乡各界人士。宫仲栩下葬那一天，乡里乡亲为其送行，20名社会名流赋诗颂扬，并印成小册子散发。王垿为其作墓志，史学家柯劭忞作"汉家纵有中行说，齐国宁无鲁仲连"挽联颂扬。

　　宫仲栩这份遗书现在城阳区档案局（馆）珍藏，是一份难得的反帝反封建、爱国主义教育的好教材，2015年被评为第一批青岛市珍贵档案文献遗产之一。

　　日本取代德国占领青岛后，实行更残暴、更贪婪的手段统治，激起民众义愤。早在 1914 年 9 月日军刚刚侵入胶东时，莱阳农民曲诗文目睹日军侵略暴行，挥袂而起，以"保民拒日"为号召，联络胶东 6 县人民，筹款买枪，组织民团，"俟日军到境，即行反抗"。面对胶东人民声势浩大的反抗行动，侵青日军极度恐慌，不敢东侵，且提心吊胆，日夜防备。袁世凯政府深惧农民反日，竟将曲诗文诱捕杀害，瓦解了胶东人民的抗日行动。

　　1914 年 9 月 18 日，日军独立第十八师团之一部以数千人的兵力，在崂山境内仰口湾登陆靠岸。经王哥庄、劈石口、北宅直逼李村。在李村与独立第十八师团主力会合，封锁了德军陆上退路，使德军陷入腹背受敌的困境。登陆后，日军在仰口盘踞了 3 个月之久，时常闯入周边村庄烧杀抢掠，无恶不作。桑园村一老农阻挡日军士兵蹂躏其女儿，被当场枪杀；另一村民因反抗日军强抢其牲畜，竟被日寇多人用刺刀活活刺死。

　　在即墨毛家岭村，因反对日军抢劫和强奸妇女，毛家岭村民奋起反抗，击毙日军多人。日军烧毁毛家岭村庄，屠杀村民，制造了骇人听闻的"毛家岭惨案"。这样的惨案和反抗侵略的事例还有很多。

　　野心勃勃的日本军国主义得寸进尺，于 1915 年 1 月 18 日，向当时的民国政府提出了灭亡中国的"二十一条"要求，其中包括由日本继承德国在青岛、胶济铁路乃至山东的全部权益。

　　在反对"二十一条"斗争中，许多爱国志士为警醒同胞和谏诤政府而舍身报国。在日军重兵管制下的青岛，就发生了一起震撼人心的舍身报国事件。1915 年 5 月，胶济铁路职员秦立钧愤日本之蛮横，怒卖国政府之怯懦，在青岛愤然自杀，留下遗书一封。这一事件在《申报》登载后，引起巨大反响。遗书上说："东亚同胞不相抚而相欺，吴越实难两立，私恩宁忘公仇？"一时间，青岛、胶济铁路的权益问题成为国人关注的焦点。

　　1919 年 4 月 30 日，是让中国人民刻骨铭心而蒙受耻辱的一天，正在

◎蔡元培为崇德中学题字。

巴黎召开的一战战胜国会议上，以美、英、法为代表的世界列强经过三次秘密交易，罔顾中国也是战胜国的不争事实，合谋作出将青岛主权、山东权益归属日本的荒唐裁决，为侵略者张目，毫无公道公理可言！

一些置身法国的爱国人士被彻底激怒，并通过各种渠道将这十万火急的不幸消息传回国内，北京各大专院校学生们无比愤慨。5月4日，数千名学生上街示威游行，响亮地喊出"誓死力争，还我青岛"的口号，坚决要求外争国权，内惩国贼，拒绝在巴黎和约上签字。运动的声势不可阻挡，如暴风骤雨般迅速波及全国。

五四运动因力争青岛主权和山东权益回归而爆发，作为五四运动导火索的青岛，当时处于什么样的形势，又有什么样的反应和行动呢？

此时的青岛正处于腥风血雨的白色恐怖之中。惊慌万分的日占青岛当局如临大敌，千方百计封锁消息，严禁青岛各家报纸刊发有关巴黎和会与五四运动的文章。全市街头布满了军人、宪兵和特务，以应对可能突发的事件。日占青岛当局还给日本侨民分发武器，为其护身壮胆，以防不测。在高压和恐吓下，一时间青岛死一般沉寂。

巴黎和会召开之际，山东各界率先行动起来，伸张正义，据理抗争。山东旅京人士、山东省公职人员、各个后援会、学生联合会和山东省议会，纷纷致电出席巴黎和会的中国代表，请求他们务必维护国家的神圣主权，坚决主持正义，全力迫使日本放弃对青岛的占领和山东权益的攫夺。山东

◎反映山东人誓死力争
青岛主权的报道

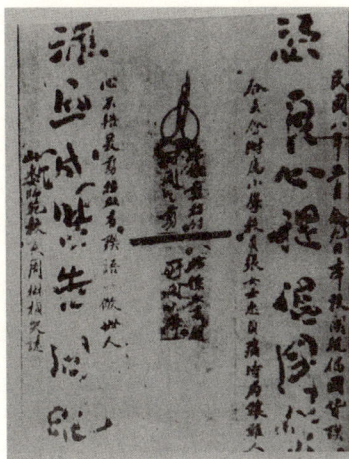

◎山东女子师范附属小学教员张惠贞
女士的"血书联语"

人民还派出代表前往巴黎与参加和会的中国代表共商收回青岛主权和山东权益的大计，并派代表前往北京、上海等地活动，为五四运动打了前站。

五四运动爆发后，五四运动的消息很快通过各种渠道从北京和济南传到青岛，全国人民都在声援"誓死力争，还我青岛"的斗争，如果青岛人继续保持沉默，不发声不斗争，这会成为历史的笑柄。面对日本军警的枪口，冒着生命的危险，青岛明德学堂的师生们在校长王守清的带领下，勇敢冲上街头，打响了青岛主权争夺战。

青岛明德学堂始建于 1911 年，为基督教美国长老会所创办，1920 年改为明德中学，1929 年改称青岛市私立崇德中学。该校最早建起的第一座校舍取名为思聂楼，是美国长老会的夫人为纪念失去的爱子聂侯而命名的。学校地址在阳信路 2 号，这一带先后集中了礼贤中学、淑范女校、文德女中、东文书院、尚德小学等学校。学堂第一年和第二年共招生 80 人，从第三年开始扩大规模。学生早期多为基督教信徒的子弟，经费由北美长老会负责。

虽然明德学堂是基督教美国长老会所办，但师生却富有强烈的爱国心和顽强的斗志，他们不畏日本军警的刺刀枪口，沿着胶州路向中山路进发，一路高喊"打倒日本帝国主义""坚决收回青岛和胶济铁路"等口号，吸引了路人驻足观看，甚至引发了共鸣。他们还沿街张贴反日标语，当来到中国人开的商号前时，师生们就跪下痛哭，强烈要求商人不要售卖日本货。当碰到中国行人时，就劝说他们不买日本货，抵制日本货。原来沉寂的青岛突然炸了锅，200多家日本商店被迫停业。

日占青岛当局恼羞成怒，将明德学堂上街示威游行的师生全部拘捕。由于明德学堂是基督教美国长老会所办，日本人没敢大开杀戒。游行结束后，日本守备军司令部立即下令查封了明德学堂，并将校长王守清逐出青岛。为了让学生继续学业，学校迁至潍县，学生附读于教会所办的文华中学（今潍坊二中）。1922年青岛回归中国后，明德学堂重返青岛复课，改称明德中学。

五四运动以后，全国反日斗争日益高涨。青岛工人也受到巨大鼓舞，与日本殖民者开展了英勇斗争。1921年3月中下旬，青岛大港、小港等处的火车、轮船装卸工人1000多人，不堪日人虐待，举行了大罢工，一时间水陆交通停顿，日本殖民者受到沉重打击。这一年，青岛日货进口量大减。日本生产的纱布、火柴，也受到青岛人民的抵制。在中国人民举国一致的抗争下，日本被迫放弃永久霸占青岛及山东的野心，同意以谈判方式解决青岛和山东问题。

第六章 华工参战

　　在第一次世界大战全过程中，在中国是否参战的问题上，中国朝野上下，几经反复，甚至斗争很激烈，因为此事关系到中国的切身利益，也触碰到一些列强的敏感神经。

　　中国首次提出参加一战是在战争爆发初期，北洋政府主战派的呼声相当高，他们的意图很明确：这场战争虽然远在欧陆，但德国侵占的中国青岛却近在咫尺，如果借助战争大势，向德国宣战，德国顾此失彼，利大于弊，能一举夺回已被德国野蛮侵占 17 年的青岛，废除 1898 年签订的《中德胶澳租界条约》，战争胜利后也可以获得一定利益，是一举多得的大好事。但是，手握大权、鬼迷心窍的袁世凯，虽已察觉日本欲借一战机会从德国手中抢夺青岛的图谋，却置民族利益于不顾，断然决定不参战而恪守中立，结果是中国前脚宣布恪守中立，日本后脚就迫不及待地向德国宣战，一举将德占青岛抢到手，这一闷棍把袁世凯打得魂不附体。而且紧接着日本还在袁世凯和北洋政府身上狠狠踏上一脚，强迫其签署"二十一条"。不久袁世凯命丧黄泉，他的私欲和荒唐，让中国继续丧失青岛主权和山东权益，令人民群众遭受到新的更大的灾难。天赐良机被你活生生丢掉，天降恶果由你一手造成，所有的辩解都苍白无力。

中国第二次想参加一战是在 1916 年底。那时一战在欧洲进入胶着状态，战略主动权正向协约国一方倾斜。这一年连续发生的"凡尔登战役""索姆河战役"和俄军夏季攻势，成为第一次世界大战的转折点，战争元凶德意志帝国也从此逐步走向失败。时任北洋政府总理的段祺瑞视此为大好机会：只要中国对德宣战，就能得到协约国一些列强的支持，中国也可以获得国际威望和现实利益。因此段祺瑞立时活跃起来，又是约见各方人士商讨参战事宜，又是与协约国密商中国参战之事，里外忙个不停。1916 年年底，段祺瑞已下决心要投入协约国一方，对德宣战。但参战的障碍很难逾越，一是段祺瑞被人称为亲日派，中国要参战还要经过日本这一关卡，此时日本的态度仍不明朗，对中国参战不予支持。更大的问题是，对段祺瑞力主加入协约国，总统黎元洪表示反对，担心主战权不在自己手里，让段祺瑞贪天下之功为己有，因此在对德宣战问题上府院发生激烈冲突，段祺瑞断然去职，参战又一次搁置。

中国第三次参加一战终于成行，美国起了很大作用。1917 年 2 月，德国海军部宣布所谓"无限制潜艇战"，即德国潜艇可以事先不发警告，就随意击沉任何开往英国水域的商船，其目的是要对英国进行封锁，挽救战场颓势。就在这个节骨眼上，发了战争横财的美国为了通过这场大战的胜利拿到在世界上的主导权，一改中立立场，并四处劝说其他中立国采取一致行动，与德国断交，对德开战。美国驻华公使芮恩施紧急会晤黎元洪和段祺瑞，陈述中国参战有关好处，还大包大揽作出向中国提供援助的保证。但是有一段时间美国对中国参战又消极起来，这是由于日本在背后捣鬼，害怕中国参战影响到日本侵占青岛多年的既得利益。后来日本对中国参战的态度来了一个急转弯，积极表示支持中国参战，这是日本背后相继与四大协约国的英国、俄国、法国、意大利达成五国谅解，得到由它继承德国在山东特权的保证之后，吃了独占青岛的定心丸，才同意中国参战的。因此，美国对中国参战就彻底放行了。1917 年 8 月 14 日，经过半年左右

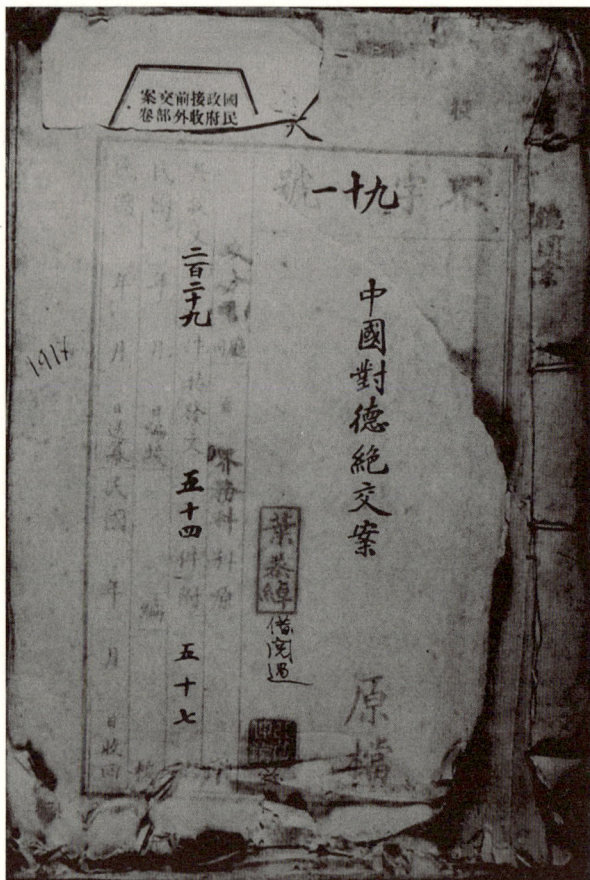

◎1917年8月14日，北洋政府发布大总统布告，正式对德、奥宣战。

的斗争和辩论后，北京政府发布了大总统布告，正式对德、奥宣战，即刻废除中德签订的一切不平等条约，收复德国在中国的租界，终止支付德国庚子赔款，取消德国在中国的治外法权，加入第一次世界大战中协约国的行列。此时，距一战结束的1918年11月11日还有不足1年3个月。

中国向德国宣战却并没有派出军队，而是按照主战代表人物梁士诒提出的"以工代兵"的策略，派出了14万青年劳工，他们主要是从中国北方农村招募来的。当时由于打了几年的消耗战，以英法为首的协约国支援前线的劳动力出现严重短缺，后方经济遭受重创，很多军事设备的生产面

临紧张。除此以外，在要紧
的前线地区挖战壕、构筑工
事等繁重的劳动也已无人能
干，各国都被战争拖累得精
疲力竭了。当时的俄国、法国、
英国等，把求援的眼光投向
了中国。最终中国放弃中立
立场，向德国和奥国宣战，
并派劳工大军赴欧参战。

这 14 万青年劳工远赴重
洋来到欧洲战场，被安排到
英法军队的劳工部队，被协
约国称为"中国劳工旅"。
他们浴血奋战在后勤支援战
场，活跃在协约国西线最前
线，为英、法、美等军队运
送后勤补给并修复战壕，提
供各个方面的重要劳动力服
务，在后方工厂做工生产军
需物资。

◎第一次世界大战，中国14万华工"以工代兵"
参战，在青岛集结，准备赴欧洲战场。

◎中国劳工背负行囊准备上战场。

◎参加一战的中国劳工从青岛上船赴欧洲战场。

让我们怀着敬畏之情回顾中国 14 万劳工赴欧参战浴血奋斗的壮烈场
景吧。

从全国各地招来的华工分别在山东威海卫和青岛集结，首先进入华工
待发所，在做了体检、办理手续和安全检查后便登船赴欧。原计划南下印
度洋，途经苏伊士运河与地中海（或绕道好望角）后抵达法国。恰逢德国
发动无限制潜艇战后，走这条航线存在很大风险，就改为东行路线，取道

◎中国劳工将装载的牲畜从船上运到岸上。

太平洋，经加拿大（或巴拿马运河），渡大西洋到达法国。海上漂泊，艰难前行，劳工们拥挤在低等舱，硬卧铺分上、中、下三层，行动自由受限，加上天气闷热，卫生极差，饮食量少且质劣，许多劳工身染重病，又无医生与药物救治，活活死去，被抛入大海。在海上受尽煎熬的中国劳工，经过几个月的生死搏斗，踏上欧洲大陆时早已身心疲惫、奄奄一息。

当初劳工们赴欧洲并不知晓参加一战是为了支援协约国打仗，很多人是想看看国外的光景，出国干活挣钱，养家糊口。他们对于危险和死亡并没有思想准备。当敌机飞来轰炸时，刚到法国没几天的劳工纷纷从帐篷、树林里跑出来看热闹，结果被炸死了一大片。

中国劳工食住条件非常艰难，行军入宿住的是临时搭建的帐篷，夏天闷热还可以挨得过去，而冬天遇到恶劣天气，劳工们就惨了，他们被折腾得夜不能寐，只好挤成一团熬过漫漫长夜，天不亮就又踏上了战斗征程。有时粮食接济不上，劳工们不得不靠挖野菜度日；有时饮水奇缺，为保全性命，无奈之下他们只能互相喝尿。

中国劳工战斗环境很危险，战场就是生死之地，他们天天冒着枪林弹雨送粮食、运弹药，救伤员、抬死人，垒墙壁、修战壕，时刻置敌机轰炸于不顾。战争打到哪里，哪里就有中国劳工，为中国人民不屈不挠、不畏流血牺牲的民族精神增光添彩。

中国劳工肩上的担子最繁重，运送的弹药箱有一两百斤重，全凭手搬、肩扛、人抬、

◎运弹药。

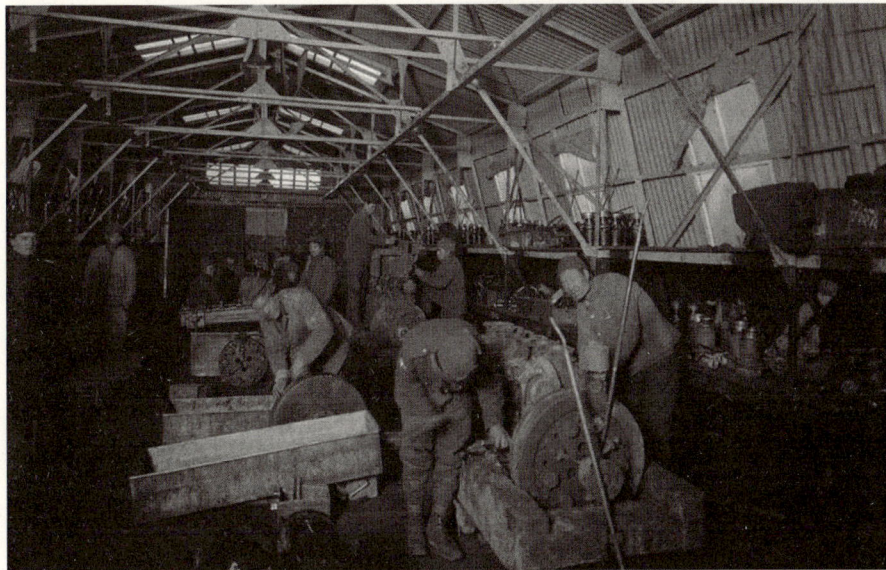

◎在后方做工的中国劳工

◎中国劳工欢度春节。

车推，皮肉磨破流血是家常便饭，有时还被滑落的东西砸断腿臂，扭伤腰椎，落下残疾。最艰难的是雪天雨天挖掘战壕，壕沟泥浆没过膝盖，雨水、雪水、汗水湿透全身或冻成冰甲，轮班睡觉时只好站着睡，苦不堪言。在后方工厂做工的劳工经常是连轴转，难得吃顿饱饭，睡个囫囵觉。但是，中国劳工苦中作乐，过春节时也开展庆祝活动。

笔者之一张荣大是山东淄博博山人，有个要好的小学同学叫孙光隆，他的爷爷孙干就是参加一战的中国劳工。

张荣大和孙光隆同在辘轳把街住，相距也就是几十米。有一次孙光隆带张荣大爬到小阁楼看他爷爷的藏书，让张荣大惊奇不已，四书五经之类的古书装了大半个阁楼，令人目不暇接。张荣大发现有两本纸张泛黄的日记，拿起来翻看，却发现是孙干用毛笔小楷撰写的《欧战华工笔记》和《世界大战战场见闻记》，字迹非常工整，记述详尽，张荣大看得入了迷。

由于这两本日记是孙光隆爷爷孙干的珍爱，他经常拿出来翻看，有时讲给儿孙们听，但从来不向外人展示。孙光隆见张荣大聚精会神地翻看日记，便难为情地从张荣大手中拿回日记，说爷爷快回来了，不要再看了，他知道了会不高兴的。但是从那一刻起，张荣大就忘却不了这两本日记，心中产生了一个大胆设想，今后有机会，一定要协助整理好这两本日记，争取有朝一日正式出版，这是一件意义非凡的好事。

1965 年 9 月，张荣大支援边疆参加了青海生产建设兵团，在柴达木盆地的格尔木开始了战天斗地的生活。1968 年年初，张荣大第一次从青海回博山老家探亲，到家后放下行李就去找老同学孙光隆，他多年来一直惦念着那两本一战日记，还想一饱眼福。但是张荣大被告知，两本日记已在"文革"破四旧中烧毁了。

张荣大 1975 年 8 月调入新华社当记者，从新华社高级记者岗位上退休后，开始了更加忙碌的著书立说，已出版 20 多本书。有一天他又回忆起他曾经看过的孙干那两本欧战日记，就上网查孙干的资料，由于孙干也是知名人士，结果一查，让张荣大兴奋极了，孙干的两本日记经过孙子孙光隆整理，以《一战华工欧战纪实》正式出版。张荣大根据当年所看日记的记忆和有关资料，写了一篇《"欧战华工记"重见天日》的长文，刊登在 2015 年 9 月《青岛收藏家》第三期上，让读者了解了一个中国劳工的真实故事。

山东人多体格强壮，曾是华工的主要招募对象。1917 年夏，欧战正酣，英、法大批青壮年参战，为了缓解劳力紧缺状况，北洋政府招工局暨英国"华工招募处"设到了淄博周村。看见告示，孙干就去报名，签了合同，6 月 28 日到青岛沧口体检、集训，成为 14 万一战中国劳工中的一员。然后砸"镯子"——把右手伸进一个机器，"咔嚓"一声，一只箍死的铜片手镯扣在了腕上，上头是每个人的编号，孙干的编号是"契约华工第 102 战场运输工程队 63484 号"。

孙干是从青岛出发的，一上船就套上了"太平带"（救生衣）。这是孙干第一次离家出海远行，心情紧张而又兴奋。他在日记中写道："第一夜，船在东海颠簸亦甚。余默想：自己性命如能平安到欧，惟赖神灵保佑，默祷再三。"孙干的确是幸运者。曾经有史料记载，一艘满载中国劳工的轮船航行到大西洋时，被德国潜艇击沉，约 500 劳工遇难。

◎战地抢修铁路。

开始劳工们对坐船在大海上航行兴致满满，可是不久脸上的笑容全消失了，许多人被晕船的痛苦所折磨，到处是呕吐的刺耳声，弥漫着呕吐物难闻的气味。孙干也头昏眼花站不稳，只好平躺在床铺上闭目以降低难受程度。有的劳工为了减轻晕船之苦，就用登船时领取的大洋，在船上购买烟卷、糖果、鱼、葱、蒜等食物来吃。孙干和同乡合伙贩卖黄豆，在船舱中游走，且叫且走，以免去晕船之苦。他们远渡重洋，历时70多天，抵达法国黎哈夫。

这支背井离乡的中国劳工大军，在法兰西民族的危难之际拔刀相助，他们在炮火中修路、筑桥、挖战壕、运输枪支炮弹、掩埋阵亡者尸体，成为英国远征军的强力后盾。

孙干在法期间，与劳工们一道开挖战壕、工事和沟渠，维修公路，搬运武器、弹药和粮食，付出了艰辛的劳动。

当时的劳工队伍，人员参差不齐，大多数是由生活在社会最底层的农民组成的。他们工作之余，往往聚众以赌博为乐。为遏制这种恶习，孙干

◎军粮装车。

自发在劳工群体中以各种形式宣传赌博的危害，告诫劳工远离赌博，勉励劳工多学习，增长见闻，日后报效祖国。时任中国基督教青年会干事的张翕如，非常欣赏孙干，他们一起为劳工开设了汉文班、英文班、算术班等，充实劳工的业余生活。他们的授课方式灵活多样，趣味横生，深受劳工喜爱，劳工们纷纷报名，在做工休息期间自觉上课，充实自己，赌博之风日渐式微。

时间一长，孙干渐渐成为劳工队伍中的骨干力量，大家让他代写书信，代买学习、生活用品，无论有什么困难，总是第一时间想到孙干，孙干也总是尽心竭力予以帮助。一次，一个劳工在法国火车站被法国人打劫，孙干就呈文于大英欧战司令部，强烈要求法人登报道歉，最后事情圆满解决。

孙干多次教育华工，中国人在外，需团结一致，想办法抵御外侮，保护自己，维护国家尊严。在他的感召下，全体劳工团结一心，众志成城，不仅出色完成了战场上的后勤保障工作，而且赢得了协约国的尊重，维护了国家权益。

一日，英国军官通过翻译召集问话："哪一位先生可以写字、记账？"

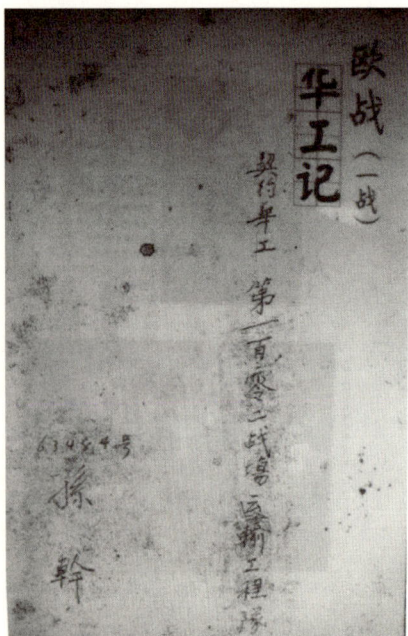

◎孙干《欧战华工记》手迹之一   ◎孙干《欧战华工记》手迹之二

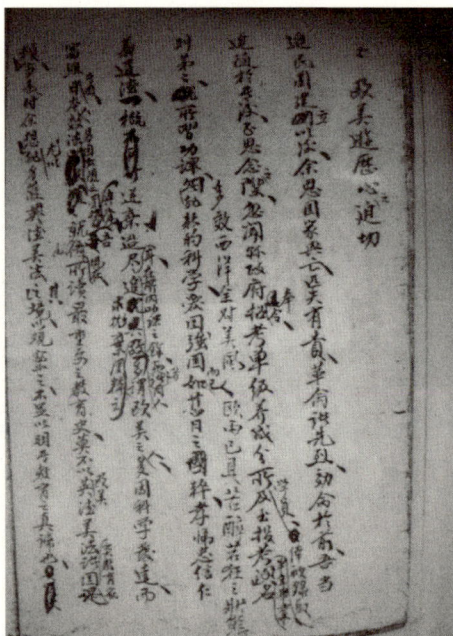

人群里鸦雀无声。这位英国人也太离谱了，中国的劳工们，连自己正式的姓名都没有，只有乳名，还会有人识文断字吗？素下在战壕里虎虎生威的劳工们沉默了。这沉闷太可怕了，孙干站了出来："我行！"孙干赴法前曾当过私塾先生，他便成了这支庞大团队的账房先生。教劳工识字、代写家书、收发记账，几乎成为孙干战地生活的全部。

稍有闲暇，他就四处察看，参观学校，考察当地经济、社会、教育、卫生、民风民俗等，并将所见所闻用毛笔小楷记录成册。日记详细记述了一战的惨烈、劳工的艰辛、战场上的所见所闻，两军对垒，武器装备，战壕布局，飞机构架等无一不被记录在案。字里行间，是满满的爱国热情和对祖国未来的殷殷期望，东西方文化的冲突以及劳工对祖国前途命运的深刻思考。这两本日记近10万字，是第一次世界大战参战见闻的第一手资料，是仅有的华工可歌可泣的欧战历史长篇记录，成为国内外研究这段历史的珍贵资料。

孙干在日记中写道，华工赴欧，意义重大，诚如英人所言："假如，欧战中没有你们华工出来加入，去欧洲做工帮忙，只怕是不但中国在国际上失去地位，且所欠各国之欠款亦必得立逼偿还呀。"

此话不无道理，中国 14 万劳工"以工代兵"赴欧参战，确实为中国在战胜国中赢得了一席之地。1918 年，协约国获胜的消息传到中国后，北京政府以全国放假 3 天来庆祝。中国怀着对美、英、法等国的信任和对世界新秩序的憧憬，渴望能享受战胜国的权利并一举改变屈辱的历史，尤其渴望早日从日本手里收回青岛主权和山东权益。

战胜国举行巴黎和会，中国推选出最优秀的外交官组成强大的外交团队远赴巴黎，其中包括外交总长陆征祥、驻美公使顾维钧、驻英公使施肇基等。在战争中作出贡献的中国，此时尚不知自己早已被出卖，并没有得到收回青岛主权和山东权益的主动权。列强们决议将青岛主权和山东权益全部转给日本，中国作为战胜国仿佛受到了战败国待遇，何谈公理。

◎为庆祝一战胜利的太和殿大阅兵

◎北洋政府大总统徐世昌在检阅会上向各国公使致意，吹嘘"公理战胜强权"。

　　中国人民忍无可忍，发起了轰轰烈烈的五四运动，进而"三罢斗争"席卷全国，逼迫北洋政府并支持中国代表在巴黎和会上拒签凡尔赛和约，中国外交梦断巴黎却虽败犹荣。最终在随后举行的华盛顿会议上，中国收回青岛主权和山东权益才梦想成真。

　　笔者写到这里，一种极为沉重而又愤愤不平的心情油然而生：中国14万劳工为一战协约国胜利作出了巨大贡献，也为中国获得战胜国的地位树立了一座丰碑。据说因各种原因在欧洲战场死亡的中国劳工达两万余人，很多人连名字都没留下。但是一战过去100多年了，14万中国劳工参加一战的丰功伟绩在欧洲一战史上却鲜有记载，甚至被抹去。就说受益匪浅的英国，有近6万座一战纪念碑，甚至没有一处提及中国劳工。直至2017年11月11日，英国人才良心发现，正义回归，首次举行活动正式纪念参与一战的中国劳工，以及他们为恢复世界和平作出的重要贡献。当天，30多名华人在伦敦唐宁街前的阵亡烈士纪念碑敬献花环，沉默了上百年的中国劳工的灵魂才得以告慰。

第七章

酝酿战后新格局

　　以帝国主义国家重新瓜分世界为目的的第一次世界大战，以奥国皇储1914 年 6 月 28 日于萨拉热窝被刺事件为导火索，共历时 4 年多。

　　在这场空前的战争浩劫中，协约国动员了 610 多万军队，同盟国则动员了 350 多万军队，他们共拥有 13000 多门大炮。两大帝国主义军事集团

◎一战胜利后的法国

进行的大规模血腥厮杀和滥杀无辜，造成 1000 多万人死亡，2000 多万人受伤，所有参战国的直接战争经费和由战争造成的损失高达 3400 多亿美元。

一战胜利后举行的巴黎和会是战胜国空前的盛会，参加的国家有美国、英国、法国、日本、意大利、比利时、玻利维亚、巴西、古巴、厄瓜多尔、尼加拉瓜、巴拿马、秘鲁、波兰、葡萄牙、罗马尼亚、希腊、危地马拉、中国、泰国、海地、沙特阿拉伯、洪都拉斯、利比里亚、捷克斯洛伐克、乌拉圭、塞尔维亚－克罗地亚－斯洛文尼亚等 27 个独立国家，还有英国的自治领地南非、印度、加拿大、澳大利亚和新西兰。

参加会议的正式代表虽然只有 70 人，但非正式代表、有关专家及各种工作人员却多达 7000 余人。

战败国德国、奥匈帝国被排除在巴黎和会之外。被公认为使世界惨遭战争浩劫的元凶德国，早在 1897 年 11 月 7 日首先强占胶州湾，进而占领太平洋上诸多岛国，并担任联军统帅于 1900 年参加八国联军侵略中国。德国为掠杀殖民地疯狂地扩军备战，到 1914 年军费开支已猛增到 20 多亿马克，占到国家预算的一半。但是，德国在第一次世界大战中以失败告终，丧失了重新瓜分世界的资格，只得听凭征服者的摆布，德国的盟国也只好听从战胜国发落。

1881 年后，法国也变为一个侵略成性的国家，接连不断地对突尼斯、尼日利亚河流域、刚果河流域、马达加斯加、摩洛哥、印度支那半岛和越南进行疯狂的侵略和掠夺。尤其在列强瓜分中国的狂潮中，法国抢占了广东、广西和云南的"势力范围"。第一次世界大战结束后，法国成了欧洲军事上最强的国家，虎视眈眈地想多捞殖民地，肢解德国，确立自己在欧洲大陆的霸主地位。但是，由于其国内通货膨胀，人口锐减，拖欠美、英巨额债务，法国不得不向美、英等国作出让步。

英国在第一次世界大战前，已疯狂掠夺殖民地 3350 万平方公里，占全球面积的 1/4，占帝国主义国家掠夺殖民地总数的一半，相当于英国本土面积 30 万平方公里的 100 多倍。殖民地人口共 3.0935 亿，相当于英国人口的 9 倍。殖民地是英国资产阶级的生命线。英国作为战胜国，最关心的是究竟能得到多少战利品——殖民地。其如意算盘是要取得德国的殖民地和土耳其的属地，摧毁德国舰队，保持自己的海上霸权。然而，沉重的战争债务和不景气的经济形势，削弱了英国争夺殖民地的势头。

美国是后起的殖民地掠夺暴发户，在 1898 年美西战争中打败了西班牙，夺得了古巴、菲律宾、波多黎各、夏威夷和关岛殖民地。美国进而参加了八国联军进攻中国，并提出"门户开放政策"，千方百计要分享在中国的权利。美国靠给欧洲各国供应武器、装备、原料和粮食发了战争横财，几年内集中了世界黄金储备的 40％左右。美国在大战后披着和平外衣，行称霸世界之实，提出建立国际联盟，以国联的名义把殖民地委托给战胜国统治。还要求"海上航行自由""门户开放""贸易机会均等"，以便取得最有利的经济扩张条件。在德国问题上，美国力图使德国变成反对法国、削弱英国的工具。美国的扩张计划也不可能完全实现，因为它的武装力量还落后于英国和法国。

日本在明治维新后，积极推行军国主义政策，把贪婪的目光盯向中国。尤其是 1894 年 7 月 4 日，日本在美、英纵容下，公然向中国宣战，占领了中国东北部分领土。1895 年 4 月，日本强迫中国签订马关条约，中国割让辽东半岛、台湾、澎湖列岛，赔款 2 亿两白银。日本在第一次世界大战期间又乘机夺取了德国在中国和太平洋北部的殖民地，在瓜分世界你死我活的争斗中捞到了巨大的好处。日本并不太关心欧洲事务，而是争先恐后地攫取德国在山东和青岛的租借地，独霸中国之野心昭然若揭。

1914 年 8 月，政局动荡不定的俄罗斯参加一战，不堪的战局直接导致其 1917 年的二月革命，尼古拉二世签署退位声明，俄罗斯帝国灭亡，俄罗斯共和国（俄国临时政府）成立。但同年 11 月 7 日（俄历 10 月 25 日），列宁与布尔什维克党领导工人与农民通过武装起义，取得了十月社会主义革命的胜利，推翻沙皇俄国，建立了苏维埃政权。苏联退出了帝国主义战争，专注于摧毁资产阶级政权的国内战争，从而鼓舞各国人民奋起反抗本国统治者，对结束第一次世界大战起了重要作用。俄国因于 1917 年与德国单独媾和且苏联布尔什维克取得国家政权，也被排除在巴黎和会之外。

　　1917 年，中国、巴西、古巴、利比亚、暹罗（泰国）和其他一些中南美国家也站到协约国集团方面参战了。从第一次世界大战交战双方分析，帝国主义列强除了在欧洲、拉丁美洲有共同的殖民地掠夺野心外，都对中国垂涎三尺。只是因为中国在第一次世界大战中从中立到参战，以战胜国身份参与国际事务，暂时缓解了帝国主义国家对中国的掠夺步伐而已。

　　大战结束后不久，多个协约参战国均派遣全权代表赴法国巴黎参加和平大会。中国外交总长陆征祥、南方政府代表王正廷、驻美公使顾维钧、

◎鸟瞰巴黎凡尔赛宫。

驻英公使施肇基、驻比公使魏宸祖5人被任命为中国全权代表。

1919年1月18日，和会在凡尔赛宫举行开幕式，与会各国代表公推法国内阁总理克里孟梭为会议主席，英、法、美、意、日5个强国组成"十人会"，主宰会议。

中国参加巴黎和会关系重大，因为战后无论在国内还是在国外，山东问题一直极为突出，同时也是和会必须面对的一个棘手问题。

自1915年"二十一条"（改造版的《中日民四条约》）签订后，日本一直扬言，在讨论山东问题上，日本有权利，而中国没有权利，这是因为中日已通过条约把德占青岛乃至山东让给了日本。甚至在中国加入协约国参战之后，日本依然不遗余力地对北京施加压力，决意至少在山东问题上把中国排除于决策圈之外。

战争结束后，和会组织问题被提出来了，中国的待遇问题随即也被提及，但各主要协约国却主宰了和约会议，他们决定：协约及参战各国在和会上将分为三类，一是5个主要协约国，即英、法、美、意、日，每国5个席位；二是战争中提供过某些有效援助的国家，每国3个席位；三是协约国阵营中的其他成员，每国两个席位。中国竟被归在第三类，因此仅分得两个席位，5个代表不得不轮流出席会议。这令中国大失所望，在和约

◎巴黎和会会场

谈判上处于不利地位。

中国一直期待在巴黎和会过程中能有机会被邀请为自己辩护，然而直到和会开了第9天的1月27日午饭时分，中国代表才第一次获悉将被邀请出席下午的"十人会"阐述自己的立场。据说日本已在上午的会上立场强硬，坚决要保留对山东的租借权利，形势十分严峻，容不得中国代表乐观。

1月27日下午3时开会，可是中国代表接到来函时两点已过，邀请函送到中国代表处不足1小时，此时陆征祥病了不能出席，经过再三协商，由顾维钧、王正廷出席会议。

下午3时代表准时到会，这是中国代表第一次出席"十人会"。这次"十人会"纯粹是为解决与中日直接有关的"山东问题"而召开的，由克里孟梭主持，他同时也是"五巨头会"的主席。

到会人员30人左右，有英国首相劳合·乔治、美国总统威尔逊、意大利首相奥兰多等，他们坐在主席台右侧，中国代表相向而坐。中央的几排座位上，除了几名其他国家的代表外，几乎全是日本代表，其中有西园寺公望、牧野伸显，还有日本代表团的其他成员。

主席首先让日本代表团阐述日本政府关于山东问题的观点后，牧野伸显发表了一个简短的声明，称日本尊重中日之间的协约，并说，山东问题应在日、中两国之间讨论，无须提交和会议论。中日双方必须以所商定之条约和协议为基础来解决山东问题。牧野伸显陈述了日本在战争期间为协约国事业作出的贡献，并称，对山东权益的占有是理所当然的。日本的狡辩，再清楚不过地暴露了其对山东赤裸裸的侵占野心。

◎牧野伸显

◎民国第一外交家顾维钧
（左一）在巴黎和会上

　　牧野伸显讲完之后，克里孟梭请中国代表考虑是否对日本声明作出答复，或者需要一定的时间作些准备。王正廷对会议主席说，将由顾维钧答复日本声明，但需要时间作准备。克里孟梭说，"十人会"很高兴能在明天听取中国方面的声明，会议即休会。

　　1月28日，中国代表再次被邀出席"十人会"会议。在这次会议上，山东问题是议事日程上的唯一问题。克里孟梭请中国代表团按照前一天的商定宣读中国声明，顾维钧作了半个小时的即席发言，因为他一直在研究这一问题并一直在制定处理这一问题的方法，所以口若悬河地阐述了中国的立场。顾维钧慷慨陈词，胶澳自古为中国领土，是中国北部的门户，胶济铁路与津浦铁路衔接，属国防大计不能不争。山东自有历史以来，人为中国种族，操中国语言，奉中国宗教，从和会所承认民族及领土完全原则出发，山东理所当然应该归还中国，实在不应该再播日后纷争之种子，以误中国，以误世界，云云。

　　而牧野伸显却强词夺理说，中日两国已有成议，应将山东交与日本后，再由日本与中国谈判交涉。威尔逊问："此项文件可否送会审查？"顾维钧说："可以送会。"牧野伸显则说须请示本国再定。又说，中日既有协约，

◎顾维钧在巴黎和会上舌
战群雄。

不需要变更，不需要再追究此事。顾维钧反驳说，"二十一条"之条款出于日本之强迫行为，且中国既已加入战团，中德间旧条约已取消，况胶澳原约本不许转让他国，今日本代表既当场声明交还中国，更没有必要经过两道手续，直接将山东交还给中国就行了。

但是，日本死死纠缠必先得到山东，后再商讨归还事宜，5个列强国又偏袒日本，并有私下交易，有关"山东问题"的议题在马拉松式的巴黎和会上折腾了三四个月，形势变得越来越不利于中国了。

第八章

战胜国三等公民

巴黎和会是一个帝国主义分赃不均而激烈争吵甚至互以退会相威胁的会议，用美国总统威尔逊的话说："我们在一切问题上都各持己见。"

然而，在一些问题上，主宰和会的英、法、美、意、日5个强国，又都是为了各自的利益而互相利用，不惜出卖他国的利益。

◎巴黎和会会议现场

大会为研究相关特殊问题，如赔偿问题、领土问题、裁军问题等特别设置了50多个委员会，负责起草详细草案以供选择。大会之实际权力始终由最高委员会负责，此一机构由战时最高国际联合作战委员会演化而来。最高委员会设委员10人，由英、法、美、意、日5国各派代表两人组成，又简称"十人会"。

◎漫画《后至之客》，揭露了第一次世界大战后，各帝国主义国家在远东的争夺。

巴黎和会还有人上人，即由法

国总理克里孟梭、英国首相劳合·乔治、美国总统威尔逊组成的三巨头，他们实际地操纵巴黎和会全过程，决定了会议的走向。

◎巴黎和会三巨头

中国作为一个大国，尤其派出14万劳工赴欧参战，是对一战胜利作出最大贡献的亚洲国家，理所当然应该排在日本之前进入巴黎和会第一等级参加国，借机一雪前耻，重塑大国形象。

日本有什么贡献？对德宣战却没有派一兵一卒、用一枪一弹赴欧参战，而是在中国领土上明目张胆地发动侵略，从德国手中抢占青岛攫为己有，完全扮演了强盗角色。

作为战胜国的中国落了一个战败国的地位，是列强早有预谋的，在对待中国青岛主权和山东权益问题上，英、法、日之间早在巴黎和会召开的两年前就有密件往来，还相互达成默契，而中国却一直被蒙在鼓里。

从日本与英法之间的一些密文交换，就可以清楚地看到日本早就设下了侵吞青岛乃至山东的陷阱。1917年2月16日，英国驻日本大使在给日本外相的密文中说，日本对德国在山东权利之处分及德占太平洋赤道以北各岛之领土，希望英国予以承认。英国首相为此下了训令，如果日本支持英国对德国赤道以南的领土要求，英国对日本的这些要求将乐于同意。于是，日英的交易在巴黎和会举办两年前就秘密达成了。

日本为了拉拢法国支持其侵吞山东及青岛的目的，外相本野早在1917年2月19日，就要求与法国签订协约，将来在召开世界和平会议时，希望法国支持日本将德国战前在山东所有特权转让给日本。法国大使在答复日本外相的密文中称，对日本将来在和平会议召开时要求德国在山东之特权及占领太平洋赤道以南各岛，表示承诺，并愿极力援助。法国政府同时要求日本政府设法使中国对德迅速断交，并将德国外交官员、德侨一律遣送回国，对中国内地的德国商店及德国租界一律没收。日本外相接此公函后，即回复法国大使，表示谢意，并声明愿依照法国之条件，使中国履行参战之义务。从这些国际间的黑幕交易可以看出，列强早就准备出卖中国了。

英、法、日等国背着其他协约国，早在两年前就暗地达成出卖中国利益的密约，所以在巴黎和会长达四五个月的马拉松式会议期间，中国代表的正义要求一直受到阻挠，这就找到了问题的根源。中国先是在代表名额的分配上被划为第三类国家，仅分得两个席位，被排斥在主要国家之外。而且和会召开 10 天里中国代表一直都没能够参加会议，只能坐在会议外的冷板凳上，任凭英、法、美、意、日列强操纵会议进程，这是对中国主权肆无忌惮地无视。

当和会开始讨论中国对山东和青岛主权要求问题时，日本成了主角和原告，中国则处在配角和被告地位。在允许中国参加会议说明自己的立场时，列强表面上作"同情"的姿态，实际上却拼命为日本实现对山东和青岛的占有做说服和压制中国的工作，不管中国代表怎么努力，都无济于事。

中国代表顾维钧 1 月 28 日在巴黎和会"十人会"会议上的发言，首先博得了参加会议的中国代表团的热烈鼓掌，他们认为这一即席发言淋漓尽致地表达了中国力争收回青岛主权和山东权益的决心。一些西方国家的代表也走上前来与顾维钧握手，表示祝贺。会场的气氛与前一天日本代表讲话之后出现的冷场形成了鲜明对照。

"十人会"的会议活动内容虽说是秘密的，但是各协约参战国都有自己的新闻发布官，于是白天开会的内容，到晚上就见报了。这些报道特别强调中国声明受到日本以外各大国代表的赞扬，这一振奋人心的消息自然也迅速传到了中国、日本以及其他国家。

顾维钧在巴黎和会上对山东及青岛问题的据理力争，尤其对强加在中

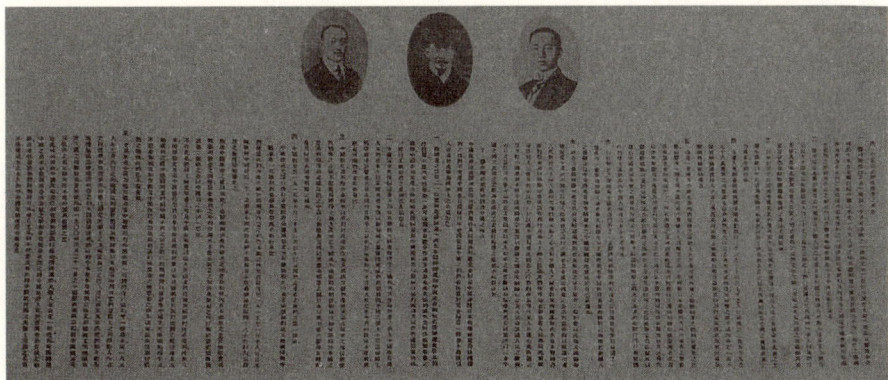

◎1918年1月28日，出席巴黎和会的中国代表提出直接收回青岛主权的长篇说帖，共分甲乙丙丁四部分，全面论述了中国收回青岛主权的正义要求。上图为出席和会的中国代表：陆征祥（中）、顾维钧（右）、王正廷（左）。下图为说帖中最主要的丙、丁两部分内容。

国人民头上的"二十一条"进行的深刻剖析和无情抨击，使日本政府恨之入骨。当初日本逼迫北洋政府签订"二十一条"时，就要求北洋政府保守秘密，不要向外界透露实情。这一次中国代表置日本威胁于不顾，把"二十一条"彻底暴露在光天化日之下，而且还痛加指责，日本怎能不心怀仇恨？日本政府气急败坏地指责中国单方面发表其条约内容，违背了中日协约的规定。最使日本政府担心的，是中国代表在巴黎和会上咄咄逼人的发言，拼死要与日本作对，将会把日本推向被动不利、受谴责的地步，很可能打破其独占青岛和山东的美梦。眼看到手的殖民地就要飞走，这是野心勃勃的日本政府最不甘心看到的一种结局。于是日本政府便指示驻华公使小幡，向中国政府提出严重抗议，并要求撤换中国代表顾维钧、王正廷。

继软弱怕日的袁世凯之后，段祺瑞卖国独裁更甚，他以"参战"为名，向日本借了大宗的款项，组成"参战军"，扩充皖系势力，推行反动的"武力统一"政策。所以，段祺瑞不敢得罪日本，总是俯首听命地看着日本的脸色行事。

当时控制北京政府的段祺瑞皖系势力，继续奉行媚日卖国政策。当收到日本政府抗议书后，段祺瑞等人极力为日本人开脱罪责，并谒见大总统徐世昌，竟颠倒黑白指责顾维钧、王正廷二人在和会上与日本作对，厚颜无耻地认为这有损于中日之间的亲密友谊，应该训诫他们，不得再与日本抗争，甚至提出撤换中国参加巴黎和会的强硬派代表顾维钧、王正廷，以安抚日本，其卖国嘴脸达到极致。

腐败无能的北洋军阀政府迫于日本的压力，于2月4日召开内阁会议，准备撤换在巴黎和会上力争主权的中国代表顾维钧、王正廷，向日本屈服投降。

消息传出，山东旅京人士闻风而动。他们非常关注中国收回青岛主权和山东权益问题，对中国代表在巴黎和会上的惊人表现给以高度评价和赞扬。听到内阁开会消息后，数百人聚集到北京英子胡同水灾筹赈会举行茶话会，研究青岛问题，由马金门任主席，王讷报告了情况，与会者一致同意并决定组织山东外交后援会，支持参加巴黎和会中国代表的正当要求，做力争收回山东的外交后援力量。人们还推选王讷、潘复、艾庆镛、沙明远、王锡蕃、孙学仕为主任，国民外交研究会主任李文权也到会参加了讨论研究。

山东外交后援会的成立，表达了山东人民万众同仇、誓

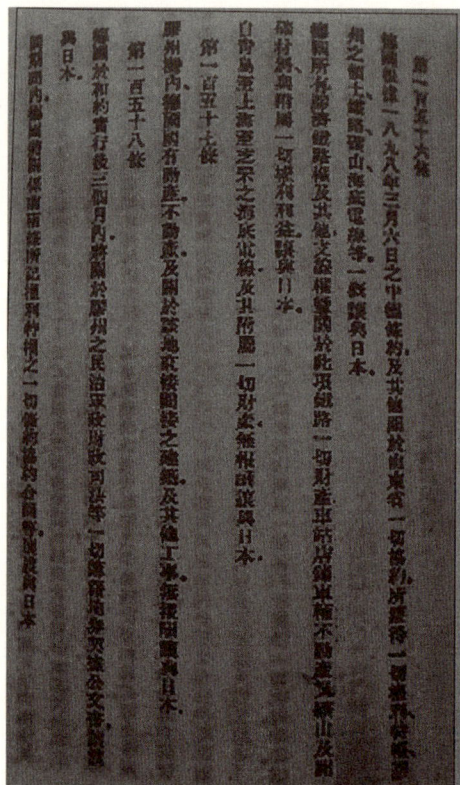

◎在英、法、美、意、日五强操纵下，巴黎和会拒绝中国正当要求，悍然将青岛主权及山东权益转让给日本，赤裸裸地出卖中国利益。图为《凡尔赛和约》中有关青岛主权山东权益转让给日本的内容。

死力争主权的正义呼声。山东人民饱尝丧失主权的痛苦，对巴黎和会上中国的成败得失极为关注。自巴黎和会召开以来，各列强围绕青岛和山东问题秘密交易，明争暗斗，促使山东人民首先警觉。

在以后的若干天内，出席巴黎和会的中国代表收到了许多电文，称赞代表们的辩论是杰作，对代表们的爱国行为表示坚决支持。这些电文中有许多是山东省公职人员、各个后援会和学生联合会等发来的。同时，继外交后援会之后，山东省议会致电出席巴黎和会的中国代表，称一定要维护国家的神圣主权，并要求他们主持正义，迫使日本放弃对山东的占领。山东人民还派出孔祥柯、许天章两名代表前往巴黎与参加和会的中国代表共商收回山东主权大计。又派代表前往北京、上海等地活动，如星星之火点燃了中国大地。山东人民的正义斗争，在政治、思想、舆论和做法上为五四爱国运动爆发作了准备，拉开了全国大规模反帝爱国运动的序幕。

正是中国人民，尤其是山东人民维护国权、力争青岛的爱国斗争，日本政府对中国政府收回青岛主权的要求分外警惕和担心。于是，巴黎和会召开后，日本频频与英、法、美等国进行磋商，继续玩弄两年前的私下交易，最终使英、法、美3国不顾中国的正义要求，执意同意日本对山东和青岛的非理非法要求。在巴黎和会上，中国的外交努力尽管失败了，却唤醒了中国人民；列强虽然得势了，但日本侵略者的嘴脸却暴露无遗，英、法、美等国的不光彩表演，也被世人所唾弃。

第九章

五四运动导火索

马拉松式的巴黎和会从 1919 年 1 月 18 日开幕，到 4 月底会议才进行了一大半议程。讨论来讨论去，中国关于从日本手中收回青岛主权和山东权益的正义要求，却一直笼罩着一层层阴影，希望十分渺茫。

中国人民曾是那么善良和单纯，善良到相信帝国主义所宣称的"公理战胜强权""世界永久和平"；单纯到希望以战胜国的身份来改变半殖民地的国际地位，收回被帝国主义侵占的国家主权。然而，善良而单纯的中国人民再次受到了欺骗。

战胜国在法国巴黎召开所谓的"和平会议"，中国作为第一次世界大战战胜方的协约国之一，派代表参加了会议。中国代表在和会上提出废除外国在中国的势力范围、撤走外国在中国的军队和取消"二十一条"等正义要求。但巴黎和会却不顾中国也是战胜国之一，拒绝了中国代表提出的要求，竟然决定将德国在中国山东以及青岛的权益转让给日本。

◎巴黎和会的宏大现场

究其根本原因，是日本不

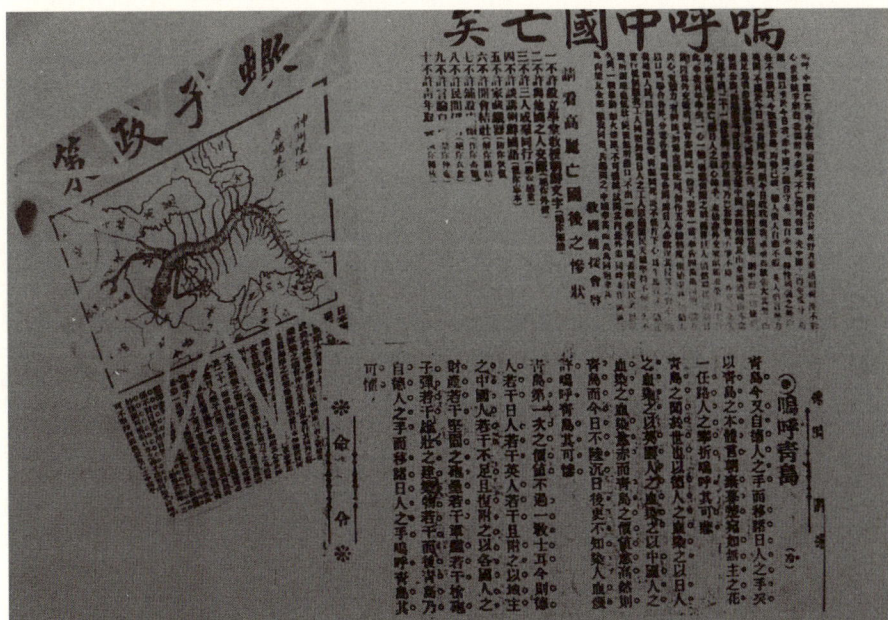

◎ "二十一条"签订后，中国人民闻之无比愤怒，全国反对"二十一条"、反对日本侵略的浪潮风起云涌。图为中国人民反对"二十一条"的爱国宣传文章。

仁不义，早把从德国手中抢占青岛时假惺惺的承诺"这一地区将来再归还给中国"一股脑儿扔到了太平洋，千方百计在巴黎和会上阻挠破坏中国提出的正当正义要求，彻底暴露出了日本妄图永远霸占青岛的狰狞嘴脸。

先进的知识分子们认清了这个真理：只有自己才能掌握自己的命运。

1919 年 4 月底，英、法两国从利用日本在远东与美国抗衡为出发点，昧着良心全力支持日本对山东问题的无理要求。美国眼盯日本在中国采取咄咄逼人的扩张政策，视此危及它在远东利益和"门户开放"政策，耍国际仲裁者的花招，提议将德国在山东的权益交"国联共管"，以便"利益均沾"，遭日本强烈反对，扬言拒绝加入国联和拒绝签署《凡尔赛和约》。美国最终出卖中国利益，满足日本无理要求，换取美日之间的妥协。那份充斥列强狼狈为奸的《凡尔赛和约》第 156~158 条，明文规定德国在山东所获得的一切权益，包括胶州领土、铁路矿山、海底电线、各种建筑等一概转交日本，甚至连胶州境内的民政、军政、财政、司法等各项档案、地契及各种文书，都得移交日本，完全暴露了他们为了一国之利可以合谋违背国际公理。

巴黎和会是帝国主义对中国领土主权的一次大出卖。战胜国之一的中国不但没有收回帝国主义在中国的特权，反而成了列强的分赃对象。事实让中国人民彻底清醒了：对帝国主义的任何幻想都是不切实际的，全国人民必须行动起来，抗议帝国主义的不道德行为，争取国家主权，特别是山东权益。"还我青岛，保我山东"成为五四运动的导火索。

而点燃导火索的是那些不失时机传播和会消息的新闻记者和社会名流，他们把列强瓜分中国的丑陋嘴脸暴露在光天化日之下，把软弱摇摆的北洋政府企图委曲求全签订和约的懦夫行径公之于众，把各界人士和人民群众力主拒签和约的呼声传播开来，对五四运动爆发起到推波助澜的作用。

创办于天津的《大公报》在向国内报道巴黎和会消息方面立了大功，专门派遣时任经理兼总编辑的胡政之亲赴巴黎采访。胡政之不远万里，从天津坐船经日本来到纽约，然后又辗转到达巴黎，是唯一被正式批准进入

◎胡政之

◎胡政之（前排右一）与报馆同仁合照

巴黎和会现场的中国记者，成为中国记者采访报道国际重大会议新闻的第一人。

在巴黎和会召开的 5 个多月中，胡政之以记者特有的新闻敏感和从业责任与担当，深入现场各个角落观察采访，目睹西方列强秘密外交给中国的伤害，特别关注中国代表在和会上义正词严的不俗表现，尤其对中国代表拒签《凡尔赛和约》感到扬眉吐气，而对和会同意将青岛交与日本感到愤慨。他把喜怒哀乐都倾注在自己的新闻报道中。

《大公报》为此开辟了"巴黎专电"，连续发表了胡政之 14 篇报道。由于受当时新闻传输条件限制，又要与西方媒体争分夺秒抢时效，稿件短小精悍，多是百字短消息，但都是国内最关注的新闻。14 篇报道中有 12 篇紧扣"青岛主权"和"山东权益"事态进程展开，同时为加深读者印象，还配发高质量新闻漫画，使每篇报道都产生了强烈反响，甚至影响到中国政局形势。

据 1919 年 3 月赴法国巴黎大学留学的李璜回忆，他在同月成立的"巴黎通讯社"承担一线采访和翻译有关资料工作，《旅欧周刊》主编周太玄负责整理记录和编辑稿件，以便不间断地将新闻发送至国内。这一时期的上海《申报》上曾辟有"游欧通讯"专栏，陆续刊出周太玄、李璜一路撰写的旅行通讯，其中有不少内容已经涉及巴黎和会的热点问题。

周太玄和李璜是报道巴黎和会新闻的主力。到了 4 月 20 日左右，中国代表团已弄清了英、法两国的用意，他们要承认日本接受德国在我山东的一切权益，争之无效。李璜自凡尔赛宫驰返巴黎，立与周太玄商量，发电致上海新闻界，告以事态之严重性，并写通信稿详告此事经过。

5 月 5 日发自巴黎、署名"记者"的一篇，谴责了北洋政府亲日派官僚丧权辱国的罪行，还特地发表了中国参加巴黎和会五位代表之一的南方军政府指定代表王正廷采访记，引述了王正廷对这次外交失败原因的分析，这篇文章就是李璜采访所得。

◎梁启超　　　　　　　◎1919年梁启超与参加巴黎和会的中国代表合影。

5月10日的一篇报道，更是记述了旅居巴黎的300多华人5月9日举行集会，对中国外交失败和政府无能表示抗议，"这里的华人都异常愤怒"，"满场肃然，塞满不平的空气。"这些，都是周太玄和李璜在法国面对巴黎和会的真情实感。

巴黎通讯社最重要的任务是将巴黎和会的消息准确、及时地发回国内。当巴黎和会中决定不把青岛归还我国时，巴黎通讯社得到消息后，连夜奔走，一定要赶在英、美、日通讯社之前，把这一信息准确传到国内。各报收到稿件均及时加以刊登，燃起全国人民特别是青年学生的怒火，迅即爆发了轰轰烈烈的五四运动。在人民群众的重压下，北洋政府代表团未在和约上签字。周太玄称"这是巴黎通讯社事业的顶点。"

据北京大学和中国人民大学教授方汉奇考证，胡政之确实采访过巴黎和会，但并不是采访这次和会"唯一的中国记者"。有关巴黎和会进展情况的信息，包括来自会议现场的直接采访，在会场外和在巴黎市内进行的近距离的采访，和在法国及其周边地区进行的观察、分析和评论，是通过几个宣传者的群体协作完成的。以记者身份进入和会会场的，是第一群体。在巴黎市内奔走于会场外的凡尔赛、公使馆、代表驻所等地进行采访的，是第二群体。在巴黎和会前后访问巴黎和欧美各国，撰写旅行通讯和时事评论文章，为读者提供有关巴黎和会的历史背景和外围材料的，是第三群体。

而燃烧最后一段导火索并引爆五四运动的，是梁启超发给国民外交协会的一封电报。这其中有一个复杂的过程，需要作详细介绍。

梁启超被称为中国近代思想家、政治家、教育家、史学家、文学家，而他最出名的身份是戊戌变法领袖之一。戊戌变法失败后，梁启超逃往日本，经历了14年的流亡生活。1912年10月，梁启超从日本回国，先后在袁世凯和段祺瑞的北洋政府担任要职。1917年9月，孙中山发动护法战争。11月15日，段祺瑞政府被迫辞职，梁启超也递送了辞呈，从此结束了从政生涯，开始周游欧洲，亲身了解西方社会的许多问题和弊端，以便回国主张光大传统文化、用东方的"固有文明"来"拯救世界"。梁启超特别声明说，此行"与政府方面无关，以私人资格赴欧观察一切"。

然而梁启超并没有远离政治，他第一时间得到消息：中国在巴黎和会上被动失利，1918年9月中日有关山东问题的密约内容已传遍巴黎，而且和会将公然把德国在青岛及山东之特权全部转让给日本。梁启超于1919年4月24日十万火急致电国民外交协会："对德国事，闻将以青岛直接交日本，因日使力争结果，英法为所动。吾若认此，不啻加绳自缚，请警告政府及国民，严责各全权（代表），万勿署名，以示决心。"并且倡导发动不签字运动，以抵制卖国条款。

5月2日，北京政府以密电通知在巴黎的中国代表可以签约。

同一天，外交委员会事务长林长民根据梁启超的电报写成《山东亡矣》一文，发表在5月2日的《晨报》《国民公报》上，并呼吁："山东亡矣，国将不国矣，愿合四万万众誓死图之。"

北大校长蔡元培也将外交失败消息通报给了学生。

人们奔走相告，消息疯传。

5月3日，北京学界、商界、政界、军界等，都举行了各种各样的集

◎林长民与女儿林徽因

会，讨论如何抗议巴黎和会关于青岛主权和山东权益的无理决定。当日下午，由北京政界人士组织的国民外交协会召开全体职员会，遂作出下列决议："（一）5月7日在中央公园（现中山公园）开国民大会，并分电各省各团体同日举行。（二）声明不承认'二十一条'，及英、法、意与日本关于处分山东问题之密约。（三）如和会中不得伸我国之主张，即请政府撤回专使。（四）向英、美、法、意各使馆申述国民之意见。"

1919年5月3日晚上，一个不眠之夜，北大学生高君宇、许德珩得到政府密令我国代表可以在山东条款上签字的消息后，召集北大和北京各

◎中国在巴黎和会失败的消息传来，北京学生义愤填膺，5月3日晚，北京高校学生代表在北京大学决议，5月4日上街示威游行。上左为北大校长蔡元培。

高校代表在北大政法礼堂开会。北大全体学生集会，北京高等师范、高等工业专门学校、法政专门学校、中国大学等 12 所中等以上学校的学生代表应邀参加。大礼堂好像沸腾的海洋，内内外外挤满了北京的大专院校学生。北大师生同全国人民一样，万分不安，奔走相告。

5 月 3 日周末之夜，本应是轻松快乐的北大校园却笼罩在激愤之中。会上，爱国记者邵飘萍以北大新闻学会导师、《国民》杂志顾问、《京报》社长的身份，报告巴黎和会讨论青岛主权和山东权益的经过和当前的形势，介绍了中国代表团在巴黎和会上失败的经过，最后振臂疾呼，号召同学们起来抗争："现在民族危机系于一发，如果我们再缄默等待，民族就无从挽救而只有沦亡了。北大是最高学府，应当挺身而出，把各校同学发动起来，救亡图存，奋起抗争。"

与会者都捶胸顿足，愤慨万分。然后同学们在会上争相讲演。讲演者个个慷慨激昂，声泪俱下。北大学生谢绍敏当场咬破中指，撕下自己的衣襟，写下"还我青岛"4 个大字，悬挂在会场的台前，表示爱国的决心，全场气氛慷慨悲壮。

听到演讲者讲述中国在和会上外交失败的情形，大家纷纷提出要严惩曹汝霖、章宗祥和陆宗舆，并举行游行示威等建议。会议一致通过三条文案：第一，通电全国，联合各界一致行动，誓死力争；第二，电致巴黎的中国代表，决不签字；第三，通电各省于 5 月 7 日（纪念"二十一条"的国耻日）举行全国游行示威。会议约请北京 13 所中等以上学校代表参加，并决定次日（4 日）在天安门广场举行游行示威。伟大的五四运动即将像火山一样爆发。

◎许德珩

第十章

五四运动爆发

五四运动虽然是猝然爆发于万分紧急的时刻，但在酝酿过程中确定方向和宗旨，以及舆论发动铺垫方面都是扎实而有效的。

5月3日，学生领袖许德珩受北京大学生大会推举，连夜起草了《北京学生天安门大会宣言》。当时已是深夜，商店都关门了，买不到白布，许德珩将仅有的一条半铺半盖的白床单撕成若干块白布条，写上标语，做成了集会游行的小旗。

在天安门广场集会时，学生们推举北京大学生代表宣读并通过了1919年5月4日《北京学生天安门大会宣言》：

◎5月4日下午1时，北京13所高校的3000多名学生代表冲破军警阻挠，云集天安门广场游行示威，反对巴黎和会强加给中国的不平等条约。

呜呼国民！我最亲爱最敬佩有血性之同胞！我等含冤受辱，忍痛被垢于日本人之密约危条，以及朝夕祈祷之山东问题，青岛归还问题，今日已由五国共管，降而为中日直接交涉之提议矣。噩

◎街头演讲的北大学生与警察进行辩论。

耗传来，天暗无色。夫和议正开，我等所希冀所庆祝者，岂不曰世界中有正义，有人道，有公理。归还青岛，取消中日密约、军事协定以及其他不平等之条约，公理也，即正义也。背公理而逞强权，将我之土地，由五国共管，倚我于战败国，如德奥之列，非公理，非正义也。今又显然背弃山东问题，由我与日本直接交涉。夫日本虎狼也，既能以一纸空文，窃掠我"二十一条"之美利，则我与之交涉，简言之，是断送耳，是亡青岛耳。夫山东北扼燕晋，南控鄂宁，当京汉津浦两路之冲，实南北咽喉关键。山东亡，是中国亡矣。我同胞处此大地，有此山河，岂能目睹此强暴之欺凌我，压迫我，奴隶我，牛马我，而不作万死一生之呼救乎？法之于亚鲁撒劳连两州也，曰："不得之，毋宁死。"意之于亚得利亚海峡之小地也，曰："不得之，毋宁死。"朝鲜之谋独立也，曰："不得之，毋宁死。"夫至于国家存亡，土地割裂，问题吃紧之时，而其民犹不能下一大决心，作最后之愤救者，则是二十世纪之贱种。无可语于人类者矣。我同胞有不忍于奴隶牛马之痛苦，亟欲奔救之者乎？则开国民大会，露天演说，通电坚持，为今日之要著。至有甘心卖国，肆意通奸者，则最后之对付，手枪炸弹是赖矣。危机一发，幸共图之！

◎罗家伦

◎北京新民大学暨附中游行队伍吸引市民夹道欢迎。

除了《北京学生天安门大会宣言》外，引起市民和新闻界关注的还有北京大学学生罗家伦起草的《北京学界全体宣言》。这份宣言书是以传单的形式印刷并散发的。

5月4日上午10时左右，北京大学外文系学生罗家伦刚刚从城外回到北大新潮社，准备到天安门广场参加游行示威。正在这时，北京大学哲学系学生狄君武推门而入，说道："今天的运动不能没有宣言，北京八校同学推我们北大起稿，你来执笔吧！"罗家伦见时间紧急，也不推辞，当即在一张长桌上挥笔疾书，只用了15分钟就写成了《北京学界全体宣言》，由狄君武拿到北大老师辛白办的民间印刷所印刷。原计划印刷5万份，但到了下午1点才印了两万份。等不及印完，同学们便将宣言传单带到各街道分发。两万份《宣言》很快飞向北京街头。

《北京学界全体宣言》全文如下：

现在日本在国际和会，要求并吞青岛，管理山东一切权力，就要成功了，他们的外交，大胜利了。我们的外交，大失败了。山东大势一去，就是破坏中国的领土。中国的领土破坏，中国就要亡了。所以我们学

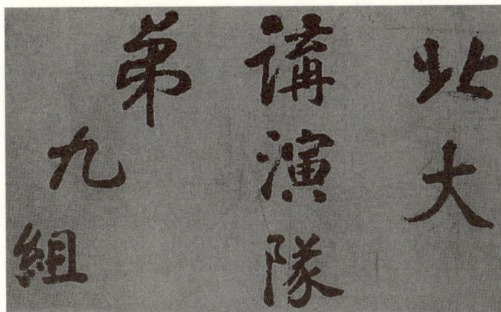

◎北京大学"十人团"讲演队第九组旗帜

◎游行示威学生队伍向天安门汇集。

界，今天排队到各公使馆去，要求各国出来维持公理。务望全国农工商各界，一律起来，设法开国民大会，外争主权，内除国贼。中国存亡，在此一举。

今与全国同胞立下两个信条：

一、中国的土地，可以征服，而不可以断送。

二、中国的人民，可以杀戮，而不可以低头。

国亡了，同胞起来呀！

《北京学生天安门大会宣言》和《北京学界全体宣言》充分表达了执笔者对中国外交在巴黎和会上失败、青岛主权和山东权益遭受破坏的痛切之情。

5月4日下午，北京大学、高等师范、工业专门学校、农业专门学校、朝阳大学、汇文大学等13所学校的3000多名学生聚集到天安门广场，喊出了"外争国权，内惩国贼""废除'二十一条'""誓死力争""还我青岛"等口号，一场伟大的反帝反封建、维护中国主权的爱国运动就此拉开战幕。

下午1点多钟，学生们挥舞小旗，高举标语牌，集会在天安门前。标语牌上分别写着"废除'二十一条'""还我青岛""宁为玉碎，勿为瓦全"等字样。谢绍敏血书的"还我青岛"4个大字也高挂在天安门前，非常醒

◎5月4日，北京为反对签订宰割中国的《凡尔赛和约》举行示威游行。

◎北京女高师学生参加五四游行。

◎参加五四运动游行示威的青年喊出"宁为玉碎，不为瓦全"的口号。

目。"打倒卖国贼""外争主权，内除国贼""誓死力争青岛"的口号声此起彼伏。

各校学生纷纷发表演说，痛斥帝国主义侵华罪行和曹、章、陆的卖国阴谋。北京军阀政府闻讯，企图强力阻止学生游行，但未能得逞。

5月4日学生的游行示威活动完全出于"还我青岛，保我山东"的拳拳爱国之情。

北京政府对学生的爱国之心不但不保护，反而百般阻挠，严厉镇压。就在学生们从四面八方聚集到天安门时，北洋军阀政府惊恐万状，对势态发展如临大敌，紧急下令步军统领和警察总监带领大批军警赶到天安门，宣布"大总统"命令，责令解散学生队伍。游行示威学生们气不打一处来，用高呼"打倒卖国贼"表达满腔愤怒。来者见势不妙，不得不灰头土脸撤离。

5月4日下午2点30分左右，聚集在天安门广场上的学生开始示威游行。同学们高呼"外争国权，内惩国贼""废除'二十一条'"等口号，沿途散发了万余份传单。

途中，许多工人、商人和市民都参加了游行队伍。因为游行学生痛恨巴黎和会上日本鼓动其他列强企图让中国吞下丧失青岛主权的苦果，游行队伍浩浩荡荡直奔东交民巷使馆区而来，以表达中国人民的愤怒之情和维护中国主权的坚定意志，试图促使列强们改变主意，尊重战胜国利益。但是各使馆的巡捕和北洋军阀政府的军警不许大队通过，学生们将事前准备好的一式四份、落款为"北京高等以上学校学生一万一千五百人谨具"的英文《说帖》，派人到美、英、法、意各使馆去投递。但那天是星期天，使馆无人办公。

给美使馆的《说帖》内容为：

大美国驻华公使阁下：

　　吾人闻和平会议传来消息，关于吾中国与日本国际间之处置，有甚背和平正谊者，谨以最真挚最诚恳之意，陈辞于阁下：一九一五年五月七日二十一条中日协定，乃日本乘大战之际，以武力胁迫我政府强制而成者，吾中国国民誓不承认之。青岛及山东一切德国以暴力掠去，而吾人之所日思取还者。吾人以对德宣战故，断不承认日本或其他任何国继承之。如不直接交还中国，则东亚和平与世界永久和平，终不能得确切之保证。贵国为维持正义人道及世界永久和平而战。煌煌宣言，及威尔逊总统几次演说，吾人对之表无上之亲爱与同情。吾国与贵国抱同一主义而战，故不得不望贵国之援助。吾人念贵我两国素敦睦谊，为此直率陈词，请求贵公使转达此意于贵国政府，于和平会议予吾中国以同情之援助。谨祝大美国万岁，贵公使万岁，大中华民国万岁，世界永久和平万岁！

北京专门以上学校学生一万一千五百人谨具
中华民国八年五月四日

被阻的学生在烈日下曝晒了两个小时，"虽无厌倦之容，难免愤恨之态"。几经抗议、交涉，均被拒绝通过。大家热血沸腾，义愤填膺，为什么自己的国土不准中国人通过？简直是莫大耻辱！蓄积已久的怒火终于爆发。有人大喊："大家往外交部去，大家往曹汝霖家里去！"游行队伍遂走到曾主持"二十一条"谈判的前外交次长、现任交通总长的曹汝霖的住

◎愤怒的学生冲向卖国贼曹汝霖的住宅赵家楼。

◎被爱国学生放火焚烧的赵家楼

宅，高呼"外争国权、内惩国贼"口号，要求曹汝霖出面会见学生。此时，惶恐不安的曹汝霖正在家中与和他一起被称为卖国三贼的章宗祥、陆宗舆密商对策，见学生到来，吓得紧闭大门不出。黑漆大门紧闭的曹汝霖住宅，内外都有持枪巡警守护。愤怒的学生无门可入，便用捡来的石子袭击，打碎了临街的玻璃，甚至还用竹竿挑下房子上的瓦片。北大学生匡互生打破曹宅窗户，和几个同学跳进屋内，打开大门，外边的学生蜂拥而入，曹汝霖仓皇越墙逃跑，而躲在曹宅的章宗祥遁逃不及，被学生痛打一顿。学生捣毁曹宅所有家具还不解恨，又放火焚烧了曹宅。痛打章宗祥，火烧赵家楼，成为这一天的高潮。

　　1919 年爆发的五四运动重要的历史意义，在于它带着辛亥革命还不曾有的姿态，这就是彻底地不妥协地反对帝国主义和封建主义。

　　五四游行示威遂以火烧赵家楼而进入高潮。大约半小时后，警察总监吴炳湘、步军统领李长泰奉命带领大队军警赶到曹宅，立即下令捕人，警察对手无寸铁的学生进行殴打，当场捕去尚未散去的同学 32 人。

　　赵家楼的一场大火虽然熄灭了，但全国人民对外国侵略者、对卖国贼的怒火却愈烧愈烈，"还我青岛、保我山东"的怒吼响彻神州大地。

◎手持爱国旗帜的小学生走上街头。

据有关档案记载，这32名被逮捕的学生是：熊天祉、梁彬文、李良骥、牟振飞、梁颖文、曹永、陈声树、郝祖龄、杨振声、萧济时、邱彬、江绍原、孙德中、何作霖、鲁其昌、易克嶷、许德珩、潘淑、林公顿、易敬泉、向大光、陈宏勋、薛荣周、赵永刚、杨荃骏、唐英国、王德润、初铭音、李更新、董绍舒、刘国干、张德。其中有22名是北京大学学生，8名是北京高等师范大学学生，2名是北京工业学校学生，中国大学和汇文大学学生各1名。

许德珩在回忆这段刻骨铭心的经历时描述道："我和易克嶷被捕后，他们故意侮辱我们，把我们两人捆在拉猪的手推板车上，拉进步军统领衙门。记得在板车上，易克嶷还在说：'20年后，又是一条英雄好汉。'""（我们）被囚禁在步军统领衙门的一间监房里，极其拥挤肮脏，只有一个大炕，东西两边各摆一个大尿桶，臭气满屋。每半小时还要听他们的命令抬一下头，以证明'犯人'还活着。到中午'放风'才能大便，呼吸一点新鲜空气。看守的人每天提一桶开水，每人发一个大窝头。"面对凌污和屈辱，许德珩愤怒吟诗抒怀，表达被捕学生大无畏的爱国热情："为雪心头恨，而今作楚囚。被拘三十二，无一怕杀头。痛殴卖国贼，火烧赵家楼。锄奸不惜死，来把中国救。"

五四运动中，不论男女老少，纷纷走上街头，表达爱国之情。

5月4日这一天，北京大学学生郭钦光与同学们一起走上街头示威游行，在冲向赵家楼搜寻卖国贼曹汝霖、焚烧赵家楼时，遭到警察殴打，吐血不止，伤势严重，被同学送到医院救治。又闻许多同学被捕，怒不可遏，不幸于5月7日吐血而死，年仅24岁。郭钦光成为五四运动牺牲的第一个烈士。郭钦光英勇牺牲后，全国许多城市纷纷悼念这位勇士，5月18日，北京各校5000人汇集在北大法科礼堂举行追悼会，"力争青岛，死重泰山"8个大字书写在郭钦光遗像两旁，催人泪下。烈士家乡海南岛的海口等地举行了郭钦光烈士追悼会。广州学界在小南门广东高等师范学校召开由50多个学校的5000多名学生参加的大会，通过了10项决定，其中包括致电巴黎和会，力争归还青岛，取消一切不平等条约等，反帝爱国热潮进一步高涨。

5月5日，为声援和解救被捕学生，北京各大专学校举行总罢课，形成更强大的运动势态。冲锋陷阵的清华学生宣布"从今日起与各校一致行动"。

◎清华大学营救被捕学生。

参加五四运动的学生开始有两大诉求，一是面对日本极尽无赖之能事拒不将抢占的青岛主权交还中国，中国要反制外强，必先惩治内鬼，于是学生运动直指并强烈要求罢免亲日媚日的曹汝霖、章宗祥、陆宗舆；二是面对列强千方百计施压中国

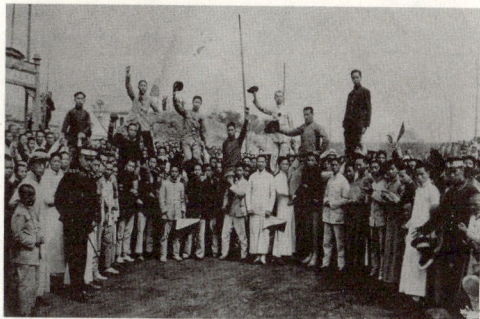
◎1919年5月7日，在社会各界反对和声援下，被捕学生获释。北京高等师范学校欢迎五四被捕同学出狱返校。

政府签定屈辱的巴黎和会条约，参加运动的学生强烈要求中国政府拒签和约，向外强说不，以长中华民族志气。

军警逮捕学生，引起强烈反抗，要求释放学生的呼声高涨，并变为实际行动。

在广大学生针锋相对的斗争下，在各界的强烈声援下，军阀政府担心5月7日这一天会有全国性的行动，不得不在5月6日释放被捕学生。但学生运动的目的并未实现。于是，从北京爆发的五四运动的烈火开始向全国燃烧。

5月7日，国耻纪念会虽然被北洋政府强迫解散了，但这一天在北京的许多街道，还是聚集了三五成群的学生，他们在一起热烈地展开了一些活动。同一日，天津、上海、南京、武汉、长沙、广州、重庆等地学生也都举行了大规模的集会和游行示威，一致声援北京学生的爱国斗争。

5月9日，北京军阀政府以为学生运动风潮已过，迫不及待地开始秋

◎北京山东学会欢迎五四被捕出狱学生的合影

◎1919年5月9日，清华学生举行"五九国耻纪念会"，通电巴黎，要求中国代表拒绝在和约上签字，并誓言"愿牺牲生命以保护中华民国人民、土地、主权"，并当即在大操场焚烧日货。

后算账，下令为亲日媚日的官僚曹汝霖、章宗祥、陆宗舆辩护正名，并传讯被释放的一些学生，紧追深究5月4日行动的主使人，杀气腾腾，企图治罪，彻底镇压五四运动。

北京军阀政府如意算盘打错了，他们的行为又一次激发了群众运动的高涨热潮。

5月中旬，在和约签字问题上，军阀政府加紧了卖国的策划和活动。学生们制止签字的运动也相应地更加急切了。从5月12日开始，北京"学联"组织了各校的讲演团分赴市内各处宣传，对于青岛问题激情宣讲。5月19日，鉴于政府没有决心拒签和约、不惩办三个卖国贼、不容学生爱国言论和行动，北京全市学生开始总罢课，学生爱国运动更加广泛深入地开展起来。北京各校学生在5月19日同时宣告罢课，并向各省的省议会、教育会、工会、商会、农会、学校、报馆发出罢课宣言，要求严惩曹、章、陆三贼；取消诬蔑学生的反动命令。天津、上海、南京、杭州、重庆、南昌、武汉、长沙、厦门、济南、开封、太原等地学生，在北京各校学生罢课以后，纷纷宣告罢课，支持北京学生的斗争。

其间，有的学生代表到全国各地联络，争取更大规模的斗争；也有的

◎1919年6月3—4日，北京军警逮捕了近千名参加游行示威的学生

学生代表在北京四处游说，不取得斗争胜利绝不罢休。军阀政府采取一系列野蛮手段制止学生们的各项爱国活动。5月25日，教育部还授命开会作出最后通牒：限各校学生三日内复课，否则将予以严厉镇压。

面对这些威胁，学生们毫不退缩，反而迎着枪口、屠刀而上。6月3日，几千名学生纷纷走向街头，再次与北洋政府较量，有170多人被反动军警逮捕，军警竟然将临时监狱设在北大法科校舍，大批军警就在附近驻扎。6月4日，逮捕行动继续，北大理科被辟为临时监狱。

然而，反动军阀的严厉镇压是扑不灭爱国主义烈火的。"六三运动"以后，全国各地都举行罢工、罢课、罢市的抗议活动，声援北京学生，要求拒签和平条约。迫于全国人民的压力，反动政府被迫于6月8日释放了全部被捕学生。

五四运动爆发之后，侨居海外的华人也纷纷响应，声援学生运动。

世界许多国家也非常关注五四运动，以不同形式给予支持。

以学生运动的为开端的反帝爱国斗争，终于像火山爆发一般蔓延到全中国。千百万工人、学生、商人参与到力争青岛主权、拒签《凡尔赛和约》的爱国斗争之中，形成前所未有的群众性爱国运动。

第十一章

「还我青岛」齐怒吼

　　五四运动像火山一样爆发，而那些铺天盖地炽热的口号、标语、传单，犹如一团团火花四溅的烈焰，从北京燃烧到全国，又从全国燃烧到全世界。全中国人民齐声怒吼，发誓不获全胜决不罢休，这让软弱无力的北洋政府胆战心惊，也令世界列强有所忌惮和收敛。最终中国人民一个个重大诉求在不屈不挠的抗争中都得到实现，这就是五四运动的光辉之成果。

　　1919 年 5 月 4 日，以北京各大专学生为主的游行队伍从四面八方汇集到天安门广场，现场人山人海。由于运动爆发突然，来不及统一制作标语旗帜，人们手擎形状各异、大小不一的小旗，清一色白布黑字，绝大多数为中文，也有少数用英文、法文写的，还有的点缀了象征的图画。小旗挥舞，口号连天，群情激昂，热血沸腾。

　　这些口号、标语、传单集中反映了中国人民的四大诉求：

　　一是强烈要求日本归还中国青岛主权和山东权益。这些口号和标语主要有"誓死力争、还我青岛""收回山东权利""头可断青岛不可失""不复青岛宁死""争回青岛方罢休"等。相关口号和标语有"保我主权"等。

　　传单有罗家伦当即起草的《北京学界全体宣言》、许德珩连夜起草的《北京学生天安门大会宣言》和落款为"北京高等以上学校学生一万一千五百人谨具"的英文《说帖》，都把收回青岛主权和山东权益放到最重要的地位，称其为刻不容缓的头等大事。

1919年6月11日，陈独秀、李大钊等亲自到北京城南游艺园和"新世界"等地向群众散发《北京市民宣言》。

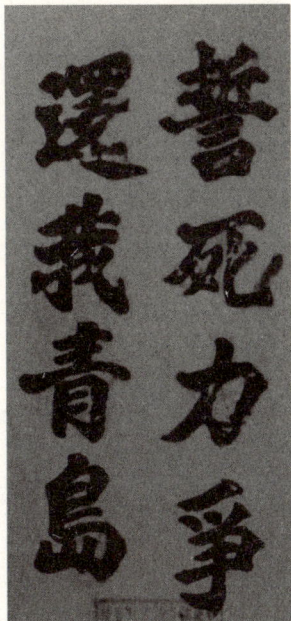

◎醒目的"誓死力争、还我青岛"标语

中国民族乃酷爱和平之民族。今虽备受内外不可忍受之压迫，仍本斯旨，对于政府提出最后最低之要求如左：

（1）对日外交，不抛弃山东省经济上之权利，并取消民国四年七年两次密约。

（2）免除徐树铮、曹汝霖、陆宗舆、章宗祥、段芝贵、王怀庆六人官职，并驱逐出京。

（3）取消步军统领及警备司令两机关。

（4）北京保安队改由市民组织。

（5）市民须有绝对集会言论自由权。我市民仍希望和平方法达此目的。

倘政府不愿和平，不完全听从市民之希望，我等学生、商人、劳工、军人等，惟有直接行动，以图根本之改造。特此宣言，敬求内外人士谅解斯旨（各处接到此宣言，希即复印传布）。

青岛是一个年轻的城市，从清廷决议于1891年派兵设防至今（2019年）也就是118年历史，而从1891年清廷派兵设防到1949年新中国成立前的58年，青岛却被德国侵占17年、日本两次侵占16年、美军盘踞4年，

◎占领青岛的德军

◎1914年9月18日，日军从山东青岛崂山湾登陆，从侧面袭击德军。中国将青岛及其外围地区划为交战区，意味着所有参战国可以在交战区内随意开火而不用顾及中国主权。

共被外强侵占和盘踞37年。旧时青岛人民有近三分之二的时间是生活在侵略者和外强的控制之下，实属莫大的耻辱和悲伤。

青岛主权回归之路充满坎坷险阻。在巴黎和会上，中国代表力陈中国收回青岛主权和山东权益的正义和正当理由，日本却颠倒黑白，拒不将从德国手中抢占的青岛主权和山东权益交还中国，耍尽了无赖的嘴脸。其他列强一味偏袒日本压制中国，中国外交梦断巴黎，引爆了轰轰烈烈的五四运动。中国人民并没有因为巴黎和会失败而气馁，团结一心，共同对敌，力挽狂澜，峰回路转，最终在华盛顿会上取得了收回青岛主权和山东权益的伟大胜利。

二是强烈要求废除意在灭亡中国的"二十一条"。

主要口号和标语是"取消二十一条""废除二十一条"等。

相关口号和标语是"勿忘国耻""抵制日货""保卫国土""中国是中国人的中国""不折不回"等。其中，"抵制日货"的口号传遍全国，形成不可抗拒的潮流。

许德珩起草的《北京学生天安门大会宣言》，一针见血地指出"窃掠我二十一条……是亡青岛耳"。

日本先下手为强，从德国手中夺占了青岛，让袁世凯和北洋政府哑巴吃黄连，吞下了苦果。日本并没有就此止步、手下留情，而是穷追猛打，步步紧逼，又于1915年1月18日抛出了条条见血、款款刺椎的"二十一条"。

经过多次交锋过招，中日签订了压缩版的"二十一条"，但并没有消除中国丧权辱国的耻辱。

在巴黎和会上，中国代表以战胜国身份强烈要求废除"二十一条"，没有成功，直到华盛顿会议上青岛主权和山东权益回归中国，"二十一条"才被彻底废除。

三是强烈要求惩办曹汝霖、陆宗舆、章宗祥3个卖国贼。

主要口号和标语有"外争国权，内惩国贼""诛卖国贼曹汝霖、陆宗舆、章宗祥""民国应当判决国贼的运命""卖国贼曹汝霖、陆宗舆、章宗祥""日本人之孝子孙四大金刚三上将"等。还有对联"卖国求荣，早知曹瞒遗种碑无字；倾心媚外，不期章惇余孽死有头""共争青岛归来，同看国贼罢黜；欢呼学生复课，庆贺商店开门"等。

为什么人们痛斥曹汝霖、章宗祥、

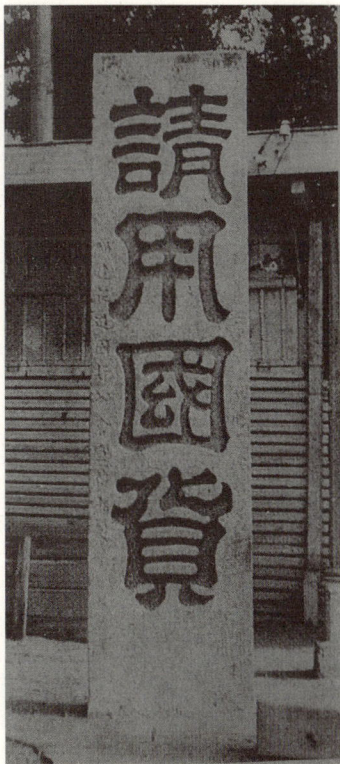

◎福州南门的"请用国货"石碑

◎五四时期的纪念章

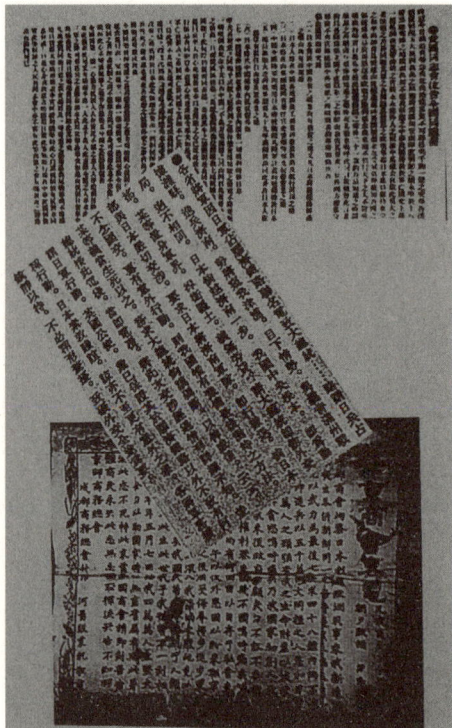

◎爱国同志会、北京商会及各省将军反对
"二十一条"的文电、传单

陆宗舆？因为他们长期以来代表北洋政府屈膝媚外，与日本签订意在灭亡中国的"二十一条"和济顺、高徐铁路换文，他们并非受人摆布的傀儡，而是说话算数的决策者。

曹汝霖青年时留学日本，辛亥革命前任清廷外务部副大臣；袁世凯统治时期任外交次长。1915年受袁世凯政府之命，与日本公使日置益谈判"二十一条"。在正式谈判期间，曹汝霖等竟不惜丧失一个主权国家起码的外交威仪，卑躬屈膝地来到日置益床前谈判，被人讥讽为"床前外交"。曹汝霖在所著《曹汝霖一生之回忆》中说："适日使坠马受伤，会议停了三次。小幡来部告我，公使伤未愈，腿涂石膏，不能下床，但急于会议，拟请陆总长与您枉驾使馆会议。余告陆总长同意。遂移至日本使馆会议。日使不能下床，就在床前设桌会议。"这种谈判形式实在是古今中外外交史上罕见的丑行，充分表现出北洋政府与日本帝国主义之间奴才和主子的不平等关系。

1916年4月，曹汝霖任交通总长，后兼署外交总长，并任交通银行总理。翌年1月通过西原龟三向日本兴业等银行借款500万日元。1917年7月任段祺瑞内阁交通总长。次年3月兼任财政总长，又向日本大宗借款，充作军饷。1918年秋，曹汝霖不惜丧失山东铁路主权，向日本再次借款。他

◎游行队伍手持"卖国贼曹汝霖"的标语。

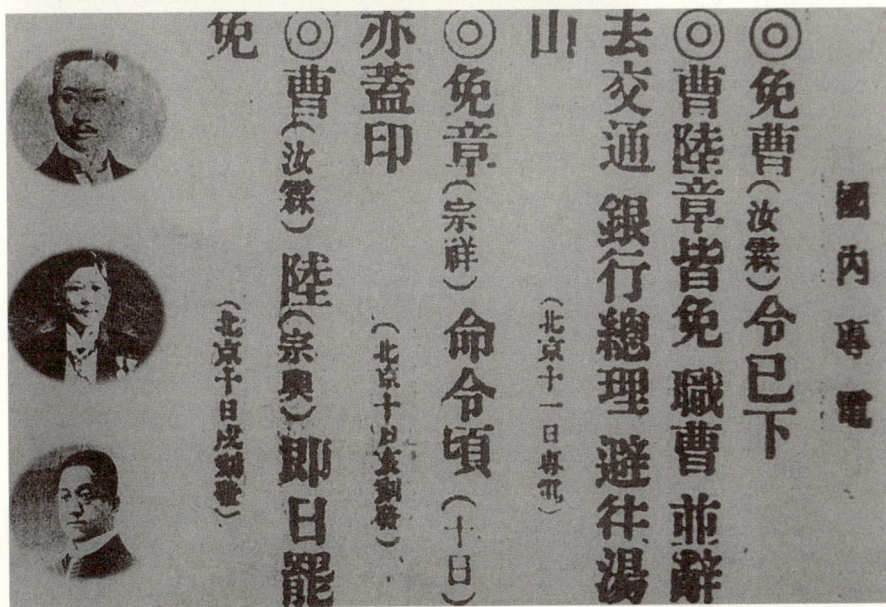

◎在全国人民的压力下，曹汝霖、章宗祥、陆宗舆被免职。右为《晨报》的消息报道，左图从上至下为曹汝霖、章宗祥、陆宗舆。

依仗在交通、财政方面所居要职，成为新交通系的首领，并于1919年年初任钱能训内阁交通总长。

　　章宗祥是戊戌变法后的首批留日学生，曾任北洋政府的大理院长、司法总长，1916年出任驻日特命全权公使。他受段祺瑞政府之命与日本订立了针对苏俄的中日共同防敌军事协定，使日本军队大批进入我国的东北和蒙古。1918年秋，日本用2000万日元借款取得对济顺、高徐两条铁路的控制权，又提出处理山东问题的照会，其中包括第一次世界大战后胶济铁路归中日合办等七项内容。章宗祥根据段祺瑞的指示，以政府名义于1918年9月24日用"欣然同意"的复照，承认了日本的上述要求。结果，这就成为巴黎和会上日本抢夺山东的口实。根据"二十一条"，日本所要求的山东权益，基本上还限于继承德国之所得；但据章宗祥的照会，日本抢夺的范围却大大超过了德国的势力范围。中国参战，不仅没有将山东收回，反而丧失更多的利益。

币制局总裁陆宗舆，在袁世凯掌握北洋政府期间任驻日公使。1914年日本借口对德宣战并进而出兵侵入山东时，陆宗舆奉命向日本表示，愿划出山东龙口、莱州及胶州湾附近地带为"交战区"，为日军的侵略活动提供便利。1915年，陆宗舆在东京与日本外相多次密谈有关"二十一条"签订事宜，并与袁世凯派遣的陆征祥、曹汝霖一起与日方谈判签订丧权辱国的"二十一条"。1918年，他还以中华汇业银行总理身份，代表日本兴业等三银行团，先后与中国政府签订了"有线电报借款"和"吉黑两省金矿及森林借款"合同，将中国有线电报财产、收益和吉黑两省的森林金矿资源抵押给日本，充当了日本帝国主义对华经济侵略的工具。

被群众斥为卖国贼的曹汝霖、章宗祥、陆宗舆，在五四运动爆发之际成为众矢之的，要求惩处他们的呼声持续高涨，6月10日，北洋政府被迫将3人免职，是五四运动取得的第一个重大胜利。

四是强烈要求"拒绝在巴黎和会上签字"。

主要口号和标语是"拒

◎学生挥舞"醒来国民""同胞速醒""百折不回"等标语游行示威。

◎6月20日起，山东各界民众代表85人请愿团，在倾盆大雨中，跪泣于新华门前，坚决要求拒签《凡尔赛和约》，轰动北京城。

◎上海举行拒签《凡尔赛和约》大游行。

绝在巴黎和约上签字"。相关口号和标语是"宁肯玉碎，勿为瓦全""誓死不承认军事协定""民族自决""国际公理""勿作五分钟爱国心""中国宣告死刑了""同胞速醒""醒来国民""百折不回"等。

在巴黎和会上，中国代表向大会提交了长篇《说帖》，全面尖锐地提出了正当要求。

英、法早已私下与日本勾结，达成了共同对付中国的协议，而偏向日本的美国一再和稀泥劝说中国委曲求全，提出山东由国际共管。最后英、美、法3国代表又不顾中国一再反对，决定将德国在山东权益无条件让与日本。列强合伙摆布中国，遂使中国在巴黎和会上外交失败。

形势对中国十分不利，好像中国不是战胜国，倒像战败国，大有日本拥有山东利益胜利在握之势。

6月18日，盛传巴黎和会将在6月底签字，北京政府电令专使准备在和约上签字时，山东省学联、省议会、教育会、农会、商会、报界联合会、律师公会等团体连日召开会议，共推出各界代表83人组成请愿团赴京请愿。6月20日，请愿团到达北京新华门总统府，要求面见总统，并明确提出了三项要求：第一，拒绝对德和约签字；第二，废除高徐、顺济铁路草约；第三，惩办卖国贼曹、陆、章。并申述了日本的侵略野心及其在山东的罪行。总统徐世昌一开始避而不见，代表们非常气愤，效法申包胥哭秦庭，一齐在新华门外嚎啕，臭骂国贼，这就是有名的山东请愿代表团"哭庭"事件。之后的几天，总统徐世昌以及代总理龚心湛敷衍欺骗请愿代表，引起更大民愤。请愿团体不顾当局阻挠又派出第二批请愿代表七八十人，赶赴北京，表示声援。此时我国代表在巴黎和会拒绝签字的消息已经传来，请愿斗争遂告一段落。

全国各地纷纷举行拒签和约大游行，给摇摆不定的北洋政府以巨大压力，给合谋出卖中国利益的列强以沉重打击，给出席巴黎和会的中国代表撑了腰。最终，中国拒签《凡尔赛和约》，虽败犹荣。

第十二章

「三罢」斗争风起云涌

　　五四运动发生一个月后的 6 月 3 日，北京学生新一轮大规模爱国活动被镇压的消息很快传遍全国。全国人民被激怒了，学生罢课、商人罢市、工人罢工的"三罢"斗争迅速席卷全国。从此，五四运动转入了一个新阶段，运动的中心从北京转移到上海；运动的主力由青年学生和知识分子扩大到

◎ "六·三"以后，上海学生、工人、市民举行"三罢"斗争，运动的中心移至上海。

工人阶级，从急风暴雨式的全国学生运动转化为声势浩大的全国工人运动，向着胜利跨越出了历史性的一大步。

1919年6月12日《上海学联告同胞书》中有一段精辟分析"三罢"斗争作用的话："学生罢课半月，政府不惟不理，且对待日益严厉。乃商界罢市不及一日，而北京被逮之学生释。工界罢工不及五日，而曹、章、陆去。"

上海，这个被外国资本家称为"冒险家乐园"的城市，也是中国政治、经济、文化的一个晴雨表。

5月4日北京爆发五四运动大游行，当日的上海报纸已印完发送，无法登载此消息。但是，当晚北京学潮的专电传到上海后，第一时间作出反应的是复旦大学一些教授。校园内鸣钟响彻夜空，全体学生招之即来，组织者报告了北京学运的详细情形和紧急状况，并连夜推选同学代表分赴上海各个学校发动工作。

上海对北京五四运动的声援极具规模。5日下午，50余所大学、中学的学校代表齐聚复旦大学，研究筹备上海学生联合会有关事宜。

同日，上海工商界53个团体迅速组成了商业工团联合会并立即召开紧急干事会商讨对策，决定5月7日召开国民大会，并在法租界霞飞路留日学生救国团内设立会议筹备处，于5月7日在老西门公共体育场举行的盛大的国民大会，掀起了更大规模的斗争热潮。

5月7日上午10时，上海学生联合会成立大会。在公共租界静安寺路环球学生会举行，大会积极拥护、支持北京学生提出的一切正当主张，反对北洋政府欲签订不平等的《凡尔赛和约》，立刻罢免曹汝霖、陆宗舆、章宗祥3个卖国贼，并电请北京政府立刻释放被捕的无辜学生。之后，全市各学校全体学生立即罢课，并要求爱国民众积极抵制日货，多用国货。

5月11日下午，由5万余人参加的上海学生联合会在南市公共体育场召集民众大会，上海斗争形势空前高涨。

◎上海商界罢市，举行声援学生斗争的游行。

第一次世界大战期间，上海民族工业得到发展，工人阶级队伍得到壮大。据统计，五四前后，上海工人共计 50 万人，几乎占全市人口的一半。而且上海文化发达，交通方便，消息灵通，因此当北京的爱国运动爆发时，上海各界群起响应，密切配合。特别是上海的工人阶级富有战斗力，在运动中带了个好头，发挥了至关重要的作用。

6 月 4 日，北京大逮捕的消息像一声惊雷惊动了上海各界人士。当天下午，学生们纷纷出现在上海的街头巷尾，集会游行示威，声援北京学生，并挨家挨户动员各商号 5 日起一律罢市。

5 日上午，各商号非为外界强压，自觉自愿罢市，和罢课学生站上了同一条战线。更有意义的是，上海的日本纱厂工人、商务印书馆和中华书局的工人及部分码头工人、铁路工人，未经学生动员便自动罢工了。于是，震惊中外、影响深远的上海学生罢课、商人罢市和工人罢工的"三罢"斗争从 6 月 5 日起,以迅雷不及掩耳之势开展起来。

上海"三罢"实现的当天,商、学、工、报各团体召开了联席会议,宣布成立"上海商学工报联合会",以利于在运动中统一行动。会议以全会名义向全国发表通电说:"卖国贼存在一日,商学工界即辍业一日,誓不反顾。"会后,各商号大都贴出揭贴,上面写着"忍痛停业,冀救被捕学生。不除国贼,誓不开市"。有的理发店门外贴上了"国事如此,无心整容,请君不必光顾"的标语。

从 6 月 6 日起,上海有影响力的华商电车公司、法商电车公司、求新机器厂、锐利机器厂、英商祥生铁厂、沪宁杭南铁路总机厂、英商别发印书房、兴发荣机器造船厂、信通织布厂、闸北手工业、日商内外棉各大工厂、同济学校工厂、华界自来水厂、英商职松公司老船坞、瑞焰机器造船厂、江南船坞、各轮船公司、日商纱厂码头、上海电器公司、英美烟草公司及附属印具厂、油东美孚等工人纷纷罢工,上街游行,有力地支援了学生的斗争。

6 月 10 日,上海工人罢工达到了高潮,导致上海与外地的水陆交通完全断绝。上海工人的斗争影响到全国许多地区工人斗争的开展,使北京政府感到政局不稳。北京政府在全国人民的压力下不得不作出让步,释放了被捕学生,

◎曹汝霖、章宗祥、陆宗舆被罢免后,6月12日上海胜利开市景象。

◎参加中华全国学生联合会的代表合影

◎1921年12月8月，上海召开国民大会，呼吁争回青岛主权。

罢免了曹汝霖、陆宗舆、章宗祥3个卖国贼。可以说，工人阶级在上海"三罢"斗争中以独立姿态登上了政治舞台，并在运动中起了决定作用。当6月12日上海人民宣布胜利开市时，学生们打出了"感谢工界"的旗帜。

五四运动取得节节胜利之后，6月12日各地学生开始复课，并于6月12日在上海召开第一次全国学生代表大会，成立了中华全国学生联合会。五四运动成为革命青年运动的开端。

黄浦滩上的"三罢"斗争给军阀政府和帝国主义以直接而沉重的打击，全国其他城市掀起的"三罢"斗争，也使军阀政府陷入极大的恐慌。

天津当时是我国北方的最大商埠，与北京近在咫尺。五四运动爆发的消息传来，天津的学生和各界人民立即行动起来，如火如荼的爱国活动与北京声势浩大的学生运动遥相呼应。

5月5日，首当其冲的天津大中学校的学生纷纷行动起来，有的在校园集会、演讲，有的走上街头示威游行，有的发通电声援北京学生爱国行动。

在来势凶猛的学生运动中，男儿冲锋陷阵，巾帼不让须眉。5月14日，天津13所男校学生成立了天津学生联合会。5月25日，天津女校学生也联合成立了天津女界爱国同志会。这两个学生爱国团体相继成立后，组织发动男女学生冲破重重阻力，走出校门，开展社会串联，举行街头演讲，张贴反对日本帝国主义标语，愤怒声讨北洋政府丧权辱国行径，对运动起到了强有力的推进作用。

天津学生联合会成为学生运动的中坚，他们在5月28日组织领导天津北洋大学、直隶法政学校和南开学校等15所大中学校万余名学生举行罢课，挑战北洋政府，要求严惩卖国贼，立即释放北京被捕学生，并斩钉截铁地提出"不达目的誓不罢休"的斗争目标，有力地支持和配合了北京学生的爱国行动，更有力地推动了天津反帝爱国运动的蓬勃发展。

天津学生联合会再接再厉，乘胜前进，又于6月9日组织各界群众两万余人出席公民大会，会场上不时高呼"严惩卖国贼""还我山东""国亡死且无日，何有商业可言"等口号。天津学联副会长马骏登台演讲，呼吁各界民众联合起来，用学生罢课、工人罢工、商界罢市等种种强有力手段，敦请北洋政府释放被捕学生，罢免3个卖国贼职务，

◎天津学生包围警察厅，要求释放参加五四运动的被捕学生。

◎天津学生游行声援青岛，声援山东。

◎1919年10月10日，天津反日爱国群众在南开操场集会，强烈要求收回青岛。

拒绝在《凡尔赛和约》上签字。一名青年学生当场血书"睡狮猛醒"4个大字，使与会各界民众深受感动。

6月10日，天津市各商号如约举行了总罢市；同日，人力车工人也举行了总罢工，平日车水马龙的街市立时变得冷落萧条。近在咫尺的天津出现的"不稳之象"，令北洋政府深感不安。

最难能可贵的是，在五四运动的影响下，天津产生了周恩来、邓颖超、马骏、于方舟、郭隆真、刘清扬、张若茗、李毅韬、谌志笃、谌小岑、潘世纶、李锡锦、关锡斌、李震瀛、郑季清等一批信仰马克思主义和具有社会主义倾向的青年先进分子，他们共21人于9月16日组织成立了觉悟社，在天津参加五四运动等一系列反帝反封建革命斗争，坚定地走上了马克思主义的道路，在天津播下革命火种。实际上，觉悟社已经成为天津爱国学生运动的总指挥部，周恩来成为学生运动的领袖。

天津的"三罢"斗争继上海"三罢"浪潮之后，又给北洋政府以沉重打击。

在五四运动爆发之前，巴黎和会召开之时，山东人民就走在了斗争的前列，这是因为山东人民对日本的侵略有着切肤之痛，要求收回青岛主权和山东权益的意志无比坚强。尤其五四运动因青岛主权和山东权益问题而起，山东人民站在了运动的风口浪尖，抗议活动层出不穷。

巴黎和会开始不久，山东省议会即率先致电参加巴黎和会的中国代表：

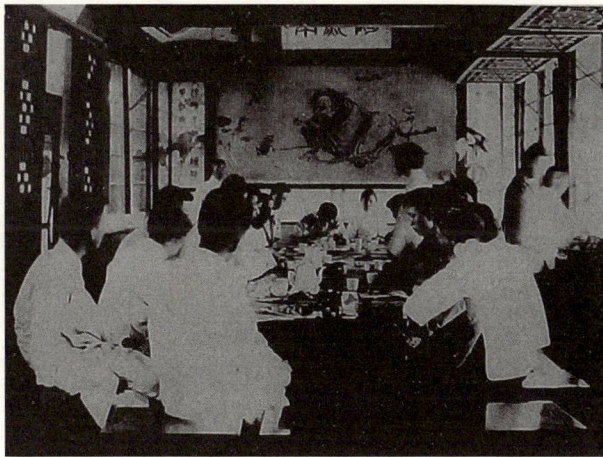

◎1920年8月，天津觉悟社、少年中国学会等5团体代表在北京陶然亭举行座谈会。

"青岛问题务请坚持，万勿退让。"诚恳地告诫他们，"鲁民全体，誓以死力对待。"

4月初，斗争进一步升级，山东省教育会、工会、农会等群众团体联合行动，又一次致电出席巴黎和会的中国代表，一针见血地指出青岛主权和山东权益"事关中国存亡"，强烈要求他们据理力争，坚持到底，同时致电英、美、法、意4国专使，恳切要求他们主持正义，以迫使日本政府放弃对中国的占领。

4月6日，斗争上升到新的层面，山东省议会和教育会等社团又致电美国、英国、法国、意大利4国首脑和国际联盟，再次要求主持公道，促使青岛和胶济铁路直接交还中国。

4月12日，山东成为全国唯一向巴黎直接派出代表的省份。

继济南各校学生代表在省教育会成立山东学生外交后援会之后，山东省议会副议长孔祥柯和许宗祥被各界推选为代表前往巴黎，直接向中国外交代表团及巴黎和会请愿，冲向斗争最前线。他们抱定"非达到废约目的不回"的决心，在巴黎和会会场内外发表演讲，陈词力争，闻者无不动容。其爱国言行，为维护国家主权、收复青岛等地作出了积极贡献。

◎孔祥柯

4月中旬，山东各团体将斗争影响向外省市扩散，不断派代表前往北京、上海等地串联活动，在北京、天津、上海、山东之间，形成一个以各社团为主体，以通电为主要形式的联络网，商议协调斗争的策略和办法。

4月20日，山东的斗争掀起高潮，各界10余万人在济南演武厅举行国民请愿大会，10余名代表慷慨演讲，群情共鸣，大会决定以109700人名义分别致电巴黎和会中国代表、"央府"、参众两院、南北议和代表、在京的山东督军张树元等，请誓死力争国家主权。

5月2日，斗争扩展到各界群众。济南3000余名搬运工人齐聚北岗子举行收回青岛演说大会，强烈要求北洋政府据理力争，不失一寸国土。在五四运动前夕，山东工人阶级就开始走上了政治斗争的舞台，这次大会成为五四运动的前奏和序曲。

1919年5月4日，北京大规模学生运动爆发后，山东各界的爱国斗争更趋激烈，一浪高过一浪，一个以济南为中心、以声援北京学生为目的和以"外争国权、内惩国贼"为口号的群众爱国运动在山东全省轰轰烈烈掀起。

从5月5日起，济南各校学生纷纷组织学生团体，上街进行爱国游行活动，号召民众抵制日货，不坐日本人霸占的胶济铁路火车，以实际行动声援北京学生运动。

5月7日上午，以学生为主的六七百名示威者在山东省议会院内召开国耻纪念大会，各界代表争相发言，痛斥政府的卖国罪行，力主收回青岛及山东路况权利等。《齐鲁公报》编辑余吟笙号召："与会各君各速回家，联络市民等组织小刀会，速杀日本人，以济南为起点，一直杀到青岛。非此作法，青岛实难挽回，而国耻非一血洗不可！"现场响起一片欢呼声。

5月11日，旅京山东劳动者在彰仪门外广场上集会，参加者义正辞严："日本夺我青岛，即夺我山东，即是夺我山东三千万父老兄弟之生命。是可忍孰不可忍。如有法子，即令牺牲一切，亦义不容辞。"并推荐6人为代表，分头组织请愿、上书等行动。

5月23日，济南中学以上各校一律罢课。烟台市28所中小学举行声势浩大的示威游行。青州省立第十中学联合其他各校学生5000余人成立了学生联合会，青州学联在法庆寺紧急召开有各界人士参加的万人大会，会后举行了游行示威。除济南以外，从5月中旬到7月间，青岛、烟台、昌潍、淄博、临沂、泰安、惠民等地，抵制日货运动都有广泛开展。

6月3日以后，北京发生学生被大批逮捕事件，全国迅速掀起"三罢"斗争声援抗争，济南学生联合会经与商界爱国人士共同协商，立即组织学生罢课、商人罢市。

6月10日，济南工商界举行罢市，山东工商联合会发出通电，要求当局拒绝签字、废除"二十一条"、惩办卖国贼并没收其财产等。

在"三罢"斗争中，山东工人展现出强大力量。除济南工人6月14日在青年会集会作出不为日人做工、不买日货的决议外，威海、龙口等地工人亦以拒运日货表现了他们的爱国热忱。特别是济南振业火柴厂，为了维护国家主权和取得的专利权，在抵制日货运动的推动和支持下，与打算在济南商埠设厂的日资东鲁火柴公司进行了坚决斗争，终于使日本火柴公司停闭。

在五四运动中，山东出了个杰出人物，他就是1918年考入山东省立第一师范学校的王尽美。1919年五四运动的风潮波及全国，王尽美被选为山东省一师北园分校代表，被推举为山东学生联合会负责人之一。他积极联络学生建立爱国反日组织，带领同学参加集会、游行，开展宣传活动。

◎南京学生举行示威游行，遭到军警镇压。这是金陵大学一部分受伤学生在鼓楼医院治伤时的合影。

王尽美最终成为中国共产党创始人之一。

在6月3日之前，南京以学生运动和政界参与为主体，各校学生和各界人士在下关大舞台举行5000人的国民大会，一致要求：请驻南京各国领事致电本国政府，在巴黎和会上不得袒护日本帝国主义；江苏省政府立即致电北京政府，不准在《凡尔赛和约》上签字；人人须有爱国心，不用日货；并联合各省一致行动。会后，南京全市各界纷纷抵制日货，使日商生意十分萧条。南京学界联合会紧急开会，金陵大学等20余所学校决定28日一律罢课，并向北京政府发出通电，要求电令巴黎和会专使力争收回青岛，否则千万不能签字。

自6月5日起，南京掀起"三罢"斗争高潮，尤其南京学生联合会得知北京1000多名学生被捕的消息后，极其愤怒，当晚紧急研究斗争对策，并于6月6日组织南京各校学生分头到各区动员商店罢市，在两小时内，实现全城各商店统一罢市。

6月7日，下关、浦口的码头工人和搬运工人跟进，率先罢工。次日，黄包车工人、沪宁铁路工人、航运工人相继罢工。津浦路司机也举行同盟罢工，浦镇机厂工人既罢工又游行。

6月8日，南京市各界举行万人游行示威，学生代表手拿血衣，控诉反动当局镇压学生爱国运动的暴行。

9日，日本玻璃厂华工全体罢工。

南京的"三罢"给军阀当局以沉重的打击。各商店公议：无论警察如何压迫，学生决不复课，沪市一日不开，宁市决不单独行动。工人表示，学生不复课，商人不复市，工人决不复工。直到10日，北京政府罢免曹汝霖、章宗祥、陆宗舆的职务，南京全城欢腾。12日，各商店、学校、工厂开始复市、复课、复工。"三罢"斗争为南京五四爱国运动书写了光辉篇章。

广东在五四运动中涌现出许多可歌可泣的英雄事迹。

5月7日，广东各地对北京学运作出积极响应，广州的第一次国民大会有10万人参加，规模空前，参与的人员也涉及多个阶层。

在北京五四运动爆发的第一天，遭军警毒打受重伤牺牲的第一位烈士郭钦光，年仅24岁，是北京大学学生，广东文昌（今海南省文昌市）人。5月25、26日连续两天，广东省学生联合会在小南门高等师范学校内，召开5000多学生参加的追悼会。学校操场摆放烈士灵位和照片，两旁对联为"是为国殇；不愧英雄"，横额是"正气磅礴"。会场洋溢着浓烈的爱国精神。大会并致电巴黎和会，力争收回青岛。

5月29日，广州学生3万余人上街游行，声援北京的五四运动。

6月11日，广州"国民外交后援会"联合各界在东堤东园广场召开全市大会，几万人与会，人们挥舞"誓诛国贼""还我青岛"等标语，发出了新的怒吼。

广州的五四运动到7月中旬，广州机器厂、电灯局、电力公司，广九、广三粤汉铁路，自来水厂工人以及人力车夫等，陆续宣布罢工，整个广州城缺水断电，交通阻塞，至此罢课、罢工、罢市的"三罢"局面形成。

五四运动的烈火几乎燃遍祖国大地，罢课、罢市、罢工的"三罢"斗

◎6月3日，重庆川东3000余名学生游行，要求收回青岛，拒签和约，惩办卖国贼。

争席卷了大江南北。

　　据记载，湖北、湖南、黑龙江、吉林、辽宁、内蒙古、山西、河南、安徽、江苏、浙江、江西、陕西、四川、贵州、广西、云南等地纷纷建立了各种爱国组织，开展了各种爱国活动，掀起了不同程度的"三罢"斗争热潮，北洋政府受到巨大震慑，如再无视，就面临垮台。而无视中国人民意志的世界列强，已深感中国人民不好欺惹，再逆历史潮流而动不会有好下场。"三罢"斗争，在五四爱国运动史册上书写了光辉的篇章。

第十三章 拒签和约长志气

巴黎和会于1919年1月18日开始举行，中国代表一直没有参加会议，直到1月28日，和会讨论中国和德国的关系时，中国代表团才被邀参加，提出直接收回青岛主权的长篇说帖，陈述中国政府的主张，大致如下：除完全收回德国在青岛、山东的权益外，还有（1）德国放弃1901年由八国联军同中国清政府签订的条约中所得的特权和赔款，以及在天津、汉口德租界和中国其他地方（除胶州外）所有的房屋、码头、营房、炮台、军火、船只、无线电台及其他产业（使署、领署不在其内），并将1900年和1901年所夺取的天文仪器一律归还中国。（2）中国非经署名于1901年条约各国的同意，不处分北京使馆界内德国人的产业。（3）德国承认放弃汉口、天津租界，中国允准两处租界辟为各国公用。（4）德国对于中国或任何与会国政府，不得因在华德人被幽禁或被遣回及因德人利益于1917年8月14日被没收或被清理之故，而有所要求。（5）德国放弃在广州英租界的产业，让与英国；并放弃上海法租界内德人学校产业，让与中法两国。

关于山东问题，日本首席代表西园寺公望向和会要求继承德国的权利，提出：（1）德国在山东胶州的各项权利、所有权、特别权利，以及各国于 1895 年 3 月 6 日及其他年份与中国签订有关山东的条约中所得的铁路、矿产、海底电线等权利都让与日本。（2）德国在青岛至济南铁路所得的各项权利，连同用矿权、开采权，一并让与日本。（3）青岛至上海及烟台的海底电线，无偿让与日本。（4）德国在胶州的一切动产与不动产，无偿归日本所有。

难怪巴黎和会召开后，日本频频与英、法、美等国进行磋商，继续玩弄两年前的私下交易，最终使英、法、美 3 国不顾中国的正义要求，执意作出同意日本对山东和青岛的非理非法要求。

4 月 22 日，大会秘书处通知中国代表团：美国总统威尔逊、英国首相劳合·乔治和法国总理克里孟梭要约见中国代表团。这一次中国外交总长、代表团团长陆征祥和顾维钧参加了会见，外国代表仅有 5 人参加，他们是美国总统、英国首相、法国总理，还有一个英文翻译和一个法文翻译。中国代表发现 3 国首脑表情十分严肃，一种不祥之感升上心头。

美国总统威尔逊首先讲述和会面临着许多问题，而其中有些问题又是如何难以提出解决的办法，山东及青岛问题就是一个最困难的问题。威尔逊说，他所代表的美国，现在是唯一在山东问题上不受任何协议约束的国家，现在提出的这个解决方案，最高会议希望中国能够接受，它也许不能令中国满意，但是在目前情况下已是所能寻求的最佳方案了。然后，威尔逊便讲述了这一方案的主要内容。威尔逊仍然强调说，这个方案可能并不合乎中国的愿望，但是目前会议的其他成员国处境都十分困难，最高会议所能求得的最佳结果也只能如此了。

威尔逊所说的其他成员国是指法国、英国等。法国和英国以前曾答应支持日本要求，意大利已退出和会，所以在讨论中日关于山东及青岛问题时，先前是由英、法、美、意、日"五国巨头"说了算，再后来日本陷入了山东问题对垒中，就由英、法、美"三国巨头"说了算了。

陆征祥让顾维钧代表中国阐明立场。他勇于担当，侃侃而谈，痛陈山东问题的由来以及中国的态度，并从国际法的角度雄辩地论证了山东当归还作为战胜国的中国。顾维钧明确指出，和会的错误决定令中国大为失望，方案又何等不公，而且无疑将在亚洲播下动乱的种子，对中国和世界和平都无益。威尔逊表面同情，但他说，由于美国国内形势所致，这已是能够为中国谋得的最佳方案了。他又说，和会结束之后，国联能够对各国所提要求重新调整并支持国际问题的正义。作为国联成员国，中国可以在其愿意的任何时候，随时向国联提出自己的要求。

英国首相劳合·乔治接着说，他想提个问题，中国愿意接受中日之间早先制定的那个方案吗？早先的方案指的是"二十一条"——1918年9月中日换文再次认可了的中日条约。他认为现在这个方案明确日本只能得到中德条约中原定的经济权利，而不享有胶澳租借地，对中国来说更好一些。法国总理克里孟梭接着说，他完全同意劳合·乔治刚才的发言。

面对英、法、美等国首脑的表态，顾维钧与陆征祥商量之后作了答辩说，这两种方案都不公平，都不利于中国，也无助于世界和平事业的发展。日本的目的在于亚洲，山东是具有重要战略位置的沿海省份，日本获得在山东的经济权益，只能为其实现建立东亚帝国、排斥西方国家利益的计划打开方便之门。为此，中国代表提出希望得到威尔逊刚才所提方案的抄件以及"十人会"讨论提出方案的会议记录。威尔逊听后便转过脸与劳合·乔治商量，劳合·乔治又把脸转向英文翻译汉基将军。这时，汉基说，"十人会"的会议记录是保密的。顾维钧又说，对于这样一个直接关系到中国的重大问题，应该向中国代表团提供有关讨论内容和方案形成过程的全部记录。威尔逊说，他将和其他同僚对此予以考虑。尽管后来中国看到了"十人会"的会议记录，却更加失望。

众所周知，"二十一条"系中国于日本提出最后通牒后被迫签订的。至于1918年9月换文，只是该条约的继续。和平时期签订的条约，如果属于用战争威胁手段逼迫签署，则可视为无效，这是公认的国际法准则。但对于中国代表的种种辩护，威尔逊的回答是，他也知道该方案对中国来说不是最好的解决办法，但鉴于其他与中国友好的国家，如英、法等国在处理与日本关系中的困难处境，这已是目前所能够寻找到的最佳方案了。

令人愤慨的是，英、法、美、日始终没有尊重中国代表提出的正义要求，尽管中国连续提出了七八份《说帖》，一再阐明中国的正义立场，但都没有得到列强的重视。英、法、美牺牲中国，讨好日本，导致中国在巴黎和会上的外交努力完全失败。虽说这一结果满足了日本侵占青岛和山东的欲望，但暴风骤雨般的五四爱国运动由此引发。

五四运动中，"外争国权，内除国贼"成为全国人民的共同呼声。在全国人民的强烈要求下，北洋政府对内不得不罢免了曹、章、陆3个卖国贼的职务，但是对外却一怕日本，二惧列强，始终不敢明确表态拒签和约，这是全国人民所不能容许的。于是，一个拒签和约的全国性抗争热潮进一步掀起。

6月10日，山东省各界派出80余名代表赴北京新华门向北洋政府请愿，明确要求拒签《凡尔赛和约》。为支持山东人民的请愿斗争，北京、天津、陕西各地也派出代表联合请愿。与此同时，拒签和约的通电像雪片似的飞往巴黎，我国留法爱国学生、工人和华侨纷纷举行抗议活动，有一次数百人闯入陆征祥所住的医院内请愿，坚决要求与会代表拒签巴黎和约，在巴黎引起了强烈反响。

从5月到6月上旬，在国内发生的五四运动的震撼下，中国代表团坚持保留立场的势力占了上风，他们希望能得到英、法、美的支持，但是希望变成了失望。英国代表团在与中国代表团的商谈中一再声称，先将山东主权转让给日本，再由日本与中国商谈归还事宜，已是最佳方案了。他们明确表示，现在的问题并不在于英、法、美各国愿意如何做，而在于如何让日本同意修改条款，但看来又绝无可能。

直到 6 月 27 日下午，中国代表顾维钧在会见法国外长毕勋时，还强调中国的最后选择有三种，前两种已和毕勋说过，第一种选择是将保留附于和约之内，第二种选择是将保留附于和约之外，第三种选择是由中国在预备会议上作一声明，大意是中国虽然签字，但不接受山东条款，同时将声明记录在案。然而，这次谈话仅仅 5 分钟就宣布结束，因为毕勋强硬地表示，任何声明即使只是在和会上宣读并附于和约后，也难以获准，法国人的理由是不能开这种保留先例，这会造成协约国之间的不和。

美国在对待中国代表持保留立场问题上，先是表示同情，而后没有采取任何实际行动，却千方百计地试图说服和压服中国同列强保持行动一致，达到协约国共同签约的目的，以显示美国在国际事务中的主导地位。

面对日本的强硬态度和列强的支持纵容，北洋政府胆战心惊，提出不签字的六大害处，于 6 月 17 日电令出席巴黎和会的中国代表在和约上签字。

到 6 月末，国内舆论坚决支持无保留即拒签，全民拒签运动再度高涨，其言辞之慷慨激烈，思想之鞭辟犀利，精神之不屈不挠，为五四运动留下了一个光辉的注脚。上海工商学报各界在发表的"对外宣言"中尖锐地指出："北京当局者为日人所胁诱，不惜与民意宣战，悍然主张签字。是北京之当局非代表民意之机关，乃代表日本侵略我土地、攫取我国权之事务所也。"于是 6 月 24 日以后，北京外交部接连电告中国代表团：国内形势紧张，人民要求拒签，政府压力极大，签字一事请外交总长陆征祥自行决定。

在这样一个事关中国外交大局的问题上，北洋政府不作出明确决断，而是推给中国代表团自行决定，卖国求荣达到了极点，这自然也把中国代表团推到了极为严峻的困境。

1919 年 6 月 28 日，中国代表团以陆征祥为首，包括代表顾维钧、王正廷、施肇基、魏宸祖，给徐世昌发出拒绝在巴黎和约上签字并辞去代表

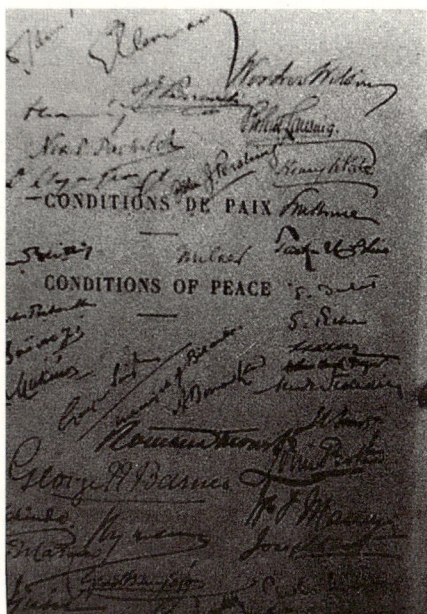

◎其他各国签字的《凡尔赛和约》，由于中国拒签，和约成为一纸空文。

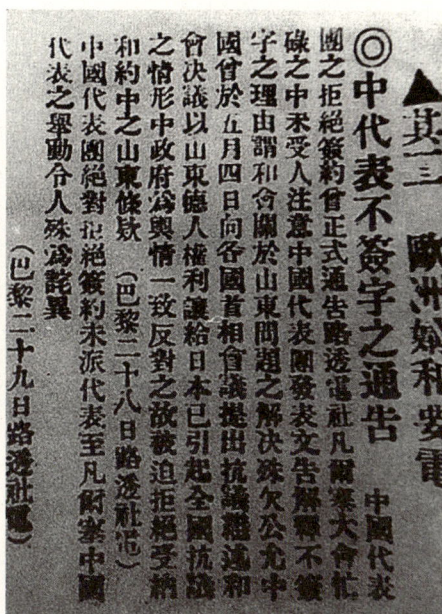

◎出席巴黎和会的中国代表拒绝在《凡尔赛和约》上签字的通告

职务的电报，并通电各参战国家，说明拒绝签约的理由。巴黎和约在凡尔赛宫签字时，中国代表拒绝出席。他们给徐世昌的电文是："和约保留签字，我国对山东问题，自5月26日正式通知大会，依据5月6日祥在会中所宣言维持保留之后，迭向各方竭力进行，迭经电呈在案。此事我国节节退让，最初主张注入约内，不允；改附约后，又不允；改在约外，又不允；改为仅用声明，不用保留字样，又不允。不得已改为临时分函声明，不能因签字而有妨将来提请重议。岂知今午时完全被拒。此事于我国领土完全及前途安危关系至巨，祥等所以始终不敢放松者，固欲使此问题留一线生机，亦免使所提他项希望条件生不祥影响。不料大会专断至此，竟不稍顾我国纤微体面，曷胜愤慨。弱国交涉始争终让，几成惯例，此次若再隐忍签字，我国前途将更无外交可言。内省既觉不安，即征诸外人论调，亦群谓中国决无可以轻于签字之理，详审商榷，不得已当时不往签字。当即备函通知会长，声明保留我政府对于德约最后决定之权利等语，姑留余地。窃惟祥等猥以菲材，谬膺重任，来欧半载，事与愿违，内疚神明，外惭清议，自此以往利害得失殊难逆睹。要皆征祥等奉职无状，致贻我政府及全国之忧，乞即明令开去祥外交总长、委员长及廷、钧等差缺，一并交付惩戒，并一面迅即另简大员，筹办对于德奥和约补救事宜，不胜待罪之至。"

在保留问题上，中国代表无路可走了，唯一的出路就是顺应中国人民的意愿，坚决拒签巴黎和约。顾维钧在回忆这段历史时说："6月28日这一天必将被视为一个悲惨的日子，留存于中国历史上。我暗自想象着和会闭幕典礼的盛况，想象着当出席和会代表们看到为中国全权代表留着的两把座椅上一直空荡无人时，将会怎样地惊异、激动。中国的缺席必将使和会，使法国外交界，甚至使整个世界为之愕然，即便不是为之震动的话。"

中国拒签巴黎和约，令日本政府感到意外，使日本达成全部目的的愿望落空，因为没有中国的签字，它在对德和约中获享的权利就不能合法继承，虽然事实上日本由于对德武装干涉，已经通过军事占领行使了德在山东的特权。

帝国主义列强从中国代表缺席这一事件中，也许看到了中国人民面对殖民统治的大觉醒和大抗争。中国外交虽败犹荣，这是中国人民自鸦片战争以来外交史中所取得的空前胜利。

中国代表拒签《凡尔赛和约》以后，青岛的得失成为全国人民乃至全世界关注的焦点。中国亿万民众形成共识："青岛之去留，非关一隅之利害，实山东一省之得失，中华全国存亡之所系。"

更有部分有识之士，看到了日本的野心，从战略上指出了青岛存亡对中国全局的意义："青岛乃中国北方最良之军港，东与朝鲜隔海相望。南有段派（指皖系）新订之高徐路约（高密至徐州），可胁苏皖。西有胶济铁道，扼津浦路之要瘠；又与日人订立济顺路（济南至河北顺德），将来更可横贯北部，制京汉路（北京至武汉）之死命。北则按约有烟潍铁道，烟台与旅顺相接，旅顺乃日本海军重要根据地，一旦有事，可以直封渤海海口，北京直成死囚，南北之气脉断矣。"故"青岛被占于日本，其危险实万倍于德，""青岛亡，中国必亡。"

因此，中国拒签《凡尔赛和约》为在华盛顿会议赢得青岛主权和山东权益回归杀出了条血路。

第十四章 中国共产党诞生

2021 年 7 月 1 日，是中国人民翘首期盼的中国共产党百年诞辰。

中国共产党从孕育、诞生到成长、发展、壮大，成为世界第一大政党的历程，是五千年中华民族一段伟大的历史，也是世界政党史上的一个传奇。

中国共产党的诞生，有国际原因，也有国内原因。

国际原因，正如毛主席曾经指出的，"十月革命一声炮响，给我们送来了马克思列宁主义"。一些有追求的热血青年在探索和迷茫中拨云见日

◎1917年11月7日，俄国爆发十月革命。11月8日，革命士兵和工人攻占资产阶级临时政府所在地冬宫。

并顿悟：中国要挣脱外国列强的侵略和蹂躏，打倒卖国求荣的腐败政府，非走俄国十月革命之路不可，非建立中国布尔什维克党（共产党）不可。

国内原因，是爆发了轰轰烈烈的反帝反封建的五四运动。传入中国的马克思列宁主义理论与中国这场史无前例的群众运动实践发生时代碰撞，急需要一个能领导中国人民进行不屈不挠斗争的先进政党。于是，第一代数十名中国共产党人推选出 13 名代表汇聚上海，出席中共第一次代表大会——"一大"，中国共产党应运而生。

中国是个优秀的文明古国，但自 1840 年鸦片战争以后，却陷入多灾多难的屈辱境地，国际资本主义和帝国主义势力不断侵入中国，逼迫中国割地赔款、"门户开放"，使中国从一个延续了两千多年封建主义的国家逐步演变成半殖民地半封建国家。中国人民为了反对帝国主义和封建统治进行了前赴后继的斗争，震惊中外的太平天国农民起义、义和团反帝爱国运动和民族资产阶级领导的辛亥革命运动，都相继以失败而告终。这些革命运动失败的根本原因都在于其历史的局限性和阶级的局限性，没有先进革命理论作指导的革命运动难以取得最后的胜利，更难以将中国从黑暗带向光明。

1919 年爆发的五四运动，成为中国旧民主主义革命与新民主主义革命的分水岭，因为在五四运动之后，中国出现了以马克思列宁主义为指导的无产阶级政党——中国共产党。

历史选择了中国共产党，中国共产党创造了历史。

据有关研究资料证明，在中共一大召开之前，中国共产党早期组织成员共有 58 人，在全国建立了 8 个共产党早期组织。

1920 年 8 月建立的共产党上海早期组织有 14 人，他们是陈独秀、李汉俊、李达、陈望道、沈玄庐、邵力子、袁振英、林伯渠、沈雁冰、沈泽民、杨明斋、俞秀松、李启汉、李中，陈独秀担任书记。实际上早期成立的上海共产党组织是各地建党活动的联络中心，起着中国共产党发起组的重要作用。

1920 年 10 月建立的共产党北京早期组织有 16 人，他们是李大钊、张国焘、邓中夏、高君宇、何孟雄、罗章龙、刘仁静、范鸿劼、缪伯英、张太雷、李梅羹、朱务善、宋介、江浩、吴雨铭、陈德荣，李大钊为负责人，成员大多为北京大学马克思学说研究会的骨干。

1920 年秋建立的共产党武汉早期组织有 8 人，他们是董必武、陈潭秋、包惠僧、刘伯垂、张国恩、赵子键、郑凯卿、赵子俊。在武昌秘密召开的会议上，包惠僧被选为书记。

1920 年秋冬之际建立的共产党长沙早期组织有 6 人，他们是毛泽东、何叔衡、彭璜、贺民范、易礼容、陈子博，以新民学会的骨干为核心。

1920 年 12 月建立的共产党广州早期组织有 4 人，他们是谭平山、陈公博、谭植棠、李季。

1920 年年底至 1921 年年初建立的共产党济南早期组织有 3 人，他们是王尽美、邓恩铭、王翔千。

1921 年春，在法国巴黎建立的由留学生先进分子组成的共产党早期组织有 5 人，他们是张申府、周恩来、刘清扬、赵世炎、陈公培。

1921 年 4 月在日本建立的共产党早期组织有两人，成员是施存统、周佛海。

这 58 名中共早期组织成员，历经残酷的革命斗争，经过"大浪淘沙"，其中有 21 人牺牲（包括在革命岗位上病逝），有 16 人因各种原因脱党退党，后来又有 5 人恢复党籍继续参加革命工作，有 8 人被开除党籍，有 4 人叛党。到中国革命胜利时，成为党和国家领导人的有 3 人，他们是湖南小组的毛泽东、巴黎小组的周恩来和湖北小组的董必武。

中国共产党第一次全国代表大会于 1921 年 7 月 23 日至 31 日在上海法租界贝勒路树德里 3 号（后称望志路 106 号，现改兴业路 76 号）召开。

出席大会的各地代表共 13 人，他们是共产党上海早期组织的李达、

◎中共一大会址

李汉俊，共产党北京早期组织的张国焘、刘仁静，共产党武汉早期组织的董必武、陈潭秋，共产党长沙早期组织的毛泽东、何叔衡，共产党广州早期组织的陈公博，共产党济南早期组织的王尽美、邓恩铭，共产党旅日早期组织的周佛海。参加会议的还有共产党武汉早期组织的包惠僧，他是在广州与陈独秀商谈工作期间，受陈个人委派参加一大会议的。

对中国共产党的创立作出重要贡献的李大钊、陈独秀，由于各自在北京和广州的工作脱不开身，没有出席一大会议。

共产国际派出马林（荷兰人）和赤色职工国际代表尼克尔斯基（俄国人）出席了会议。

鉴于当时全国共产党员仅有58人，而且各地共产党早期组织还不健全，中国共产党第一次全国代表大会决定暂不成立中央委员会，先行建立3人组成的中央局，大会选举陈独秀任书记，张国焘为组织主任，李达为宣传主任，党的第一个中央机关由此产生。

7月30日晚，一大会场遭法租界巡捕搜查。经代表们商定，转移到浙江嘉兴继续进行。7月31日，中共一大最后一天的会议在嘉兴南湖一条画舫（红船）上举行，李汉俊、马林、尼克尔斯基、陈公博未出席会议。决定中国命运的中共第一次代表大会最终圆满落幕。

文章写到这里，有一个重要问题需要穿插解释清楚，中共"一大"是1921年7月23日至8月2日分别在上海法租界和浙江嘉兴召开的，为什么建党日被确认为七月一日？这是有历史原因的。"一大"召开成立中国共产党，当时斗争环境很严峻，没有公开进行活动的环境。在大革命时期，中国共产党忙于国共合作、开展工农运动和支援北伐战争，没有条件对其诞生日进行纪念。更可惜的是，因为缺乏档案材料，当事人只记得"一大"召开时间是7月份，但记不清楚确切的开会日期。直到1938年5月，毛泽东在《论持久战》一文中提出："今年七月一日，是中国共产党建立十七周年纪念日。" 1941年6月，中共中央发出《关于中国共产党诞生二十周年抗战四周年纪念指示》的文件中指出："今年七一是中共产生的二十周年，七七是中国抗日战争的四周年，各抗日根据地应分别召集会议，采取各种办法，举行纪念，并在各种刊物出特刊或特辑。"这是中共中央把"七一"作为党的诞生纪念日进行纪念的第一个文件。从此"七一"正式成为党的生日。

在中国共产党第一次全国代表大会上，全体代表讨论通过了《中国共产党纲领》《关于当前实际工作的决议》，这是党的历史上关于党的建设的马克思主义的光辉文献，明确规定"要领导无产阶级进行革命斗争，推翻资产阶级国家机器，建立无产阶级专政，消灭阶级，实现生产资料公有制，最终实现共产主义的目标。"

中共一大的胜利闭幕，开天辟地地宣告中国共产党正式成立，揭开了中华民族五千年来崭新的篇章，从此在中国共产党领导下，中国人民开始了真正意义上的推翻"三座大山"的斗争，并最终取得完胜。

　　这58名中共早期组织成员以及13名中共一大代表，大多是五四运动和新文化运动中的积极分子。

　　在接受五四运动洗礼并坚持革命道路的早期中国共产党人中，毛泽东毫无疑问是最为杰出的代表。

　　毛泽东的远大抱负和精明才干深得李大钊的赏识，李大钊认为毛泽东是"湖南学生青年的杰出领袖。"

　　1918年夏，毛泽东曾为组织湖南学生留法勤工俭学在北京图书馆短暂工作过一段时间。1919年4月6日，毛泽东满怀革命志向从北京回到长沙，经同班同学周世钊推荐，在修业小学担任历史教员。

　　五四运动浪潮席卷全国各地。5月中旬，邓中夏受北京学生联合会派遣来到湖南，详细地向毛泽东、何叔衡等介绍了北京学生运动的情况，并就如何发动湖南学生响应北京的爱国运动交换了意见。

　　5月23日晚，毛泽东邀请何叔衡、陈书农、张国基等几个人，聚集到一师后山操场里，商定通过新民学会会员的活动，发动各学校推举代表，

◎五四运动中记载各地人民"三罢"斗争的部分书籍

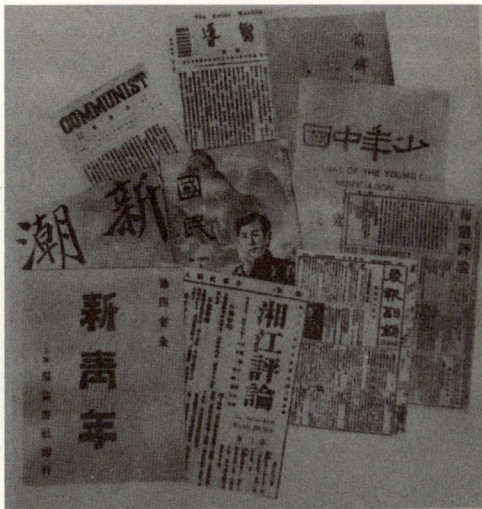

◎五四时期出版的主要进步刊物

于 25 日上午到楚怡小学共商斗争大计。

5 月 25 日，张国基、易礼容、彭璜等 20 余名各校学生代表汇集楚怡小学，毛泽东向大家介绍了邓中夏后，邓中夏通报了北京学运情况。会议最后形成共识：成立新的湖南学生联合会，发动学生总罢课。

3 天后，湖南学生联合会正式成立。长沙 20 所学校的学生统一罢课，并向北京政府提出了拒绝巴黎和约、废除一切不平等条约等 6 项要求。

6 月 3 日以后，全国性的"三罢"斗争给北洋政府以沉重威胁和打击，在全国群众运动强大压力下，北洋政府不得不于 6 月 10 日下令罢免曹汝霖、陆宗舆、章宗祥 3 人。6 月 28 日，中国代表拒绝在《凡尔赛和约》上签字。

五四运动爆发，进步报刊如雨后春笋般创立。

在毛泽东的组织领导下，湖南的学联和工商界采取多种形式进行各种爱国反日的活动。毛泽东和湖南学生联合会还于 1919 年 7 月 14 日创办了《湘江评论》，"创刊宣言"由主编毛泽东亲自撰写，用较大一号字排印，几乎占了整个第一版版面。出版后连续几期都供不应求并加印。

毛泽东在《湘江评论》上发表的最重要的文章，是长篇论文《民众的大联合》，连载于第二、三、四期上。他第一次公开赞颂了俄国十月革命及其影响，详细论述人民必须联合、团结、组织起来以和有组织的统治压迫阶级对抗的极端重要性。

6 月 11 日，陈独秀在北京散发传单时被捕，全国各界立即掀起营救陈

◎毛泽东在早期革命活动中，为马克思列宁主义在中国的传播作出了伟大而卓越的贡献。右图为毛泽东接办的船山学社旧址。左图为毛泽东1919年在湖南领导革命运动时主编的刊物——《湘江评论》。

独秀的运动。毛泽东在《湘江评论》创刊号发表了《陈独秀之被捕及营救》的重要文章，产生了强烈的社会影响。

8月中旬，《湘江评论》刚刚印出第五期，就被湖南督军张敬尧以宣传"过激主义"的罪名查禁停办，湖南学联也同时被强行解散。

之后，毛泽东又应邀主编一个学校学生会的周刊《新湖南》。坚持办刊宗旨：批评社会，改造思想，介绍学术，讨论问题。就像《湘江评论》一样，这份刊物的大部分文章是毛泽东亲自撰写的，篇篇文章都具有很强的战斗力。随后，《新湖南》又被张敬尧封杀了。

毛泽东此后又以长沙《大公报》等报纸为平台，发表了很多文章，继续揭露统治者的黑暗和封建制度的不合理，始终没有停止斗争的脚步。

这些都成为毛泽东革命实践的光辉篇章。

与毛泽东一起参加一大的何叔衡同在共产党长沙早期组织，比毛泽东年长17岁。在湖南第一师范学习期间，何叔衡就结识了年轻的毛泽东，两人虽然年龄相差较大，却建立了深厚的友谊。何叔衡对毛泽东的杰出才华非常钦佩，毛泽东对年长老练的何叔衡也十分尊敬，可谓"毛润之所谋，何胡子所趋；何胡子所断，毛润之所赞。"

1918年，毛泽东与蔡和森、何叔衡等共同创办"新民学会"，何叔衡担任了学会的执行委员长。参加新民学会成立大会的有毛泽东（润之）、蔡林彬（和森）、萧旭东（子升）、萧植藩（子暲）、陈绍休（赞周）、罗璈阶（章龙）、邹彝鼎（鼎丞）、张昆弟（芝圃）、邹蕴真（泮芹）、周名弟（晓三）、陈书农（启民）、叶瑞龄（兆桢）、何瞻岵（叔衡）、李维汉（和笙）。至同年8月，罗学瓒（云熙）、周世钊（惇之）、熊楚雄（瑾玎）、陈昌（章甫）、傅昌钰（海涛）、曾以鲁（星煌）、彭道

◎何叔衡

良（则厚）等相继入会，会员增至 20 余人，当时应该算是全国较大的一个进步团体。

在五四运动中，毛泽东与何叔衡邀请邓中夏来湖南传递运动情况，他们发动学运和工运，给北京学运以支持，给反动当局以打击。1920 年，何叔衡与毛泽东等发起组织俄罗斯研究会，并共同筹建共产党长沙早期组织。

1919 年，五四运动爆发后，何叔衡以极大的热情投入这一斗争，并全力赞助毛泽东以新民学会为核心，组织和推动湖南反帝反封建斗争的不断深入和发展。为开展针对湖南督军兼省长的皖系军阀张敬尧的"驱张"运动，毛泽东力主何叔衡参加了驻衡阳驱张请愿代表团的工作。何叔衡于 1920 年 3 月 1 日到达衡阳后，与代表团成员一道，充分发动和组织群众，举行大规模的集会游行，声讨张敬尧祸湘罪行，还利用驻衡阳直系军阀吴佩孚与张敬尧的矛盾，带领群众向吴请愿，促使吴对张施加压力，终于迫使张敬尧于 6 月 11 日狼狈逃离长沙。所以毛泽东曾称赞他说："叔翁办事，可当大局。"

1921 年 6 月 29 日，何叔衡与毛泽东代表共产党长沙早期组织，参加了 7 月下旬在上海召开的中国共产党第一次全国代表大会。同年 10 月，又与毛泽东共同创建中共湖南省支部，毛泽东与何叔衡任支部委员。

在以后的岁月里，何叔衡为传播马克思主义、开展党的活动，都倾注了极大心力。

1934 年 10 月，中央红军主力长征后，何叔衡奉命留在中央革命根据地坚持游击战争，经受了严峻的生死考验。1935 年 2 月 24 日，从江西转移福建途中，何叔衡在长汀突围战斗时壮烈牺牲，实践了"我要为苏维埃流尽最后一滴血"的誓言，时年 59 岁。

董必武和陈潭秋代表共产党武汉早期组织，出席了中国共产党第一次全国代表大会。

出生在前清一个贫寒知识分子家庭的董必武，18 岁就考取了秀才，因对晚清政府的腐败无能和卖国求荣强烈不满，积极投身辛亥革命，加入了同盟会。辛亥革命虽然把皇帝拉下了马，推翻了清朝统治，但是革命果实却被军阀篡夺，中国人民仍然深受帝国主义和封建主义的压迫，生活在水深火热之中。

董必武怀着失落的心情从日本回国后，又被讨伐袁世凯和反对北洋军阀的斗争重新唤起斗志，但历经艰辛却始终看不到胜利的曙光。

俄国十月革命胜利后，董必武被马克思列宁主义所吸引和熏陶，他潜心研究俄国十月革命的经验，研读马克思列宁主义著作，从而认清了中国要摆脱帝国主义和封建主义的压榨，旧民主主义道路是万万行不通的，"必须走列宁的道路"，必须建立中国布尔什维克（共产党），才会取得真正意义的革命胜利。

五四运动爆发后，董必武被人民群众排山倒海的怒潮所激励。5月8日，他和张国恩主持湖北善后公会，全力声援五四运动，并致电湖北省议会、教育会、武汉商会、汉口各团体联合会，一针见血地指出："外交失败，败亡间不容发，请亟起主张严惩卖国党，急电巴黎专使拒绝签字，并要求列强主持公道以图挽救。"

为了深入开展更大规模的斗争，董必武频繁会晤湖北各界来沪的人士，弘扬五四精神，声援北京学运。

1920年秋，在武昌抚院街（今民主路）97号董必武寓所（也是张国恩的律师事务所），董必武秘密召集包惠僧、陈潭秋、张国恩、刘伯垂等人，传阅了刘伯垂从上海带回的陈独秀等起草的《中国共产党党纲（草案）》的手抄本，还介绍了共产党上海组织成立的情况，决定成立共产党武汉早期组织，取名为"共产党武汉支部"。会议推选包惠僧任书记，陈潭秋负责组织，张国恩负责财务。

在以后的几十年里，董必武在党的领导下，以伟大马克思主义者的精深的理论修养和求实的革命精神，为中国新民主主义革命、社会主义革命和社会主义建设事业，作出了多方面的、杰出的贡献。

北京五四运动爆发后，迅速波及湖北各地。陈潭秋表现出极大的热情和战斗精神，他与恽代英一起组织武汉学生联合会，鼓动武昌高师英语部同学上街游行示威，陈潭秋走在游行队伍的最前头，并被推选为武汉学生代表之一到上海联络各地学联。

1919 年 6 月中旬，作为武汉地区五四反帝爱国运动主要领袖之一的陈潭秋，随武汉学生代表团去上海参加全国学生联合会成立大会，受到了更大的激励和鼓舞，斗争意志更加坚定。

同年 6 月底，陈潭秋来到湖北善后公会与董必武会晤。两人虽然相差 10 岁，但一见如故，相见恨晚。两人由于对十月革命和五四运动两大国内外事件的高度共识走到了一起，从此志同道合，结下了深厚的革命情谊。

经董必武介绍，陈潭秋进一步接受了马克思列宁主义和共产主义。之后，陈潭秋担任了湖北人民通讯社记者，并到董必武主持的武汉中学兼任英语教员，该校后来成为湖北建党的发源地。

1921 年 7 月，陈潭秋同董必武一起去上海参加中共一大，会后在中共武汉区委分管组织。他以教师身份为掩护，到女子师范发动学生反对封建式的管教，主张剪发、读新书。女师学潮中的骨干徐全直随后参加了共产党，并与陈潭秋相爱成为夫妻。

◎陈潭秋

1939 年 9 月，陈潭秋任中共中央驻新疆代表和八路军驻新疆办事处负责人。1942 年夏，盛世才公开走上反苏反共道路，党中央同意在新疆工作的共产党员全部撤离。陈潭秋把自己列为最后一批。1942 年 9 月 17 日，陈潭秋被捕。敌人对他施以酷刑，逼迫他"脱党"，被他严词拒绝。1943 年 9 月 27 日，陈潭秋被秘密杀害于狱中。一起牺牲的还有毛泽民、林基路等中共党员。在中共第七次代表大会上，因消息阻隔，毛泽东等中共领导人还没有获知陈、毛、林等牺牲的消息，大会仍选举陈潭秋为中共第七届中央委员会委员。由此可见党中央对陈潭秋的重视。

王尽美和邓恩铭代表共产党济南早期组织，出席了中国共产党第一次全国代表大会。

中共一大以后，王尽美等人主持建立了中共济南地方委员会，王尽美担任书记，在全省各地发展党员，建立党团组织，发动学生运动和工人运动，因积劳成疾在 27 岁时英年早逝。邓恩铭则在 30 岁时被敌人残酷杀害。作为中共山东地方党组织最早的缔造者和领导者，王尽美、邓恩铭无愧为伟大的无产阶级革命家，其伟业名垂千古。

王尽美出生于今山东省诸城市枳沟镇大北杏村（时属莒县）一个贫穷的佃户家庭，他在饥寒交迫中长大，对所遭受的剥削和压迫深恶痛绝，也坚定了了他走向革命的信念。

1916 年春，讨伐袁世凯的中华革命军东北军马海龙支队占领诸城，这里是王尽美的老家，他联络一些人前去慰问支持。得知袁世凯指使山东督军派先头部队到达大北杏村攻打革命军的消息后，王尽美及时报告革命军。革命军连夜出击，歼敌 30 多人，给政府军以沉重打击。这年王尽美只有 18 岁。

1918 年 7 月，王尽美考入济南山东省立第一师范北园分校

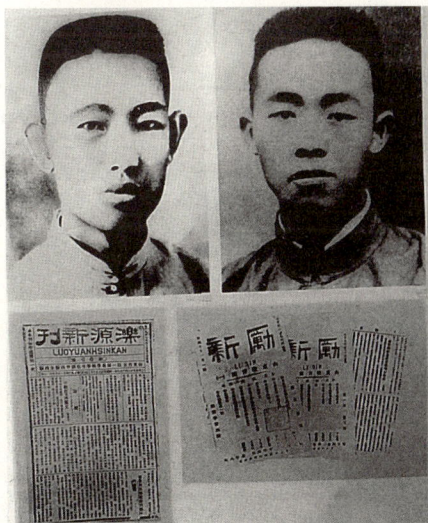

◎中共一大代表王尽美（左上）、邓恩铭（右上）积极参加五四运动，宣传马克思主义，为中共山东、青岛党组织的建立作出重大贡献。下图为他们创办的《励新》杂志和发表的文章。

预科班学习一年，翌年升入本科第十一班。在这里，王尽美得以博览群书，思想更加成熟。

1919年5月4日，北京爆发了反帝反封建的五四运动。王尽美一直关注中国主权问题，积极参与到济南的抗争运动中。

王尽美和同学们走出校门加入集会、游行、罢课队伍，他身先士卒，胸前斜披书有"还我河山"大字的白布条，站在群众中间慷慨陈词。

5月23日，济南学生联合会组织领导济南中等以上21所学校举行总罢课。王尽美起草《罢课宣言》。

6月9日，王尽美出席了山东省议会召开的济南各界人士大会和在一师召开的学联会议，立即投入到"三罢"的组织和发动工作中去。

10日，济南掀起"三罢"热潮，山东当局被迫接受电请北京政府惩办卖国贼、拒绝签字、释放学生等要求。

王尽美还和一师的进步学生共同创办《山东省立第一师范学校周刊》，以"唤醒同胞，协心戮力以救亡"。王尽美参与起草的创刊号发刊词写道："吾等罢课，纯属救国，吾等救国，纯本良心。不忍坐视国家之沦亡，故振臂高呼，反帝救国，盟天日而誓山河，勿持心不决而犹豫从事。"

6月上旬，王尽美等又组织一师与济南各校学生开展了抵制日货的斗争。他们重新调整了学生组织，并组成23人的评议会。学生们号召"不买日货，不穿洋布，不坐汽车，不乘日本管辖的胶济铁路火车。"并分组到城关、商埠和市郊商店稽查日货。

五四运动在济南形成高潮以后，王尽美响应济南学联发出的"外籍学生回各县开展运动"的号召，跟几个学生骨干一起回到了家乡诸城，把抗争的烽火烧到山东各地。

为了更广泛地发动群众，他亲自动笔，利用《长江歌》的曲调，填上新词，亲自教导群众演唱，歌词是："看看看，滔天大祸，飞来到身边。日本强盗似狼贪，硬立民政官，此耻不能甘。山东又要似朝鲜，攫我祖国，攘我主权，破我好河山。听听听，山东父老，同胞愤怒声。送我代表赴北京，质问大总统！反对卖国廿一条，保护我山东。堂堂中华，炎黄裔胄，主权最神圣。"

与王尽美并肩作战的邓恩铭是贵州荔波人，水族。

1918 年，邓恩铭经在山东任职的亲戚资助，考入济南省立第一中学，其间阅读了许多进步刊物，开始接触了解马克思主义等先进思想。

在五四运动爆发后，邓恩铭立即呼应北京学生爱国行动，组织领导济南各学校学生参加罢课运动，被选为学生自治会领导人兼出版部部长，主编校报，相当活跃。他与王尽美积极组织学生抵制日货，反对卖国条约，成为宣传、演讲、罢课、游行的带头人。

◎1923年，邓恩铭来青岛开展党的工作，于1924年成立中共青岛组。图为中共青岛组旧址——四方区海岸路18号。

五四运动爆发前，邓恩铭就喜欢读《新青年》刊发的文章，受益匪浅。

五四运动爆发后，邓恩铭将追求和理想付诸实践，积极投身到爱国运动浪潮中，他同济南省立第一师范的学生领袖王尽美一见如故，结为亲密无间的革命战友。

邓恩铭奔走在济南城内外宣传革命思想，在群众中演讲，积极组织学生联合大会，参加学生总罢课，还组织学生到日本领事馆示威抗议，带领群众包围并捣毁支持军阀政府的《昌言报》。这个贵州小伙子成为济南学生运动的带头人。

1920年11月21日，邓恩铭与王尽美等组织进步团体"励新学会"，满腔热情介绍俄国十月革命和马克思列宁主义，抨击中国当今社会现状。邓恩铭被选为学会领导成员之一。学会出版了以介绍新文化、新思想为宗旨的《励新》半月刊。邓恩铭不断在《励新》半月刊上发表文章，介绍俄国十月革命，揭露社会黑暗，抨击旧礼教、旧教育等社会现状。

1921年春，邓恩铭和王尽美等在马克思主义研究会的基础上参与发起建立共产党济南早期组织，均担任小组的负责人。

同年7月，邓恩铭与王尽美代表共产党济南早期组织，赴上海出席中国共产党第一次全国代表大会。年仅20岁的邓恩铭是唯一的少数民族代表。

1921年9月，邓恩铭又同王尽美等发起建立济南马克思学说研究会，会员发展到五六十人。在中共中央代表的帮助下，邓恩铭建立了中共中央直属的中共济南地方委员会，任支部委员。之后不久，邓恩铭来到青岛创建青岛党团组织，在中共山东省委的领导下，积极从事党的组织、宣传工作和工运工作。

1928年12月，邓恩铭在济南被捕，后组织越狱失败，壮烈牺牲。

陈独秀和李大钊是中国共产党的主要创始人，但都没有出席中共一大这次重要会议，是因为当时职务在身，公务繁忙。

陈独秀是新文化运动的发起者和代表人物，是史无前例伟大的五四运动的"总司令"，是俄国十月革命经验和马克思列宁主义的积极传播者，是中国共产党最主要的创始人。

1915年9月15日，陈独秀创办《新青年》杂志，并亲自撰写发刊词《敬告青年》。《新青年》的创刊是新文化运动兴起的标志，《敬告青年》一文则成为新文化运动的宣言书。

1917年俄国十月革命后，陈独秀和李大钊等积极研究马克思主义，在《新青年》杂志上热情宣传共产主义，教育和鼓舞了一代青年人。

1918年，陈独秀和李大钊创办《每周评论》，提倡新文化，宣传马克思主义，成为当之无愧的"新文化运动"的主要领导人。

陈独秀在五四运动中的表现，大显群众领袖的风范。他的许多文章高瞻远瞩，

◎陈独秀

◎《新青年》杂志

立场坚定鲜明，观点深刻犀利，尤其在《每周评论》上连续3期出版了《山东问题》专号，详细报道了北京学生爱国运动，顺势推动了全国运动向纵深发展。陈独秀接连发表了《山东问题与国民觉悟》《北京市民宣言》等"重磅炸弹"，为运动发展指明了方向。

陈独秀以大无畏的精神置身运动之中，到群众中去演说，还亲自到闹市散发传单。6月11日，他在前门外新世界游艺场散发《北京市民宣言》时，遭便衣警察逮捕，被关押监狱3个月，《每周评论》也遭军阀查封。全国声援释放陈独秀，各界、各省纷纷函电，学界有69人署名保释陈独秀，

◎中国共产党北方首领李大钊

在各方的压力下，陈独秀恢复了自由。

时隔 26 年，毛泽东在中共七大预备会议上作七大工作方针讲话时感慨地说："五四运动有中国最觉悟的分子参加，当时觉悟分子有陈独秀、李大钊……是代表左翼的。"陈独秀"是五四运动时期的总司令，整个运动实际上是他领导的。他与周围的一群人，如李大钊同志等是起了很大作用的……我们是他们那一代人的学生"。

陈独秀对中国共产党的建立是有独特贡献的。1920 年，他在共产国际帮助下，首先在上海建立了中国共产党早期组织，还给多地写信组建共产党早期组织，倾注了大量心血。在上海举行的中国共产党第一次全国代表大会上，他虽然没有出席会议，却凭借他的威望和能力被选为中央局书记。之后，陈独秀又连续当选中共第二、第三届中央执行委员会委员长，第四、第五届中央委员会总书记。

李大钊从一个宣传民主主义思想的热血青年迅速转变成一个坚定的马克思主义者，一是深受俄国十月革命成功的鼓舞，二是经历了史无前例五四运动的战斗洗礼。他高举革命火炬一路走来，成为中国热心传播和勇敢捍卫马克思主义的第一人。他明确指出，中国只有走十月革命的道路，才能获得解放和新生。他积极投身创建中国共产党的伟大事业，认定只有中国共产党才能救中国，为此鞠躬尽瘁，死而后已。

李大钊为在中国传播马克思主义竭尽全力，他先后发表了《法俄革命之比较观》《庶民的胜利》《布尔什维克主义的胜利》《新纪元》等一系列重要文章，对俄国十月革命的伟大胜利给予热情歌颂和高度评价，力主中国人民沿着十月革命胜利的道路前进。1919 年，李大钊在陈独秀主编的

《新青年》杂志上发表了《我的马克思主义观》，比较系统地介绍了马克思主义的三个组成部分，在全国范围内产生了很大的影响。

李大钊是个高瞻远瞩的革命家，在五四运动爆发前夕的 1919 年 5 月 1 日，他帮助《晨报》副刊出版了"劳动节纪念专号"，撰写并发表了《五一节杂感》，这是在中国报纸上第一次理直气壮地纪念世界无产阶级的节日。李大钊把五一劳动节称赞为工人阶级"直接行动"取得成功的日子，而且多次在文中提到"直接行动"，含要以革命的直接行动达到革命的直接目的之意。他还强烈号召"知识阶级与劳工阶级打成一气"，这为随即而来的五四革命风暴吹响了号角。

李大钊作为五四运动的直接指导者和直接参与者，他的预言迅速应验，到 6 月 3 日，五四学生运动转化为势不可挡的全国"三罢"斗争，工人阶级登上了政治的舞台，左右了斗争的形势，很快取得了重大胜利。

1919 年 6 月 11 日，陈独秀、李大钊等亲自到北京城南游艺园和"新世界"等地向群众散发《北京市民宣言》。

◎1920年3月，李大钊组织的北京马克思学说研究会部分成员合影

◎陈独秀、李大钊创办的《每周评论》，五四期间连续三期刊登"山东问题"文章。

◎五四积极分子缪伯英（右二）在五四运动中创办北京女子工读互助团，于1921年成为我党北方区第一个女党员。

◎中国的妇女运动先驱郭隆真烈士（1894—1931），回族，五四运动时创建天津女界爱国同志会，1931年在青岛任市委宣传部部长时被捕，同年在山东济南英勇就义。图左一为五四时期的郭隆真。

　　李大钊同志是中国共产主义的先驱、伟大的马克思主义者、杰出的无产阶级革命家、中国共产党的主要创始人之一，为建立中国共产党，李大钊和陈独秀紧密合作成为先行者。

　　1920年，两人首先酝酿组建中国共产党，并发起组织马克思学说研究会。继陈独秀于同年8月率先组建有14人参加的共产党上海早期组织，李大钊紧随其后于同年10月组建有16人参加的共产党北京早期组织，是全国7个共产党早期组织中两个最大的组织。

　　1921年7月下旬，中共一大在上海召开，李大钊因校内同仁生计需他解决，未能赴会，但这并没有削弱李大钊在党内的重要影响力。

　　在随后的6年多中，李大钊为中国共产党的发展、国共合作和共产国际运动作出了重要贡献。

1927 年 4 月 6 日晨，北京军警在东交民巷使馆区的外国守军的协助下，突袭苏联大使馆，逮捕李大钊等人。李大钊在狱中受到非人折磨，誓死不低头，惨遭杀害，时年 38 岁。

五四运动之后，一批又一批共产党人脱颖而出。中国共产党成立后，共产党员像雨后春笋般涌现。历史雄辩地证明：俄国十月革命和中国五四运动催生了中国共产党。马克思列宁主义传入中国，受到中国先进分子的追捧和传播，成为中国共产党建党立党的指导思想。五四运动为中国共产党培养了首批建党干部，开创了中国共产党新纪元。

第十五章

山东悬案被受理

巴黎和会后，远东及太平洋地区成了帝国主义列强关注的焦点。为了获取海上优势，日本和美国在扩展海军方面展开了规模空前的军备竞赛。英国也被卷了进来，太平洋上并不太平。大战以来日本的扩张，成了美国的心腹之患。

1920年2月，美国总统大选结束，共和党候选人哈丁以绝对优势当选美国总统。哈丁是在美国笼罩着孤立主义情绪时当选的，但无论当时的孤立主义情绪多么浓厚，美国在国际政治和经济中所卷入的程度已经不允许美国置身事外、自由自在了。《凡尔赛和约》有关远东及太平洋地区的秩序安排并没有体现美国人的意愿，已经走上世界舞台的美国必然要按照自己的意愿来重塑远东及太平洋地区的秩序，于是千方百计想遏制日本的扩张势头，维持其一贯的门户开放政策和国际利益。因此，哈丁正式走马上任后的第一件事就是兑现在竞选时许下的诺言，捞回美国在巴黎和会上失去的利益，决定召集一次新的国际会议，讨论限制海军军备竞赛和由于山东问题久悬未决而日趋严重的远东及太平洋问题，确立以美国为主导的国际新秩序。

一战之后，老牌的殖民帝国英国元气大伤，加上借了美国大量外债，在经济上有求于美国，迫切需要发展同美国的外交关系，从中谋求更多的利益。英国了解到，美国参议院拒绝批准《凡尔赛和约》，而《国际联盟盟约》是《凡尔赛和约》的第一章，因而美国不能加入国联，这就使国际形势处于不稳定的状态。英国在权衡利弊之后，就采取了"除此之外疏日近美"的战略转移。英国打算终止英日同盟，这也是英联邦等国所迫切盼望的，更是美国求之不得的。英日同盟的终结会使英国重新调整在远东及太平洋地区的外交政策。所以，当华盛顿向英国发出参加国际会议的邀请后，英国政府决定支持美国，由美国来敲定日期、地点及出面邀请，并有意请中国参加会议。

法、意两国因在远东牵涉利益不大，且经济上有赖于美国，说不定这次会议上还能分一杯羹，何乐而不为呢?

只有日本心怀鬼胎，忐忑不安，很清楚这次会议意味着什么。日本自巴黎和会之后，已发现自己由于在和会中的桀骜不驯，引来了许多麻烦。面对世界新的形势，日本不敢再一意孤行，在中国问题和太平洋地区形势问题上不得不准备与华盛顿达成某种谅解。但是，日本政府仍然鬼迷心窍，想把华盛顿会议的议事日程局限于裁减军备，担心把山东问题提交华盛顿会议上公决等于把到嘴的佳肴再吐出来。日本驻美大使将各国与会情况转达给日本政府，日本政府立刻意识到，在他国已纷纷表示与会的情况下，如果日本生硬地拒绝，将陷入非常孤立的境地，给美国或中国造成更多的发难机会，遂决定接受美国的建议，无条件承诺参加会议，并对外宣布，日本政府将于华盛顿会议开幕前，将山东无条件交还中国，同时撤回派往西伯利亚的军队，企图化被动为主动，争取国际舆论同情。

日本的"高姿态"，只为了换取美国的一个表态:不将山东问题列入华盛顿会议的讨论之列。对此，美国给日本一个模棱两可的回复:"如果日本政府能在华府会议开幕前解决山东问题，并能使有关各国及美国满意，山东问题可以不提交会议讨论。"这一答复是带有前提的，是要日本在会前就此问题作满意的解决。要解决，就必须谈判。

中国政府则声明：先继续在北京交涉，如在华盛顿会议召开之前谈判没有完成，则两国应在华盛顿协商。中国这种缓兵之计一直沿用到华盛顿会议开幕。

由于日本并不真心实意在华盛顿会议召开之前将青岛主权和山东权益交还中国，其计谋不攻自破。山东问题只能拿到华盛顿会议上解决了。

中国外交在巴黎和会遭到失败后，北京政府陷入内外交困之中，在进与退的煎熬中期待着山东问题出现转机。

中国盼望的契机，终于在华盛顿会议（又称太平洋会议）即将召开时出现了。

1921年8月13日，美国政府训令驻华代办芮德克，正式邀请中国政府与会，北京政府迅速作出反应。

中国政府为出席会议全力以赴。8月18日，外交部成立了"太平洋会议筹备处"，由外交总长颜惠庆负责。经过反复权衡，决定由施肇基、顾维钧、王宠惠为华盛顿会议的全权代表。中国代表团组成规模之庞大令人惊讶，总人数多达130人，这一规模使出席巴黎和会仅40人的中国代表团相形见绌。代表团成员中不仅有外交部直接指派的，还有各部委派的，并有一批以种种名义在代表团中做辅助工作的重要中国政府官员。

◎参加华盛顿会议的中国全权代表顾维钧（驻英公使、左一）、施肇基（驻美公使、左二）、王宠惠（大理院长）

华盛顿会议对于中国显然是很重要的。中国的主要对手是日本。举国上下对华盛顿会议寄予极大期望，忧国忧民者无不翘首以待，盼望华盛顿会议能解救中国时局，带来和平，使国家能够得到发展。这时，日本政府还想动摇中国政府和中国人民的信念，由驻华日使小幡向中国外交部提出交还青岛节略九条（又名《山东善后处置大纲》），在形式上略作让步，企图诱使中国与日本直接交涉。并令驻欧洲各国日本使馆全部送报刊登载，借国际舆论迫使中国同意直接交涉。中国始终坚持不与日本直接交涉的立场，对日方提出的九条进行驳复（其中第四、第八条无需驳复）：（1）胶澳之德人租借权，因中国对德宣战时业已取消，当然为无条件之交还。（2）胶澳开放中国早经宣言，无设居留地之必要。其余内地开埠，应由中国自由选定。农业不许外人经营，外侨于德人手中正当取得之既得权利，应予维护。此外违约霸占者，不能承认。（3）胶济铁路须完全归中国管理，矿山应依中国矿章办理。（5）济顺、高徐两路，中国可与国际财团商办。烟潍不能援例。（6）胶海关应按照关章与其他税关同等办理。（7）日本果以诚意还付官有财产，应包括官有、半官有、市官有、公有一切在内。（9）撤兵与归还胶澳系属两事，自应另案先办。路警当由中国派遣。

中国的驳复，令日本政府无可奈何。山东问题提交华盛顿会议已是大势所趋。

经过紧张的筹备，华盛顿会议于 1921 年 11 月 12 日正式开幕。

会议地址选在美国国会大厦。整个大厦修葺一新，乳白色的尖顶直刺蓝天。

当日上午 9 时，参加

◎太平洋会议（华盛顿会议）会址外景

◎1921年11月12日，华盛顿会议开幕。图为会议开幕会场。

◎出席华盛顿会议的各国代表会前合影。自左至右分别为：荷兰全权代表、中国全权代表施肇基、英国全权代表倍尔福、美国全权代表休斯、法国全权代表、意大利全权代表、比利时全权代表、日本全权代表德川公。

　　会议的9国代表相继步入会场。会场分为上下两层，主席台设在下层中央，呈U形，各国的全权代表在主席台前排就座，随员后排就座。中国全权代表施肇基、顾维钧、王宠惠3人全部出席，顾问、咨议、专门委员、秘书厅人员共40人列席旁听。

　　美国总统哈丁在开幕式上发言，宣布会议的宗旨是裁军。退席后，按照国际惯例，大会推选东道主美国代表团团长休斯为主席。休斯在会上宣布，裁军问题与太平洋远东问题同时分组讨论。华盛顿会议分为两个会场，主会场讨论限制军备问题，由美、英、法、意、日5个主要国家参与；分会场处理有关远东及太平洋的问题，由所有与会代表团参加。

　　对于中国如何与会，美国作了精心构思和安排。美国先劝中国不参加主会场裁减军备的讨论，要求中国集中精力致力于远东及太平洋问题的讨论；针对中国和日本在山东问题上直接交涉的矛盾，美国运用手中的筹码，最后作出了在远东及太平洋会议的"边缘"进行会谈的巧妙安排。所谓"边缘"会谈，即在远东及太平洋会议会场之外，另行组织中日山东问题的谈判，并由美、英各派观察员列席会议，观察以及必要时出面调停纠纷，弥合分歧，以此来迁就日本把会谈与华盛顿会议分开的意见。

中国非常盼望趁华盛顿会议召开的机会彻底解决山东问题，要求国际上确保中国的安全，承认中国与世界其他国家的平等地位。换言之，中国政府和人民最关心的两个主要问题，一是马上解决山东问题，二是立即废除那些不平等条约，尤其是日本强加在中国头上的不平等条约，以免受日本在中国大陆推行领土扩张和经济渗透政策之害。

华盛顿会议究竟能否解决山东问题，中国外交能否取得胜利，人们拭目以待。

无疑，中国拒签《凡尔赛和约》在国际社会引起了强烈反响，人们惊异地看到了中国改写弱国无外交历史的开篇。在北京，美、英、法的公使请求中国政府采取措施，改变他们相形见绌的窘境。所谓窘境，是他们纵容日本所品尝到的苦果。中国的答复是，请他们与日本交涉，说服日本确定归还青岛的确切期限。这时，敏感的外交官们都已感到，解决山东问题的重心已渐渐由巴黎转向北京。

这个转移，迫使日本不得不正视其极力回避的现实：一纸和约，平复不了"鲁案"的创痛，在结痂的表皮之下，已隐伏着被时间扩散的更大创面。日本在巴黎胜利的狂热中沉醉不久，就沮丧地意识到：没有中国的签字同意，日本在《凡尔赛和约》中获享的权利就不能合法继承，尽管在事实上日本已经通过军事占领行使了对青岛和山东权益的攫取。日本当然急于在巴黎得到各国对其接替德国在山东地位的承认，非但如此，它还亟盼中国接受和约，以便取得中国对其享有的特权的同意。但中国的拒签改变了一切。从某种意义上讲，从巴黎之夜坠落的不光是中国梦，还有一个日本梦。

5月的东京，已是落英缤纷。日本首相原敬正在帝国殖民事务大会做落帷前的即席演讲，台下坐满了内阁阁员和日属殖民地首脑人物。当时，日本驻青岛守备军司令官由比光卫也在台下聆听，他调动每一根神经悉心捕捉原敬首相唇髭间迸射出的枪弹般的字眼：……山东问题坚持中日直接交涉，要有决心和毅力贯彻到底，不能因为此一时彼一时作任何权宜性的变更……原敬的声音沉稳而迅疾，在台下掠起一阵疯狂的旋风……

这是日本政府首脑第一次公开关于"鲁案"谈判的观点，原敬的这段话被当作"国策"写进帝国殖民事务大会决议。

不久，日本驻中国公使在东京东亚同文会的一次演说中，把原敬在"东方会议"上公之于众的"国策"作了淋漓尽致的发挥，他说他毫不担心帝国会因为"鲁案"谈判而放弃青岛。日本为了谋求对远东这块殖民地的永久占领，宁愿以放弃满蒙和西伯利亚为代价，也决不放弃青岛、山东。他就是后来在中日交涉中充当日方领衔人物的小幡酉吉。原敬把中日"鲁案"谈判全权的责任压到小幡头上，这是小幡受命后的第一次公开亮相。

在原敬和小幡轮番鼓簧的时间差里，出现了一段饶有趣味的"画外音"，顿使日本人彩排"鲁案"谈判的外交前奏不那么"和谐悦耳"了。

1920 年 5 月 20 日，德国政府代表卜尔熙和北京政府外交总长颜惠庆正式签订中德协约，协约声明：凡因与中国订立 1898 年 3 月 6 日之条约（即胶澳租借条约）及其他一切关于山东省之文件而获得之一切权利、产业权、特权放弃之。随后，卜尔熙代表德国政府签发了声明文件，正式宣布：青岛从 1921 年 5 月 20 日起，将不再是德国租借地。虽然从 1914 年日本军事占领青岛之后，"德国租借地"实际上已经名存实亡了，但这一纸协约，使得日本外交迈向"直接交涉"之路变得不那么平坦了。

在度过了最初的尴尬和窘困之后，为了略示"诚意"，小幡于 9 月放出一只"友善气球"：撤去胶济铁路沿线军队。但仅隔一个月，"友善气球"瘪气了：日本以换防为名，在胶济铁路沿线增派军队。

不久，小幡公使又向北京政府提出山东善后处置案，表示日本将归还胶州湾租借地，中国将其辟为商埠，山东省内适当都市也效仿青岛开为商埠以及山东铁路矿山由中日合办，云云。

撤警、增兵、提案；拉拉、打打、拉拉……波诡云谲，扑朔迷离，但日本政府万变不改其宗，处心积虑诱迫北京政府坐下来谈判。

处置案只不过造成一种幻觉，而幻觉不能代替活生生的外交现实。8月，美国发起华盛顿会议，并邀请中国出席。处置案的出台，只不过是为了把山东问题阻于华盛顿会议之外。

远东及太平洋问题委员会于 11 月 16 日召开第一次会议，中国全权代表施肇基提出了领土保全、主权独立、门户开放、机会均等、相互平等、相互尊重等十大原则，成为讨论远东及太平洋问题的基础。

中国的大会提案激起强烈反响。美国国内的各大报纸对此进行了报道，一致表示同情和赞美，认为中国提案"于太平洋及东方全局之情景，可开肃清之路"。法国总理称赞中国提案甚佳，如果中国有求于法，法将竭力相助；葡方代表则认为中国代表的提案很稳健；日本代表则以这样的原则不发于美国，而由中国提出，颇为惊奇。美、英两国代表对中国代表的提案予以肯定。

中国坚持山东问题必须纳入华盛顿会议讨论、决不与日本直接交涉的外交努力首战告捷。日本在无法抵挡山东问题提交华盛顿会议讨论后，争取美、英支持将山东问题在华盛顿"边缘"会议上解决，也算保住了一点面子。

在大会召开期间，中国代表团全权代表做了明确分工，施肇基负责撤军及撤销和移交外国邮局问题；顾维钧负责租借地问题、势力范围问题、关税问题、山东问题以及废除或修改不平等条约问题；王宠惠负责收回外国租界、废除领事裁判权，这个问题包括了中国的新法典和中国法庭的组织等。

中国代表为了应付谈判的需要，在内部不断地召开两种会议，一是全权代表会议，以中国政府总的指示精神为基础，来决定方针、政策和在大会上应采取的态度；二是代表团会议，一般参加者有全权代表、高等顾问及其参谋、技术专家、秘书长及秘书。有时还召开全体会议，主要目的是通过有关事宜，给技术专家分派工作，以及召集大家征求意见等。

代表团成员人尽其用，技术专家作用很大，精通英语的人最为需要，精通中文、熟悉中国时局的则在起草中国政府的函电中出力不少。有许多各部门选派的专家，比如交通部和司法部的专家，就分别负责处理铁路和治外法权问题。另外还有来自海军部和陆军部的专家。代表团的大部分工作人员是外交部委派的，也有一些是从当地补充的，他们都发挥了积极的作用。

在太平洋及远东问题委员会预备会上的一般性讨论之后，会议组成了不同的专题委员会，各个专题委员会的成员们讨论得非常紧张，有时甚至很激烈。中国代表团主张在首先设法解决山东问题外，还应该解决一些其他问题，使远东问题的会议能名副其实。尽管中国提出的问题相当全面，但在决议中除了撤退外国军队和撤销外国邮局的问题外，对于重定关税率、取消治外法权，以及一些其他问题委员会均未承担义务，他们不是强调问题太复杂，就是强调需要到中国实地研究，所以一些重大复杂问题就搁浅了。

会议集中于山东问题的讨论也是相当艰难。胶济铁路是中日双方最为

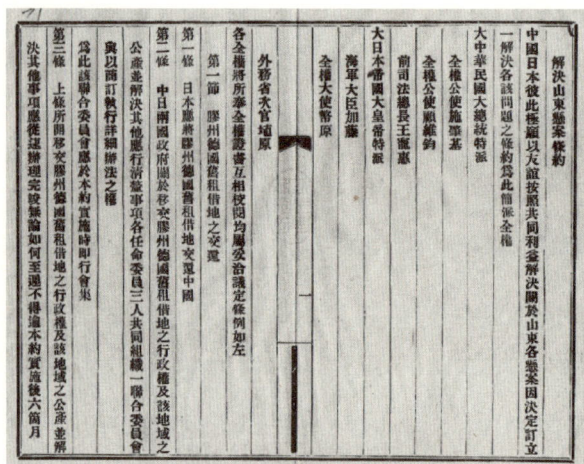

◎1922年2月4日，参加华盛顿会议的中日双方代表签署了《解决山东悬案条约》。该条约共11节28条，另有附录6项。4月29日和5月23日，中国政府和日本政府分别批准了该条约。6月2日，中日双方在北京互换文本，条约随即生效。图为《解决山东悬案条约》校正本。

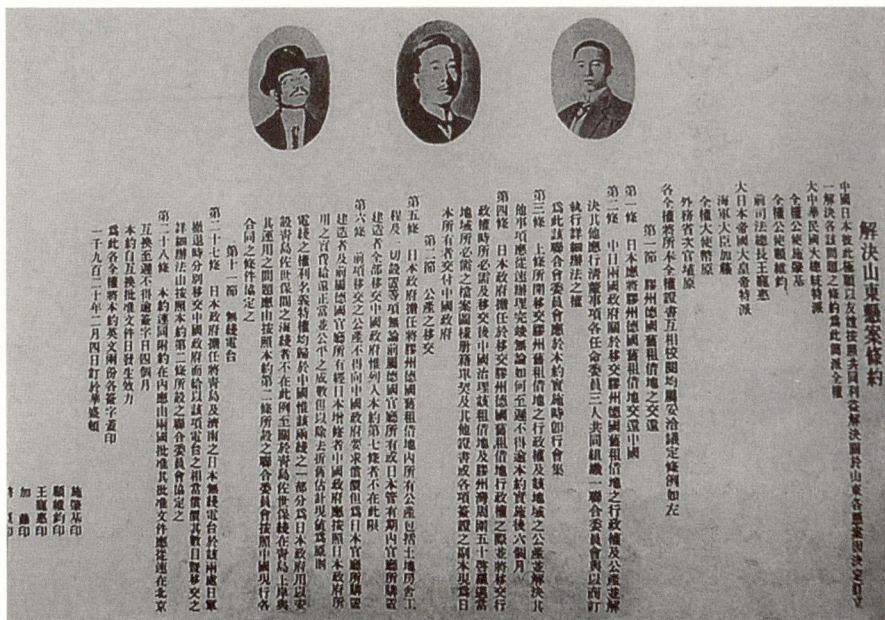

◎1922年2月4日，中日代表在华盛顿签订《解决山东悬案条约》，规定将青岛主权交还中国。上图为中国代表（左起）王宠惠、施肇基、顾维钧。下图为《解决山东悬案条约》全文。

重视的问题，日本对铁路的态度很强硬，他们蛮横不讲理地提出，在一切有关铁路利益的问题上，只消把日本当成德国的接替者就行了。然而在中国代表的猛烈抨击下，日本代表币原无法捍卫日本做接替者的地位，因为铁路已经修好，已在运营了，日本从中赚到了巨大利益。在以后的辩论中，就采取什么样的方式从日本手中赎回胶济铁路以及怎样安排管理铁路的实权人物问题，中日间争论得很激烈。

华盛顿会议从1921年11月12日一直开到1922年2月6日，历时近3个月。经过各方努力和反复谈判，中日双方终于在1922年2月4日签订条约。签约的文本共3项，除了《解决山东悬案条约》28条之外，还有附约6条和协定条件16条。主要内容包括德国租借地、德国所占的公产和青岛海关、青烟、青沪海底电缆交还中国；胶济铁路、青岛盐厂和青岛、济南的电台由中国赎回；矿产由中日合办；日本于6个月内撤兵等。

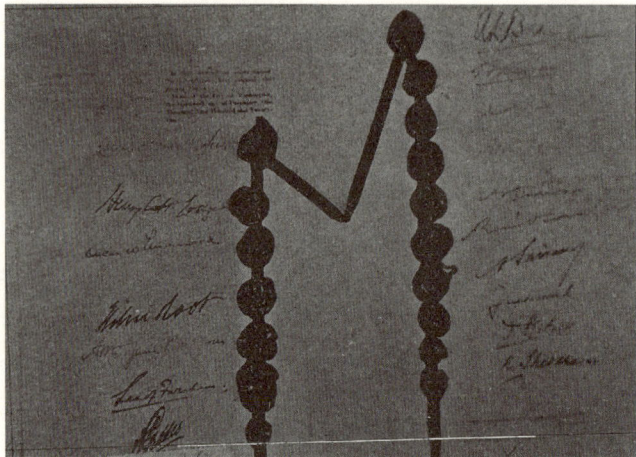

◎华盛顿会议闭幕，各国代表在大会声明上的签字

　　中国为解决这些问题付出了6100万日元的沉重代价。但是，青岛主权和山东权益最终回归中国，圆了中国人民"还我青岛、保我山东"之梦，也是值得的。

　　1922年2月4日，山东悬案在华盛顿会议上正式签约。随后，中日两国按照条约精神，从6月29日至11月30日移师北京进行了长达5个月的谈判，具体解决和落实将青岛主权和山东权益交付中国的事宜。

　　中国政府派王正廷为"鲁案"善后事宜督办，山东督军田中玉为会办。按照条约第二条规定，中日两国各派3名委员组成联合会，商定移交胶澳德国旧租界地的行政权以及该地的公产，并解决其他应清理的事项。又按第十六条规定，中日两国各派3名委员组成联合铁路委员会，评定铁路现值实价，并办理移交事宜。中国政府派王正廷为委员长，日本派公使小幡酉吉为委员长。两个委员会又下设公产、税关、盐场、矿山、邮电、铁路等分委员会，开展实地调查和专项审议。

　　自从华盛顿会议签订《解决山东悬案条约》及附约后，日本妄想永久霸占青岛乃至山东的美梦破碎。但是，日本并不善罢甘休，于是又不择手段地多捞赔偿，以填充失落感。中国在庆幸即将收回青岛和山东权益时，

◎"鲁案"委员会谈判会场

◎1922年10月，王正廷为
"鲁案"谈判事来到青岛。图
为青岛中日绅商欢迎王正廷。

也看清了日本殖民者贪婪的嘴脸，就针锋相对地用讨价压价策略予以相争。于是，中日间的谈判艰难激烈，一波三折。

　　讨论胶澳租界事宜的联合委员会先后召开50次会议，广泛讨论了公产、保留公产、移交公产之希望条件、土地所有权及租借期限、公共营业、外人参与公共建置、邮电、码头港湾、海关、矿山、盐场、偿款支付、胶济沿线开埠、中国人民损害赔偿、契约特许、四方发电所等问题。联合铁路委员会先后召开21次会议，就铁路财产、合同契约、工厂设施、永久改良增加解释、派员视察实务等问题，进行了谈判。

北京会议的第一个谈判项目选择了"公产"。日方委员长小幡提出一个按公产所有分为日军民政部、陆军部和邮电局3个单位总计金额约2749万日元的一揽子作价报告书，这与中国评估的600万日元相差2000多万日元。中方委员长王正廷在第四次会议上提出了公产评估标准，不能漫天要价，要确定一杆公平秤。对原德租时期的旧设备、旧建筑进行的改建、改造费用，要扣除原设备、原建筑的价格，用于公产的维修费、修缮费不能列为公产，对公产要扣除自然折旧和功能折旧，保证评估公平、合理。

这一来，小幡把公产的要价一下子杀到1100万日元。但同时提出，要把盐业的600万日元收买价和公产绑在一起讨论，并声称这是最后的让步了。王正廷不接受，压迫小幡再让步。但小幡表示，他已接到本国政府的训令，要他以1700万日元的赔偿价向中国交涉，如果再让步，就必须请示国内。一直拖到第四十九次会议，小幡才表示将原来的1700万日元减为1600万日元，比最早的总报价压下来1649万日元。

再就是日本鲸吞青岛的土地问题。到1922年，日本在青岛占有官地达1400多万坪（1坪合3.3平方米），这个数字还不包括日本守备军在这期间出租出卖的"官地"。此外，日本人还在四方、沧口一带强征土地300万坪。所开办的"国武农场"，以低价强买土地1.3303万公亩。数量如此巨大的土地，日本当然不甘心拱手交还给中国。

《解决山东悬案条约》的墨迹未干，日本就借口"整理土地"，擅自把青岛土地作价抛售，以便在交还中国之前大捞一把。中国对此进行了严正交涉，才刹住了日本非法买卖青岛土地的行为。

最难解决的还是租地权问题。日本代表坚持的永租权主张被中国否决了，理由很简单，永租权和土地所有权相抵触，既然允许永租，土地国有岂不剩了一个空名？至于续租土地，中国政府网开一面，凡在条约换文以前允许出租的土地，期满后可以续租30年。

第十六章

回归梦想终成真

日本驻军撤离，中国军警进驻，这是中国从日本手中收回青岛主权和山东权益极为重要的步骤。当时日本在山东驻有8个步兵大队和1个重炮兵大队以及骑兵、工兵、铁道兵、通信兵及兵工和医护人等，其中5个步兵大队分驻胶济铁路沿线，其他兵力守备青岛，总计近两万人。

1922年3月28日，中日在北京签订关于胶济铁路沿线之撤兵协定。协定规定了日本撤兵的区域，即胶澳租借地以外、女姑口车站以西胶济铁路的干支沿线。协定规定，日本从胶济铁路撤兵，按三大段划分中国巡警接管胶济铁路的区间和时间，还规定撤兵后济南无线电台停止使用，沿线兵营留备中国巡警使用。日本从胶济铁路撤兵，终于成为现实。

同年11月18日，王正廷还向小幡转交了《青岛警备接收协定》正式文本，协定办法总共13条，涉及青岛防务接收的所有细枝末节。小幡看过文本后，脸色阴沉下来。他明白，12月10日——青岛行政接收的时间已铁定在"鲁案"细目协定上，他没有能耐和这个时间抗衡。但接防时间未定，这正是迫使王正廷在其他方面让步的一个有分量的砝码。小幡向王正廷表白说："前几天的谈判情况可不太妙，中国方面在公产评定和支付方法等问题上拼命压价，浪费了许多宝贵时间，谈判进度自然也拖后了，

◎抵达青岛正在下
车的胶防陆军

如此下去，恐怕行政接收时间都有拖后的可能，更何况警备接收呢。"

王正廷勃然作色道："今天已经是 11 月 18 日了，警备接收的时间再不定下来，我们怎么对外界公布？不公布，不但市民会产生误解，而且在军警交防过程中谁敢保证不出问题？出了问题由谁负责？我看前几天的谈判既有小幡委员长认为'不太妙'的，也有小幡委员长认为很妙的，比如对于日本在青岛、济南两地的保留公产，不足以让小幡委员长喜出望外吗？总之 12 月 10 日这个日子我们误不起！"

小幡半晌无语。对于王正廷这番夹枪带棒的话他本不想缄口，但他觉得眼下要把重要的"伏笔"留在后头。他说："时间太仓促了，几千巡警涌入青岛，不仅驻地是个问题，因为语言障碍和习俗差异，中日军警之间恐怕难免发生一些不愉快的事情。"

王正廷理直气壮地说："中国方面对这一点考虑得很深也很细致，不至于发生什么意外。请小幡委员长转告驻青岛守备军，也须作出和中方一样的承诺和努力，这样就可以不必为接防时间担忧了。"

"好吧，但愿如此。"小幡晃晃脑袋随口应道，"但青岛巡警的编制和布防配置要提前通知我们。"王正廷说："日本也应该这样做，在防务

◎日本守备军撤离青岛回国时，将屋内公用物品全部运走。图为日军正大量搬运财物。

正式交接之前，请大桥大佐把宪兵布防情况书面通知我们。"

在谈判的同时，日本也动手处理后事了，始终不忘尽力搜刮财产。

日本明里和中国交涉归还青岛主权和山东权益问题，而暗里却扶持盘踞在青岛当地的土匪孙百万，策动土匪制造混乱以阻止和破坏中国接收青岛回归。

1922 年 11 月中旬，青岛土匪头目孙百万、马文龙被日本驻青岛守备军司令由比光卫招至府邸，当场给孙百万等人送上 20 万横滨正金银行币，鼓动他们在 12 月 10 日中国接收青岛当天，在市区内大肆烧杀掳掠，即便杀几个东洋人和西洋人也不在话下，只要能把青岛的局面搞乱就行。由比光卫还恬不知耻地表白："这样我们大日本就可以毫不客气地说，中国当局没有治理青岛的能力，不能保证我们日本侨民及其他外侨生命财产安全。我们就有充分理由，对刚刚交出去的青岛，重新实施军事占领！"由比光卫还表示事成后定会有重赏。

有钱能使鬼推磨。经过一段时间的策划，孙百万、马文龙于 11 月 30 日对青岛商会会长隋石卿和中国监收专员茅少甫实施绑架，造成一片恐慌。日本策动土匪破坏中国接收青岛的消息迅速传开，北洋政府震怒并深感事态的严重性，一方面紧急调动大批军人和警察布防青岛郊区严阵以待，另一方面派出得力人员与匪首举行谈判，戳穿日本的阴谋诡计，并承诺将他们收编为胶东游击队，委任孙百万、马文龙分别担任正副司令，军饷由政

◎青岛接收前夕，日人勾结土匪孙百万部2000余人进入市区，绑架官吏居民，企图破坏接收。图为孙部盘踞之客栈，右下图为孙百万。

府提供。孙百万等接受了北洋政府开出的条件，并没有在 12 月 10 日中午闹事，中国顺利接收青岛，日本策动的破坏计划彻底流产。

最终按中日双方协议，11 月 30 日，第一批接收青岛防务的 1400 名中国警察由坊子乘专列向青岛进发。这 1400 名警察一律穿着黑警服、白绑腿，其中 540 人是由驻济南第五师四十七旅选拔出来的，卸去军装着警服，已先期抵坊子集训，组成青岛保安队。其余 860 人已在坊子组织编练多时，组成临时警察厅，下车后分驻青岛市区各段、台东镇及李村区。保安队驻汇泉兵营，担任市区警备。

市街上已呈现出接收前的那份企盼和喜庆，沿街商家都挂起五色旗和欢迎条幅，满街的太阳旗顿显得萎顿和消沉。

中国炮兵部队也被派往青岛驻防，加强攻防能力。

◎日本人勾结孙百万破坏接收，在市内引起极大恐慌，许多市民逃出市区躲避匪灾。图为居民外逃情景。

◎山东省省长熊炳琦与孙百万谈判，将该部收编为胶东游击队，挫败了日本破坏接收的阴谋。图为该部司令部。

中国军警进驻青岛接防的步伐加快了。12月2日，乘"永绩"号军舰的120名青岛水上警察由烟台抵青岛接收水上防务。栈桥以西的前海一线上，"永绩"号、"海筹"号、"楚同"号3艘中国军舰由东向西一字排成一条银灰色的水上钢铁线，起伏在薛家岛的憧憧山色里。与此同时，英舰"阿西未拉"号、美舰"阿兹塞比尔"号和日舰"对马"号相继进入青岛湾。

参加青岛主权接受的海军也成为青岛防守的重要力量。他们在前海栈桥登陆，投入市区巡逻，维护社会安定。

12月9日，首任胶澳督办熊炳奇由济南抵达青岛的同一天，1300名保安队着一色警服荷枪实弹进入青岛接防。轧轧的炮车声，踏踏的马蹄声，使清冷的冬日街头变得喧腾起来。青岛回归的倒计时，仅剩下不到1天了。

中国军警进入青岛接防以

后，纷乱骚动的青岛局面逐渐稳定下来，外出避乱的市民们像穿过迷谷的溪流，又从四面八方倒流回来。钟摆的节奏仿佛骤然加快了，人们眼巴巴瞅着那个开始踏踏实实做个中国人的日子一步步走近。时间，终于摆渡到 1922 年 12 月 10 日这一天。

◎中国警察及保安队在青岛街道巡逻。

接收庆典定于正午 12 时举行。10 时不到，市民们便成群结队簇拥着朝总督府前的广场走来。胶澳自治筹备委员会和青岛总商会早早就把会旗会标亮开，很快，商界的人便

◎在青岛巡逻的中国海军

汇聚了一大片。礼贤、文德学校的学生队伍，整齐有序地坐在广场地上。自带锣鼓的团体围成圈儿，趁庆典前的这段空隙练习锣鼓点儿。有人早早地把鞭炮挂到高处，或用长竿高高挑起来。踩高跷的人们欢快地在树丛间蹦跳、嬉闹。

11 时，青岛行政交接仪式在总督府三楼会议厅举行。中国方面出席的有"鲁案"善后督办兼中日联合委员会委员长王正廷、山东省主席兼胶澳商埠督办熊炳奇，以及行政接收委员会各委员和新任青岛地方军政官员计 60 多人。出席交接仪式的日方代表及人员，有日本青岛守备军司令由比光卫、青岛民政署委员长秋山雅之介等 10 余人。

时针已经绕过 11 时 30 分。但是，秋山雅之介抛出的一个"包袱"还未抖开：从 12 月 10 日起，在各机关协助行政接收的日方人员应由中国方

◎日本占领青岛时共设宪兵派出所24处，1922年12月10日正午一律移交中国警察接替。图为接替后的大鲍岛派出所。

◎青岛市民倾城出动前往胶澳督办公署（前日本守备军司令部）观看接收盛典。

面发放薪水，并且要现金即时发放，如果以10天来计算，所需的薪额为两万余日元。

时间不容许王正廷斟酌，只能应允。王正廷当即指出，从今天起，日本滞留青岛的职员所占用的房舍和社会公共设施，所有权已变更，现在还让日本职员住着，这已属于青岛地方当局对他们的格外关照了，应当尽快腾让。这部分日本职员协助接收时限，以秋山委员所承诺的10天为限，不得再拖延。

秋山再也无话可说，剩下的就是在协定草案上签字了。签字之后，中日双方互换协定。随后，秋山把包括官租土地、公共设施、官有房产、官有工厂企业在内的青岛公产总册，交给王正廷。其中日本驻青岛总领事馆和居留民团保留部分公产单列一册，由秋山转交日本驻青岛总领事森安三郎。接下来，由王正廷把刚从秋山手上接收的青岛公产总册移交给胶澳督办熊炳奇。两人对视一笑的刹那，会议厅里响起经久不息的掌声，骤然燃起的镁光灯把会议厅映得异彩纷呈。然后，日本驻青岛总领事森安三郎将保留日产单册的副本和在青日侨名册按外交程序呈交熊炳奇。至此，沉甸甸而又仓促的行政接收仪式已近尾声。

　　这时，总督府楼前正在举行中日警察的交替仪式。24 名全副武装的中国警察并列两排迈上 12 级台阶，分左右站在与行车道相连的平台上，随后 4 名日本警察从总督府正门两侧的岗亭里撤到平台上，互致持枪礼，有 4 名中国警察跨上 12 级台阶，站到正门两侧的岗亭旁，返身向广场围观的市民立正持枪行礼一周，然后站入哨位。顿时，广场上响起一片欢呼喝彩声。

　　欢呼声未落，出席行政交接仪式的中日官员已涌到总督府正门前的平台上，王正廷头戴高顶礼帽，着黑色大礼服，威风凛凛居中而立，熊炳奇、秋山雅之介和森安三郎分列左右。中国军警官员都是一身戎装，肩披绶带，腰挎佩剑，胸缀勋徽，愈显威武庄严。

　　时针咔咔移向 12 时。广场上的鼎沸人声渐渐屏寂，人们不由得向总督府背倚的观象山引颈翘望，等待报时午炮鸣响的那个时刻。正午 12 时，午炮轰燃响起，一响，两响，三响……广场上的人们齐声喊数，当第 12 响午炮响过之后，在总督府楼顶上悬挂了 8 年的日本太阳旗顷刻落下。伫立在 24 级台阶下的两名中国警官，手擎佩剑，剑上的毫光左右挥动两下，倏然垂向地面，身后的卫队立即双手持枪敬礼。

　　偌大的广场顿如课堂般寂静，现场市民和伫立在平台上的中日接收官

◎参加接收盛典的青岛市民

◎接收后的胶澳督办公署及中国接收代表 下右：外交部部长王正廷下 左：胶澳督办熊炳琦

员仰首注目着中国北洋政府的五色旗在军乐声中冉冉升空！在即将升顶的刹那，五色旗停顿一下，猛地跃上杆顶，迎风展开在胶澳商埠督办公署大楼的上空。广场上的欢呼声与军舰上的礼炮声融为一体，掀起一阵阵巨大的声浪，在碧海蓝天之间回荡……青岛，终于告别了遭受德、日帝国主义殖民统治长达 25 年多的屈辱岁月，回归祖国的怀抱。

　　青岛回归，对全中国人民反帝反封建斗争是个极大的鼓舞，对青岛人民来说更是件天大的喜事。

◎1923年12月10日，青岛教育界在胶澳督办公署门前举行庆祝青岛接收一周年纪念大会。

青岛回归之际，王正廷兴奋不已。事后，他怀着对青岛的深情厚谊，在济南召集各界报告"鲁案"会议上声情并茂地讲道："但使管理良善，商业发达，为国家多存一分主权荣誉，使将来成为东亚第一商港，则鄙人之所厚望者也……上海为全国商业之最，今青岛可驾而上之。将来铁路修通联运规定，必为第一商港无疑……总之，青岛发达，即山东发达，山东发达，即全国发达。故必合全国之力为之，使发展一无遗憾，此则鄙人所希望者也。"

第十七章　虽胜仍有未了案

与中国欢天喜地接收青岛回归形成巨大反差的是，日本撤离青岛显露出莫大的沮丧和不舍，但大势已去，也万般无奈。

日军撤离青岛，除了从中国获得巨额补偿外，将能拿走的一切物品悉

◎在青岛的日本人搭建的"惜别"牌楼

◎日军乘船回国，日侨前往送行。

数带走，侵略者贪财掠夺达到极致。

　　在撤离青岛的日子里，日本在青岛的所有公职人员和商人的心情都像打翻了五味瓶，个中滋味只有他们自己清楚。

　　昔日从德国手中抢占青岛时杀气腾腾，如今将青岛交还中国黯然退场。历史是不以侵略者的意志为转移的。

　　正义终能战胜邪恶，侵略最终走向落败。

　　中国收回青岛在日本等外力强权的阻挠下步履维艰，而中国收回青岛后日本又连连制造了若干历史悬案和伤害中国人的事件，这足以看出日本迟迟不愿退出侵占青岛历史舞台的野心。

　　1922年12月10日中午，日本将青岛主权交还中国，下午却借口享有领事裁判权，擅自在中山路、台东镇及四方、李村等9处设立警察派出所，

◎日占青岛时期日本宪兵队驻地（1914—1922）

◎青岛接收后，日本违背条约擅自在青岛设立警察署和9处警察分驻所，严重侵害中国主权。

严重侵犯了中国主权。

日本早在 1914 年 11 月借一战之机从德国手中攫夺青岛，并于 11 月 16 日建立青岛日本守备军司令部，为青岛最高军政府，还下设青岛宪兵队，有青岛、台东、李村、水上 4 个宪兵分队。1917 年 10 月始，宪兵分队共增设 18 个派出所，每一派出所有 3 至 4 名宪兵及 4 至 5 名巡捕。

1922 年 12 月 10 日，中国政府收回青岛当天，日本即在青岛非法设立日本警察署和 9 个日本警察派出所，日侨中建立"在乡军人会""消防队""义勇队""居留民团""工厂警卫队"等准军事组织，武器装备精良。在治外法权庇护下，日人居住处中国警察无权干涉。

日本在青岛设警，激起了青岛和全国人民的极大愤慨，社会各界纷纷提出抗议。12 月 20 日，山东省各界联合会通电反对驻青日领事在青岛市内外私设警所 9 所，并抗议王正廷擅让主权。

1923 年 2 月 22 日，青岛总商会、青岛自治筹委会联名上书外交部指出："日人包藏祸心，蛮不说理，虽勉强交还，而警权依然坚持不放，接收已逾两月有余，而市内仍有日本警察派出所，实为骇人听闻，中外罕见之事。"商会在呈文中呼吁我国志士，一致声讨日本这种违犯国际法的行为，并要求外交部诉诸国际，以获得公正的解决方式。

　　然而，日本仍我行我素，拒不撤掉警察所，直到 15 年后发生"七七"事变，日本在青机构和日侨撤离青岛，这些日本警察所才自动消失。

　　自华盛顿会议之后，中国与日本讨论《解决山东悬案条约》，也是一波三折，步履维艰，归根结底是日本野心和贪心所致。

　　1901 年 4 月的《青岛官报》刊出一则当地新闻：德国敷缆船"Podbielki"号铺设青岛—烟台、青岛—上海海底电缆完竣，总长 646 海里。这两条海底电缆从木牌下的古力井登岸，通过地缆引入青岛德意志邮局（今广西路邮局），青岛最早的海底电报通道就从这里起步。

　　1914 年，第一次世界大战爆发，日本占领青岛后，为便于与本国之间的电报往来，打捞和利用青烟、青沪线的电缆，铺设成青岛—佐世保间海底电缆，开始仅为军用，但伴随着在青日侨数量激增，1915 年 7 月开始收发公众电报。

　　这段移花接木的青佐海线理应随德国在青公产一起交还中国。但 1922 年 2 月 4 日，中日两国在华盛顿会议上签订的《解决山东悬案条约》第十章第 26 条，却以日本政府声明的名义载入这样一段文字："关于青岛、烟台间及青岛、上海间前德国海底电缆之权利、名义、特权均归于中国。惟该两线之一部分，为日本政府用以安设青岛、佐世保间之海线者，不在此例。至关于青岛、佐世保线在青岛上岸与其运用问题，应由按照本条约第二条所设立联合委员会按照中国现行各合同之条件协定之。"日本代表借口"不在此例"已声明在先，要和中国代表对簿公堂。中日谈判桌上烽烟再起。

　　日本人的视线从来没有放过青佐线，对于这朵移植的"蓓蕾"一向非常在意，志在必得。当日本在太平洋上和美、英展开军备竞赛以后，青佐线愈加成为日本控制山东的一根中枢线 。在第 15 次中日交涉中，一触及青佐线，日本代表的神经立刻绷紧了。小幡说："要么由中国接收，要么由日本保留，否定了前者就等于肯定了后者，这难道还有什么疑问吗？"

◎孔祥熙

这时，中国委员席上站起一位中年人，他就是中国邮电分委员会委员孔祥熙。这位美国耶鲁大学的毕业生，在青岛接收后出任青岛第一任电话局局长。

孔祥熙反驳道："按国际惯例，无论哪一国家的海底电缆在别国登陆，必须经登陆国同意才能被接受，显而易见中国决不会接纳未经他同意的外国电缆在青岛登陆。也就是说，日本独占青佐线是不现实的。再有，根据华盛顿会议关于在中国之外国邮局议决案，日本撤去在华邮局已成定论，日本连邮局都无法保留下去，反而想千方百计独占青佐线，这不是很矛盾很可笑的事情吗？"

日本委员矢野真辩解说："青岛佐世保海底电缆长530海里，借用德国海线460海里，日本单独投入青佐线70海里，这总是事实。再说，日本撤销在青岛设的邮电局，并没撤销电报业务呀！起码这项业务目前还由日本人掌握。"

孔祥熙说："那就以这70海里的既定事实为根据来协商青佐线的归属问题。我想日本代表总不会把自己投建的70海里，说成是整条青佐线吧！"青佐线之争就此中断。

第40次中日交涉会议上，小幡被迫让步了，退缩到3个多月前王正廷提交妥协案的同一起点上：日本政府把青岛至佐世保海底电缆折为两半，其中一半无偿地交还中国。另一半今后的使用和管理由日本代理，日本承担所需经费，所需地皮和房屋由中国无偿提供。

一根海线，从8月10日浮出水面，沥沥落落，旁蔓丛生。虽然不是中日交涉中最棘手的一项，但却几乎贯穿了中日交涉的全过程。等到它在

◎德占时期的胶澳邮局，建于1900年，1901年5月竣工，同年胶澳邮局迁入，一楼是办公营业厅，二、三楼是宿舍，1910年胶澳邮局买下该楼。日本第一次占领青岛时将其攫为己有。

第50次谈判中落墨的时候，已经是中国军警进驻青岛接防的前一天了。

我国收回海底电缆以后，把日本青岛海底电报局改为"青佐水线运用处"，运用处主任、稽查、技师、庶务都是日本人，那位日本主任对外仍旧自称青佐线电报局局长，直到胶澳中华电报局成立之后，运用处隶属电报局门下，那位日本主任再也无法以"局长"自居了。当时，运用处负责线路测试的工程师系中国委派，其余人员中日并用，中日人员比例约为3：2。

1922年12月10日，中国收回青岛，交通部同时接管青岛日本电报局，成立胶澳中华电报局，由山东电政管理局监督。当时的电报局设在山东路（今中山路）。

1924年10月，青佐海底电缆全线开通。交通部与日本政府就青岛至佐世保海底电缆订立管理办法，并划定两段的分界线，自东经125°3'50"、北纬33°58'55"起至青岛一段归中国所有，至佐世保一段归日本所有。两段各长相等，都是268海里。

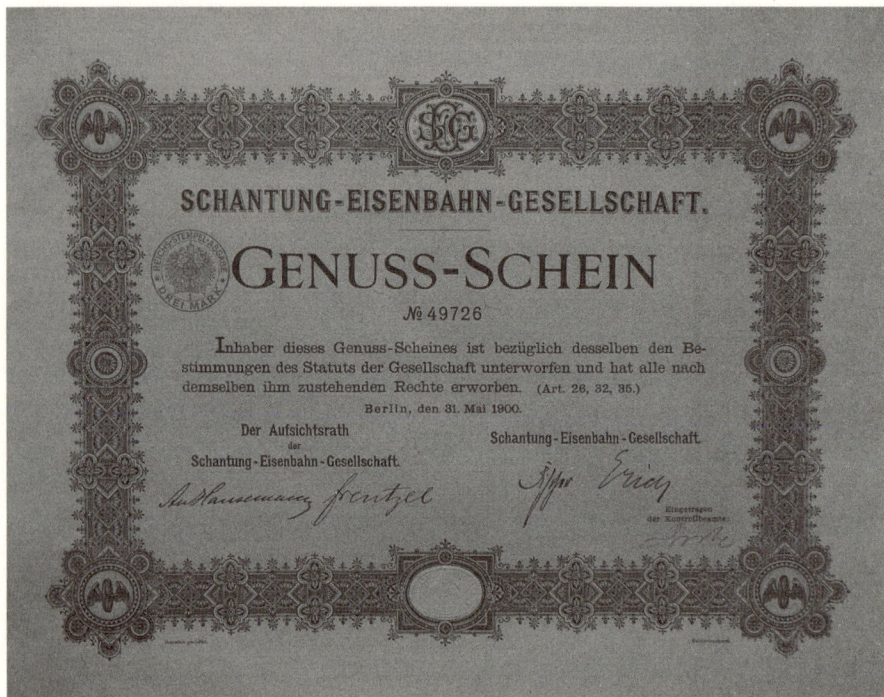

◎1900年山东胶济铁路公司股票。该公司由德国占领青岛的殖民地政府所倡办，总部设于青岛。

收回胶济铁路的谈判，始终贯穿于华盛顿会议和北京会议中日谈判的全过程，而且谈判桌上风云多变。

胶济铁路全长394公里，始建于1898年，1904年全线通车。

德国人还没有来得及收回投资的一半，铁路便落入日本手里，日本人8年里从中获利达5126.5万日元之巨，所以日本对把胶济铁路交还给中国，是根本不情愿的。

不管日本怎么不情愿，胶济铁路交还给中国已板上钉钉。问题在于，中国要付出巨额代价赎回胶济铁路，这对中国来说是一个巨大的压力。虽然中国政府对还贷赎路缺乏信心，但这是唯一的万全之策，否则就会被日本"借款赎路"的绞索套住。

1922年1月9日，出面调停的美、英观察员同时向中、日双方提出解决铁路谈判纷争的四项办法，第一项是债券办法，第二项是借款赎路，第三项是现款赎路，第四项是国库券办法。这四项办法在设项上包括了解决铁路谈判的所有可能性，并无多大高妙之处，而真正高妙的是选项方法，要求中、日双方各选择数项而不是一项，那么日本就必须选择一项以上和它的初衷相悖的、不是借款赎路的别项，这种选项设计可谓用心良苦。选项的最后结果是，第四项国库券办法被双方认同。

从《解决山东悬案条约》文本上看，仅胶济铁路这一项，"偿还之现值实价内系5340万金马克（即德人遗下该项产业一部分之估价）或其同价并加日本管理期内对于该路永久增修所实费之数，减去相当折旧"。这段文字成为中国赎买胶济铁路的"底价"，进入中日交涉的北京会议。

从《解决山东悬案条约》的"底价"起步，胶济铁路的偿价到最后在"鲁案"细目协定上落笔，是4000万日元。这4000万日元是怎么来的呢？据德华铁路公司1912年的借贷对照表，资产项下的铁路设备值6000万金马克，贮存材料110万金马克，其他10万金马克（不含铁路存款及矿山财产）。这些已随1914年铁路易手全部落入日本腰包。

此外，日本开列一长串经营胶济铁路8年间新增设备的偿价，总计2898万日元，其中土地66万日元，房产296万日元，工程433万日元，机械230万日元，车辆1122万日元，以及工场材料、修复费、备用材料等，连沿线学校都提出偿价29万日元，这个数目高于新建一所学校几倍之多！

日本提出这纸耸人听闻的偿价单后，在其他谈判场合一再声明，铁路偿价已经咬死，日本不会轻易松口让步，甚至利用铁路这颗砝码压中国在别的谈判项目上一让再让。

中国的孱弱肌体经不起这种大出血。和公产谈判一样，选择从评估和折旧入手迫使日本压价。为此，铁路分委员会下设3个委员会，即铁路财产评价委员会、偿还路价财政委员会和铁路移交委员会。中国提出，派人分3批实地视察胶济铁路，从偿价的主要部位开始摸排，沿途查阅各类合同，

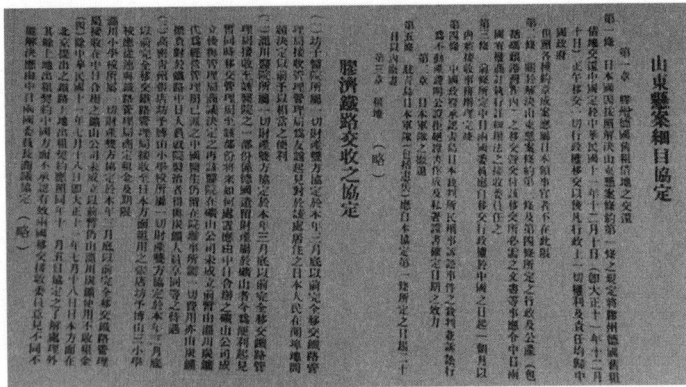

◎1922年12月，中日签订《山东悬案细目协定》和《胶济铁路交收之协定》，中国收回青岛及胶济铁路，为此付出了6100万日元的代价。

以便从评估和折旧中发现更多漏洞。这是继中日联合委员会现场查勘胶济铁路后的一次全面复核。于是，吸附在评估和折旧中的大量水分被挤出来。

1922年12月5日，即青岛回归前5天，《山东悬案铁路细目协定》在北京签字。协定计2章18条，附了解事项7项，规定于1923年1月1日胶济铁路移交中国，赎金4000万日元。并须安排日本人在铁路管理中担任车务处长、会计处长等要职。铁路名义上归还中国，实际上大权仍被日本人把持。

◎接收胶州铁路完毕时中日员工集体合影。

1923年1月1日，胶济铁路交接仪式在位于朝城路的胶济铁路管理局举行。斑驳锈蚀的"山东铁路管理部"摘牌之后，中国接收铁路委员长颜德庆端起庆典的酒杯，他的面庞被殷红的酒液映红了……

从华盛顿的泛美协会大厦到北京外交部那个平静的院落，胶

◎接收后的胶济铁路

◎青岛接收后设立的盐业公会

济铁路谈判为时最长，交涉次数最多，中国付出的代价也最大。中国人终于双手挽起血脉相连的胶济路，一起走进这个载入史册的日子……

中国收回胶澳盐田的前提是"购回"。1922年7月，中日双方就收回胶澳盐田在北京进行交涉。在中日双方认可了评价审查标准及折旧标准之后，以小幡酉吉为委员长的日方委员会，终于就盐田收回问题摊牌了。日方声明，经严密勘查及一再让步，已将索赔金压至最低限度，索赔额定为7877883日元，其中盐田索赔额为7648719日元，经济损失以20年计算为229164日元。

1923年3月12日，根据《解决山东悬案条约》及有关协定，中国政府以600余万元赎回胶州湾沿岸日本人所占的盐田及盐业公司，并以国币300万元全部由青岛永裕盐业公司得标承办，分15年偿还，在未偿结前，所有盐田仍属官有性质。当我国接收青岛时，日本人经营的盐场房屋、堤堰毁坏不少。

盐厂和盐滩实际价205万元，然而日本却向中国索取了600万元赎金。而中方委员会调查的结果却与日方索赔额要求相差甚远。从这些差距上可以看出日本政府是何等贪婪。其一，在盐田设施的建设上，日本人为及早谋取暴利，在盐场、房屋、盐滩、堤堰等工程建设上极其粗糙且质量低劣，然而日方却以高质量论估其价值，因而与中方所估产生巨大差距。

其二，在盐田的选址上，日商来青之前，青岛地区绝大多数高产盐田及条件优良的产盐区早已为我国盐商所有，而日商占据地区多为产盐量低或条件较差的地区。盐田的选址对盐业的生产是极其重要的，好的区域与差的区域相比，无论从产盐的量与质上还是消耗的资金上都是不可相提并论的。而日方却谎称日商盐田皆为上等区域。因而评估上又产生了较大的出入。

其三，在谈判前期，日方为尽一切可能谋取中国利益，匆匆将一批工程草草完工，以图在谈判桌上获得更多的索赔，其工程质量之差更是可想而知。

在华盛顿会议上签订的《解决山东悬案条约》中，盐田作为一个独立问题占有一节。而北京会议上签订的《山东悬案细目协定》中，"盐业"和"盐业之偿价"分别列入第6、第7两个章节。这个文字游戏，隐去了谈判场上的殊死搏杀，使日本获得了比实际估价高出近100万日元的高额盐田赔偿。盐田索赔金最后定为300万日元，其中200万日元在青岛公产和盐田移交后以现金形式支付日本。

在盐田谈判作价收回后，按条约规定如何让日本承担胶澳原盐输出义务，就成了关系胶澳盐田今后发展和销路的大问题。小幡似乎不急于向前推进，王正廷便从秋山委员提出的总表说明书切入话题。秋山委员在对盐业利益赔偿金总表作说明的时候，讲到日本国内每年需盐量约80万吨，除本国自给和输入外，还留有20万吨的缺口，王正廷希望这20万吨全部从青岛输入。

小幡辩解说，日本对原盐的需求总量尽管是秋山委员所说的那样，但需求量也会随时发生变化，比如说，年份丰歉，必然影响产盐量的增减，进口数量就会发生变化。再说，伴随盐化工业的兴衰，国内需求也会有增有减。现在日本国内用盐由埃及等地进口，主要因为价格低廉，青岛盐如果在价格上不能和其他进口盐竞争，或许难以为日本政府接受。

小幡的话为下一步压低青岛盐价和官税埋下伏笔，却避而不谈《解决山东悬案条约》所规定的日本对进口青岛盐应承担的义务。当时，青岛地区产的盐主要销往日本，如果日方停止进口青岛的海盐，势必将导致青岛地区整个盐业的荒废。正因如此，《解决山东悬案条约》在规定了胶澳盐田由中国购回之后，又规定了日本进口青岛盐所应承担的义务。

于是，王正廷提议中日双方商定日本进口青岛盐的最低最高限额，但小幡却坚不吐口，一味敷衍说，预先确定进口量的最高最低限额，毫无实际意义，也是盐业专卖法所不允许的，即便在会议记录或其他文件上载明日本进口 20 万吨青岛盐，也不会产生约束力，这个问题的讨论应当往后放一放。

20 万吨是青岛盐出口的最低线。从 1918 年开始，青岛盐产量就达到 37 万吨，第二年达到 44 万吨的最高线，此后一直居高不下。日本即使承诺进口 20 万吨，仍然有相当数量的青岛盐找不到出路，但日本连最低出口线也不打算承诺给中国。

◎胶州湾盐田的盐堆

在王正廷的一再催促下，日本对于进口青岛盐的最低最高限额"千呼万唤始出来"。日本同意，从1923年起往后15年间，每年进口青岛盐最高限额35万吨，最低限额10万吨。交盐地点为日本门司。

1923年3月12日，中国盐务委员吴大业代表中国政府正式接收日本在青岛的盐厂、盐田、存盐仓库以及附属设备。

◎1910年，一位拉洋车的车夫在青岛观象山下留影。远处的观象台，是中国近代气象专业的发源地，远东三大气象台之一。

◎日本违反协定，拒不交还青岛观象台。

之后，日本霸占的山东淄川坊子煤矿，终于回到人民手中。被日本据为己有的金铃铁矿也一并回归中国。

青岛回归后，迅速设立了各个商埠机关。

青岛观象台始建于德国侵占时期，1910年奠基，1912年落成，主楼共7层，高21.6米。青岛观象台建有中国第一座地磁观测室，是我国19世纪末20世纪初的地磁力观测研究基地。青岛观象台曾参加第一、第二次万国经度测量工作，为中国天文事业作出过重要贡献。日军侵占青岛后，观象台遂落入日本人之手。

1922年中国政府收回青岛主权，观象台本应同时收回，但日方有意曲解《山东悬案细目协定》的有关规定，拒不将其交还中国，后经北洋政府、胶澳商埠办公署先后多次与日本政府进行交涉，中方观测人员才得以在 1924 年进入观象台。日本虽名义上将观象台归还中国，但台中的日方人员仍不肯撤离，他们强行免费使用仪器设备和电报继续观测，是为"青岛观象台日员悬案"。

1927 年 1 月 28 日，青岛观象台台长蒋丙然为敦请解决观象台"日员悬案"，上书中国驻日本公使，表示"与台中原留日员同居异帜，国权所关，合作为难"。

◎蒋丙然

由于当时政府的懦弱无能，蒋丙然的这一正当请求并没有得到圆满答复，日员问题也就一直悬而未决。直至七七事变爆发，日本于 1937 年 8 月撤退所有在青日侨时，"日员悬案"才最终画上句号。

第十八章

二占青岛罪滔天

中国人民经过轰轰烈烈的五四运动和不屈不挠的国际斗争，直到1922年华盛顿会议才据理奋争，迫使日本同意将青岛主权交还中国，但中国为从日本手中"赎回"青岛和胶济铁路等财产付出了沉重代价。

青岛回归中国，五四运动就此画上句号。

中国收回青岛后，开辟商埠，设立胶澳商埠督办公署，直属北京国民政府，其行政区域与德国胶澳租界地相同。1929年4月，南京国民政府接管胶澳商埠，同年7月设青岛特别市。1930年改称青岛市。

然而，妄想永远霸占青岛的日本始终没有放弃这个野心，自青岛回归中国后，曾4次出兵短时间侵犯青岛，继而借日本发动侵华战争之机，又于1938年1月10日第二次大举侵占青岛。中国收回青岛主权这一五四运动的伟大成果，再次被日本侵略者硬生生抢走，中国人民又一次尝到了丧失青岛主权的更大苦果。

日本第一次短时间侵犯青岛发生在1927年5月至9月。日军为了阻止南方国民革命军北伐，破坏中国统一势头，假借保护青岛日本侨民和胶济铁路利益之名，在1927年5月28日派陆军第十师团强行登陆青岛大港码头，5000多日侨在码头上欢呼雀跃迎接，并强烈要求日军永久占领青岛。

日军在大窑沟、小鲍岛等日本人
居住区以及日本学校、工厂内驻
扎下来，形成北京政府与日本共
治青岛的局面。经北京政府和青
岛当局强烈抗议并严正交涉，山
东各地风起云涌抵制日货，日军
看到北伐军暂无北上行动，就在
侵犯青岛3个多月后于1927年9
月4日撤离青岛。

◎1928年4月，日本以保护侨民为名出兵占
领青岛和胶济铁路，图为日军从大港登陆侵
入青岛市区。

◎图为5月3日日军在济南残杀中国军民4000
余人的场面。

　　第二次短时间侵犯青岛发生
在1928年4月至1929年4月，
历时一年之久。1929年4月，
由国民党新军阀组成的国民革命
军再次发动北伐，向奉系军阀张作霖等控制的山东、河南等地挺进。日本
又生阻止中国统一的贼心，再次以保护日本侨民为借口，派遣第三师团于
1928年4月19日在青岛大港登陆，日本侨民到港口狂热欢迎。从5月3
日到9日，日军沿胶济铁路攻占了济南，大肆屠杀中国军民，制造了"五三
惨案"。随后，日本第六师团又在青岛登陆，全面占领青岛各地区，在原
德国大饭店设置司令部，开始对青岛的再次占领。

　　日军的侵略行为遭到中国人民和青岛人民的强烈反对。5月10日，青
岛民众奋起反抗日本暴行，强烈要求日军撤离青岛和济南，并捣毁了日本
总领事馆。在一年的时间里，尽管中国政府和人民一直抗议日军侵略行为，
要求日军从山东和青岛撤退，但日军以保护日本侨民为托词，直到1929
年4月才从济南和青岛撤军。1929年4月15日，南京国民政府接收青岛，
并设立了青岛特别市。

　　第三次短时间侵犯青岛发生在1932年1月9日。日本发动九一八事

变侵占东北三省后，密谋再次侵占青岛。遂以国民党青岛市党部机关报《民国日报》刊载韩国（朝鲜）义士刺杀日本天皇裕仁未遂事件为由，指责《民国日报》侮辱日本天皇，策动青岛日本侨民举行暴动，烧毁国民党青岛市党部，捣毁民国日报社和湖南路派出所，并派海军陆战队占据青岛市区要地，迫使青岛市政府和市党部道歉，关停报纸和市党部。后因日军在上海发动"一·二八"事变，遭到中国第十九路军痛击，青岛日军才撤出青岛，紧急派往上海参战。

第四次入侵事件发生在 1936 年 12 月 3 日。1936 年 11 月，上海日商纱厂工人响应中国共产党"停止内战、一致对外"的倡议，发动反日同盟大罢工，得到青岛日商纱厂工人的响应，掀起大规模反日同盟大罢工，给予日本以重大打击。日本海军出动数十艘军舰，以"解决工潮"为名，于 3 日凌晨 4 时 30 分派遣 755 名全副武装的日本兵在青岛登陆，国民党青岛市党部、市图书馆、通讯社、平民报社、胶济日报社、国术馆等遭到袭击。日军所到之处，肆行搜查，捣毁物品，擅自抓人，当天发生 20 多起平民百姓及小学生被日军污辱、殴打事件。后来日本政府深知全面发动侵华战争的时机不成熟，因此，到 12 月 23 日将 755 名日本登陆兵全部撤走。

日本第一次大规模侵略青岛并殖民 8 年，是借一战从德国手中强掠青岛；而日本第二次大规模侵略青岛并殖民占领 7 年多，是借日本发动全面侵华战争卷土重来。

1937 年 7 月，日本发动全面侵华战争。12 月，日军占领济南后沿胶济铁路东侵。由于日军来势汹汹，原在青岛和胶东布防的国民党军队不战而退。1937 年 12 月 18 日，国民政府青岛市保安队实行"焦土政策"，将日本在青岛设置的九大纱厂等企业以及港口起重机等设施炸毁后仓皇撤退，青岛成为一座空城。

1938 年 1 月，日本派海军第四舰队驶进青岛海域，准备从海上侵占青岛。同时由日本陆军第五师团一部组成鲤城支队，沿胶济铁路从潍县东进，进犯青岛。1月10日，日本第四舰队40余艘军舰及海军陆战队在数十架飞机掩护下，从青岛的山东头等地登陆。由于青岛当局已率众弃城撤逃，日军于当天下午畅通无阻进入市区，青岛再次沦丧于日寇铁蹄之下。

日军第二次大规模出兵占领青岛后，布下了军事、宪兵天罗地网。

日海军第四舰队与海军陆战队司令官铃木率领的3个大队侵占青岛，在大学路山东大学校舍（日本称其为万年兵营）设司令部。部队分占广西路1号、团岛、登州路若鹤兵营（原德国毛奇兵营）、汇泉市立中学（原德国伊尔奇斯兵营）和大港码头等地。

11日，日海军基地工程队来青。

14日，日华北方面军第二军团国崎支队先头梯团从海上登陆侵入青岛。

16日，日本第二方面军第五师团鲤城支队，在从潍县向东沿胶济铁路布防警备后到达青岛。

4月29日，日本第五师团把侵占胶济铁路沿线及山东北部的任务移交独立第五混成旅团，并留下4个中队驻守。

1939年10月30日，日本侵占青岛的侵略军有陆军特务机关、海军陆战队司令部、海军第四舰队、青岛宪兵队、今村部队（第五师团）、桐

◎1938年1月10日，日军在青岛山东头登陆，青岛再次沦于日寇铁蹄之下。

◎日军从海上乘小船登上栈桥强占青岛。

◎日本海军军舰进入青岛时在舰上合影。

部队（独立第五混成旅团）、井出部队、兵站司令部、海军港务部、海军航空队、陆军医院、海军学校等。

日本青岛宪兵队是最大的一座人间地狱，许多人被活着抓进去，出来时不死即伤，宪兵队最常用的酷刑是往被抓来的人肚子里"灌凉水"，然后再站到人身上将水硬踩踏出来。当受审的人回答不上提问时，就会被宪兵猛地背起来摔在地上，头破血流。宪兵欺凌、滥杀无辜习以为常，难怪一个外国记者说："世界上施用酷刑最厉害的是德国法西斯的集中营和日本的宪兵队。"

宣抚班直属日军华北派遣军领导，机构非常复杂庞大，这群穿着日式军服、大马靴，袖章上白底红字绣着"宣抚官"的军人，大部分是从伪满学校培养出来的精通日语的中国人。他们到处开会讲演，对人民进行奴化教育，还承担特务情报工作，搜捕抗日分子，把无辜者送入伪警局或宪兵队，施以酷刑。

1938 年 1 月 17 日，日本玩弄"以华治华"的惯用伎俩，拼凑了青岛市"治安维持会"傀儡政权。1939 年 1 月 17 日，又将维持会改头换面为青岛特别市公署，由维持会头子赵琪任伪市长。

◎ 日军在青岛树立的忠魂碑

1939 年 3 月，日本在青岛设立"兴亚院华北联络部青岛出张所"，集日海军特务部、陆军特务部、总领事馆为一体，担负着政务、财政、金融、产业、贸易、港湾设施、都市规划、宗教、卫生等各方面管理工作，实现其政策一元化，为日本国家活动发挥最佳效果。青岛特别市公署只不过是日本兴亚院辖下的一个傀儡机构，所长由日本海军少将柴田担任。

在青岛的日本总领事馆分设总务、司政、文化、经济 4 课，全面负责日本帝国的通商航海权益的维护，依据条约或国际法来视察中国政府对日本所担负的义务的遵守，执行日本人的利益或关于通海的权益维护中必要的措施，承担日本在华各种机关的指导监督，另外包含警察督察及法庭，对居留民众行使警察权、领事裁判权等，进行通商贸易、司法行政、产业

◎日军占领青岛后，此前返国"避难"的日本侨民又重新回到青岛。

等广泛的外事处理。

日本在青岛设立了众多特务机构，如在湖北路2号设立的日本华北特务机关青岛支部，负责对青岛的情报联络、军政外交秘密的侦察。还有一个特务机关叫"青山公馆"。这些特务机构把魔爪伸向各个角落，有的搜集情报，有的镇压抗日活动。伪警察局特务科拥有大批便衣特务。他们在特务机关、宪兵队的指挥下进行侦讯工作，并参与大检查、大搜捕，成为仅次于日本宪兵队的人间地狱。青岛汉奸赵琪、姚作宾之流，为取悦日本人，开展了"剿共""灭共""确立大东亚战争必胜的协力体制""彻底剿灭共产党"的"治安强化"运动，使得青岛市民人人自危，民不聊生。

日本侵略者疯狂掠夺青岛及山东资源，还组建了若干情报调查机构，如山东产业馆、满铁调查部青岛驻在员事务所等，调查撰写了数百份调查资料，可以说是细致入微，面面俱到，无孔不入。日本侵略者制定侵略方针、掠夺当地资源，并非盲目，而是有计划、有预谋的。

日本侵略掠夺青岛乃至山东的途径，其中一个直接手段就是公然煽动日本人纷纷到青岛居住，抢占中国人的财产，其中很多都是浪人。日本在第一次非法占领青岛8年间，在青日本侨民人口膨胀，遍及青岛和山东内地。这些人利用其特权，或开办工厂、商店、银行、公司、农场等工商企业，大肆掠夺财富，或供职于军政机关，或操持贩毒、卖淫、走私军火等黑道贱业，可谓三教九流，无所不有。

由于大量日本人的涌入，青岛市人口比例发生重大变化。据日本守备军1920年10月统计，青岛城乡人口253552人，其中市区人口102146人。在市区人口中日本人就有21878人，还不包括两万名日本海陆军军人，日本人占了青岛市区总人口的两成以上。如果加上日本军人，青岛日本人数量高达4万多人，占了市区总人口的四成以上。

日本人在青岛的经济侵略，是通过掠夺资源、大办企业来实现的，他们一方面利用依据不平等条约得到的权利，建立鲁大公司（石炭）、屠宰场、华北电业等企业，掠夺财富；另一方面着眼于山东地方的特产、物产而投资

◎图为日本设立的内外棉、大康、富士、钟渊、宝来、隆兴6家纱厂。

建立企业，如纺织工业、制油工业等各种工业企业大小数百家，仅纺织业投资额就达1亿元。日本人在青岛建立的内外棉、隆兴、大康、钟渊、宝来、富士6大纱厂，使用当地资源，雇佣着上万人的廉价劳动力，并在商业、工业方面逐年扩张其资产。

日本侵略者还实行贸易垄断，来控制青岛乃至山东。七七事变以前，对日贸易是青岛对外贸易的主轴，事变后，青岛港对外贸易则全部变为对日贸易。日本从青岛港掠走我资源，又从青岛港将大批日货倾销至我国。向日本的输出品主要为牛肉、烟叶、粟、盐、锦丝、牛皮、花生、石炭、棉花、骨粉和农畜、矿原始生产品。由日本输入的主要是加工棉织物、一

般棉制品、机械器具（主要为纺织机械）、金属及矿石、砂糖、杂货、海产品、木材、纸类、化学品及车辆船舶等。从 1936 年的统计中可以看到，从青岛港出口日本的牛肉、盐、落花生、落棉、生丝的比率占总输出额的100%，而日本对中国棉织物的进口量也占输入额的 100%。这种垄断掠夺性的贸易，使青岛内外贸易不可避免受到重大影响。

日本占领青岛、山东期间，以胶济铁路为大动脉疯狂掠夺我国经济资源，包括被称为"二白二黑"的煤炭、矿石、棉花和食盐，以及林、农、畜、水产、工业等产品。其中仅食盐一项，日本就从青岛掠夺了 216 万吨；1940 年运抵青岛的煤炭 155 万吨，在青岛仅耗用了 30 吨，其余均被运往日本。据记载，1940 年胶济铁路各站到达货物总计为 223.0136 万吨，其中到达青岛地区的为 190.71 万吨，占 85.5%。

日本军国主义的罪大恶极还表现在，曾大规模地将在中国各地招募和强掳来的 70 余万名劳工集中到青岛，然后由此转口输往我国东北、内蒙古和日本国，强迫他们充当苦役。据青岛档案资料馆统计，仅在 1939 年至 1943 年的 5 年中，日本就从青岛港转运掠走劳工 695639 人，另外还有与劳工数量相近的随行家族人员。

七七事变后，日本侵略者对中国华北地区的劳动力资源进行有目的、有计划、大规模的掠夺，在华北各省设置了主要由日本人组成的"满洲劳工协会"，专门以"招募"的欺骗方式从事劳工掠夺。同时，华北汉奸政权也在新民会下设置了新民会劳工协会，协助日方招募劳工。1941 年 7 月，为更大规模地掠夺劳工资源和统配劳工输出，在日本军方指使下，将满洲劳工协会和新民会劳工协会合并为华北劳工协会，并在华北各省、市、县设置了办事处和劳工事务分所，以招诱和强征劳工。这些劳工除保障华北境内日军和企业使用外，均输往伪满洲、蒙疆地区的日本军方和企业，主要从事军方服劳役和土木工程、交通、建筑、制造、矿山、农业等重度劳动部门的苦役。

太平洋战争爆发后，日军在各个战场失利，被迫扩大征兵，从而导致国内劳动力紧缺，在日本企业界和军方建议下，日本内阁于1942年11月27日正式通过了从中国"输入"劳工以补充日本国内劳动力不足、维持战时经济体系的决定。

◎1942年11月27日，日本东条英机内阁开会通过了《关于将华人劳工移入日本内地》的决议。

其后，由日本企业界和政府合组的"华北劳动视察团"到华北对强掳劳工一事作实地调查。随后，又在部分日本地区、企业进行中国劳工"输入试验"，证明"情

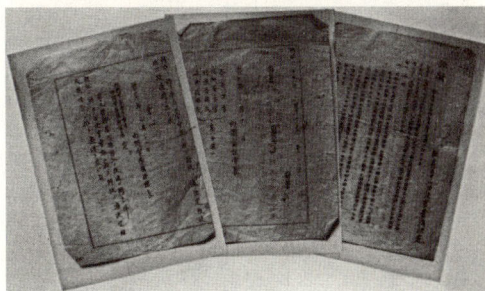

◎1944年2月26日，日本次官会议作出《关于促进华人劳工移进国内事项》执行细则，大批中国战俘劳工被强掳到日本本土。

况良好"，遂于1944年开始其对中国劳工"强制劳动"的行动计划。

日本侵略者在侵华战争中，通过大东公司、满洲劳工协会和华北劳工协会以及劳工训练所，强掳成千上万的劳工到东北、内蒙古并输送到日本做苦役。无数事实说明，日本对中国劳工肆无忌惮的掠夺残害，是日本侵华战争的一个重要组成部分，是日本政府、军方和企业界共同策划实施的一次长期的、有预谋的、有计划的罪恶行径。

据调查，在侵华战争期间，日本侵略者指使华北伪政权在济南、石家庄、塘沽、青岛设立了4个劳工训练所。仅济南劳工训练所（新华院）1943年3月到1945年8月就关押过3万多名中国抗日军人，其中15000人被杀，其余大都被送往中国东北和日本做苦役。

青岛市档案馆的部分资料证明：根据日本政府的方针和命令，日本华

◎被日本侵略军强掳的中国劳工

北派遣军向伪华北政务委员会下达了强行征集中国劳工的命令，并指令1944年度输日劳工数量不得少于10万人，1945年度为5万人。为此，日军在青岛设立了专门关押囚禁输日劳工的集中营——劳工训练所（又称"劳工宿舍"）。这些劳工主要来自山东、河北、河南、山西、江苏、安徽等省，而以山东、河北、河南劳工最多。

据1945年日伪资料统计，虽然此时一直由日本控制的华北劳工协会业务减少，机构合并，但仍辖属北京、天津、济南、青岛、芝罘（烟台）、保定、淮海（徐州）、开封、山海关等9个办事处及37个办事分处、事务局和劳工训练所，其中山东省就有3个办事处、5个办事分处、15个事务局和3个训练所，由此可见山东是日本掠夺劳工的重点地区。

另据日文《华北劳工协会青岛劳工训练所组织要领》和《青岛劳工训练所运营细则》揭示，最能反映日本强掳残害中国劳工罪恶本性的日伪劳工训练所，实际上是由日本人掌管的关押中国战俘和劳工的集中营。其业务分为警备、训练、审问、卫生、劳工就劳等，其职员由中日籍武装人员组成，主任、班长等均由日本人充任。所谓的劳工训练所，不仅收容关押本地区抓来的劳工，还承担收容和转运华北各地抓来的劳工的特殊任务。

在占领青岛的日军和日本领事馆及劳工协会指使下，青岛设立了第一劳工训练所（所址在铁山路85号原劳工协会青岛办事处）和第二劳工训练所（所址在汇泉体育场），为日本肆意掠夺残害中国劳工竭尽犬马之劳。

据青岛房产档案和幸存劳工以及附近老居民介绍，青岛第一劳工训练所是在地处铁山路85号的原青岛劳工协会办事处改建的，占地5100平方米，原来院内有大库房一幢和办公室数间，出境劳工均到此处办理出境证明，可自由出入。此处改为青岛第一劳工训练所后，为防止劳工逃跑，日军修筑了 3 米多高、上架电网的围墙和审讯室、警卫室、办公室。门口有军队警卫，所外有警察巡逻，戒备极其森严。还将大仓库改建成关押劳工的"宿舍"，建筑面积 566 平

◎青岛第一体育场被改为青岛第二劳工训练所。

方米，大通间的仓库设 3 层大铺供劳工睡觉。

青岛第二劳工训练所是在 1944 年 11 月设立的，当时由于华北各地的劳工源源不断地大量押送至青岛，铁山路 85 号第一劳工训练所关押的劳工多达 2000 多人，无法容纳，遂由侵青日军部队和日本驻青岛领事馆指令伪青岛市政府将位于汇泉广场的体育场借给劳工协会作训练所，并签订了出借契约，才将人满为患的铁山路 85 号第一劳工训练所的劳工"分流"至第二劳工训练所。这座体育场改作劳工训练所后，看台围墙高达 6 米，无法攀越，原有 148 间运动员休息室的看台地下室，门窗均用铁棍封住，阴暗潮湿，劳工全部睡在水泥地上，成了关押劳工的活地狱。

从各地押运到青岛的劳工都是经铁路转运而来的，凡被关押到第一劳工训练所的都在青岛大港火车站下车，由军队押送到相隔仅百米的劳工训练所。被关押到第二劳工训练所的劳工则在青岛大窑沟下火车，再用汽车押送到汇泉体育场关押。

劳工被关进训练所后，首先要将衣服和携带财物交由训练所的看守保管，再统一配发旧军装，然后由日本看守予以审问，填报个人情况登记表，并对劳工身体状况进行检查，个别年老体弱病患者予以退回，其余劳工则等待转运到日本从事苦役。

关押进劳工训练所的劳工分为训练生、一般劳工和特殊劳工三等。训练生是被日军俘虏的八路军等抗日军人、反抗意识和团体斗争力量强的"危

◎搪日劳工登船的青岛码头

险分子"，受到严格防范和迫害；一般劳工是被日伪军抓来的农民和居民；特殊劳工是监狱中的犯人及其他人员。

据日伪档案和原劳工协会职员揭露，由于训练所"收容"劳工数量很大，宿舍封闭管理，拥挤不堪，空气污浊，卫生极差，劳工每日两餐，早晨每人小米粥两碗，午饭及晚饭4人分玉米面窝窝头4个，每人每餐约摊食品4小两，且无饮水。后来虽然供应饮料，但经常只提供凉水，并且不允许多喝，以防其小便。有的劳工万般无奈，只好自饮小便以求生存。

关押在训练所恶劣环境中的劳工，在被日军强运到日本之前，时常被驱使到青岛大港5号码头装卸货物，或到汇泉和太平山修筑军事工程。每次押送劳工外出干活，日军都将所经街道戒严。每当有船只前往日本时，日军就逼迫劳工自己装运煤炭或生铁块，等装满船后，一并将劳工押进货仓，一同运往日本。

由于恶劣的生活环境和繁重的体力劳动，许多劳工罹患疾病，但训练所日本人以经费少无钱买药为由，拒不予以治疗，导致劳工大量死亡。据当地周围的老住户介绍，当时几乎每天都有劳工死亡，死者由家住云南路专门运送掩埋无名尸体的李兴玉等用大车拉走，尸体蓬头赤足，衣不遮体，极为悲惨。

一旦发生传染病，死亡更多。原劳工训练所医生王培昌揭发："劳工训练所曾发生斑疹伤寒、回归热两次传染病，因没有采取预防措施，此病迅速蔓延，死亡约五六百人。"

而据原伪青岛市政府劳动局劳工科科员栾嗣修1945年5月关于办理

劳工协会收容各省、县供出过青劳工之一部罹灾病者经过报告中记载，本年3月，"该协会除数日间已病死三百余名外，该现场收容人数八百六十名，罹灾者尚有三百五十七名"，虽经伪市政府所派医生诊疗和转送传染病院治疗，至4月25日，仍有108名住院未愈，另有57人死亡，总计死亡近400人，占本批劳工总数的1/3以上。青岛解放后，曾在新疆路挖出数十箱尸骨，即为死亡劳工之一部分。

为反抗日军的残酷迫害，更由于不甘心做任日本宰割的奴隶，劳工在青岛关押期间曾多次举行暴动，其组织指挥者均为八路军战俘。据日伪档案记载，自1944年10月至1945年3月5日，铁山路第一劳工训练所发生过4次劳工暴动，其中2月17日劳工暴动规模很大，尽管所内日伪职员开枪镇压，所外日军和伪警察出动镇压追捕，仍有114名劳工砸开铁门逃走。后在全市日伪军警追捕下，有8名劳工重新落入魔掌，其他106人胜利逃亡。

1945年1月16日，汇泉体育场第二劳工训练所劳工280余人于晚上8时50分举行暴动，场内日伪军警开枪镇压，打死劳工24人，打伤多人，劳工则用石块还击，终于将南铁门砸坏逃走，也有的翻越围墙逃走，日本驻旭兵营的桐部队日军和伪市南警察分局闻讯赶来镇压追捕，抓回了20名劳工，其他240余人逃出魔窟。

◎1945年10月25日，盟军在青岛汇泉广场举行日军受降仪式。

日本侵略者两次占领青岛并招募强掳70余万名劳工的累累罪行，是赖不掉、抹不了的，将被永远钉在历史的耻辱柱上。

在国际正义力量的支援下，中国人民经过不屈不挠的抗战，终于打败了日本侵略者，把他们赶回了老家。

1945年8月，日本天皇宣告无条件投降。10月25日，中美军方在汇泉广场正式接受侵青日军投降。

从此，惨遭德国一次和日本两次践踏蹂躏的青岛，才真正摆脱了帝国主义侵略占领的苦难历史，回到祖国的怀抱。

第十九章

美军盘踞造劣迹

　　在第二次世界大战末期，反法西斯战争接近最后胜利之时，美、英、苏之间的矛盾日益明显。为了加强相互之间的信赖，进一步协调战略计划，尽快结束战争，安排战后国际事务，维护战后和平，美、英、苏3国首脑罗斯福、丘吉尔、斯大林，于1945年2月4—11日在苏联克里米亚半岛

◎雅尔塔会议"三巨头"（前排左起）：英国首相丘吉尔、美国总统罗斯福、苏联最高统帅斯大林

雅尔塔举行会议。

根据雅尔塔会议上苏联最高领导人斯大林与美国总统罗斯福的密约，出兵东北与日军作战的苏军控制了旅顺和大连，在以后签订的中苏友好同盟条约中确认了苏联的这种地位，中苏两国共同使用旅顺军港，大连被辟成自由港，苏联拥有相当特权。

美国对于苏联控制旅、大两城市耿耿于怀，只得另行图谋，于是基于全球军事布局需要，将目光投向中国北方海岸的优良军港青岛，期待军事控制青岛，以获得在西太平洋地区对苏联的军事均势。

国民党在美国的支持下热衷内战，妄图消灭中国共产党及其武装，以巩固日趋衰败的腐朽政权。美军乘机侵入并盘踞青岛近4年，把青岛建为军事基地，干了许多罪恶勾当。

◎美军盘踞青岛使其成为向中国各港口扩张的军事基地。

◎1945年10月11日至12日，美国海军陆战队第六师的两个团及7个直属营共2.7万余人，在司令谢勃尔率领下由关岛来青。登陆后分别占据太平路、广西路、大学路、山东大学等处。

◎美军在青岛的军营

1945年8月15日，日本无条件投降，我国宣告抗日战争取得伟大胜利。

1945年10月25日，盟军在青岛汇泉广场举行日军受降仪式。

早在9月11日，美国海军第七舰队20余艘军舰驶入胶州湾，在青岛市区登陆。

◎美军驻青岛海军陆战队第六师司令部旧址（原太平路37号）

1945 年 10 月 11—12 日，美海军陆战队第六师司令谢勃尔率两个团 7 个直属营及宪兵连共 2.7 万人，从关岛来青，在青岛码头登陆，其规模之大，行动之快，不难看出美军侵占青岛的险恶用心。可谓日军豺狼才去，美军虎豹又来。

美军登陆青岛后，分别占据太平路、广西路、大学路(山东大学原校址)、团岛、沧口机场等众多地点为兵营。11 月 23 日，返回美国 3200 余人，后又陆续有人返回美国，最后剩下美军 8000 余人驻扎青岛。

11 月，国民党第八军李弥部在美国海军第七舰队护航下登陆青岛，既完成在青岛对日军的接收，又沿着胶济线控制相关城市。随后，美军又陆续护送大批国民党军队在青岛登陆，使其打通了八路军解放的胶济线。

11 月 8 日，国民党行政院副院长翁文灏偕美国总统杜鲁门的私人代表洛克，来到青岛视察政治、经济情况。

12 月 22 日，蒋介石在南京接见青岛市市长李先良，对其大加嘉奖，并嘱其要好好招待美国盟军。

同日，国民党中央海军训练团在青岛成立，聘美军军官担任顾问。

12 月 25 日，美国海军陆战队第六师司令谢勃尔离任，哈威尔少将继任。

1946 年 1 月 4 日，美国海军陆战队常备军 1600 人乘舰抵达青岛，在第三码头登陆。

4 月 1 日，美军第六师缩编为第三旅团，克莱门任司令。

5 月 13 日，美海军第七舰队航空母舰两艘、巡洋舰 3 艘、驱逐舰 8

艘驶泊青岛，舰载官兵 1000 余人，下午 4 时在栈桥登陆。

6月3日，美军第七舰队司令柯克上将由沪来青，翌日乘航空母舰赴沪。

◎美国海军陆战队在青岛汇泉广场。

6月4日，美军第七舰队航空母舰等 13 艘军舰，由海军少将哈德逊率领离青驶往关岛。

6月6日，美海军第七舰队七十一分舰队司令綦姿少将率舰由沪抵青。

◎设在青岛太平路的美军海军司令部

6月10日，美军第三旅团改为第四陆战队，克莱门任司令。

6月21日，美海军第七舰队司令柯克在青岛举行记者招待会，称：美海军目前在华舰艇 136 艘，海军 1.5 万人，陆军 2.2 万人，大部分在上海，今后拟缩小在沪之实力而移至青岛。今青岛之海军规模与上海相同，且将视环境之需要而扩充。并称美已由第七舰队拨交国民党军队军舰 14 艘。

8月4日，美海军第七十一混合舰队由日本抵青岛。

9月1日，美国驻青领事馆改为总领事馆，总领事司派克由沪来青就职。

11月，美国政府与国民党政府签订了《青岛海军基地秘密协定》，自此美方在青岛驻军获得国民党政府的正式认可，青岛成为美军在远东的主要海军基地。对美蒋间这一协定的潜在同盟意义，美国合众社当时的报道说得简单直白："一旦发生战争，美国与中国将共同使用青岛基地。"

美方十分重视在青岛驻军的作用，不仅把青岛作为国民党海军的一个训练中心，也视为美国抗衡苏联的一个重要据点。

自蒋介石与美国签订《青岛海军基地秘密协定》后，太平路上的"日本海军司令部"的牌子被"美国海军司令部"的牌子所取代。于是遍布中

◎美军列队耀武扬威行走在青岛街道上。

山路的酒吧、舞厅、妓院，成了美国水兵在青岛寻欢作乐的天堂，他们横行霸道，不可一世。

1947 年 2 月，美海军 1400 余人在青岛登陆。

1948 年 10 月 30 日，美海军西太平洋舰队第三十八特种混合舰队司令金德尔少将率舰抵青，辖航空母舰两艘（"莫林斯"号、"太拉互"号），舰载飞机 200 架，巡洋舰两艘（"普色特勒号""亚斯多里亚"号），驱逐舰 8 艘，官兵 1 万人，于 12 月 13 日赴沪。

驻青美军调动频繁，时有增减。至 1948 年 11 月，盘踞青岛的美军有：

（1）西太平洋舰队：司令白吉尔中将，辖分舰队 3 个，特种混合舰队 1 个；航空中队 3 个，空军人员 1000 人；舰艇 70 艘，经常保持驱逐舰及巡洋舰 10~15 艘，最多 25 艘；飞机 500 架。

（2）海军陆战队：司令汤姆斯准将，参谋长赛尔少校，辖 4 个营，4720 人。总司令部设在珍珠港。

（3）沧口飞机场有宪兵队、电台、加油部、汽车修理所；团岛水上飞机场。

（4）其他军事机构：美国驻青领事馆，副领事由陆军少校和海军中校担任。还有陆战队基地司令部、海军陆战旅司令部、美作战情报部直属情报科、西太平洋舰队情报科、陆军第四十四国外视察队（即作战情报处）、宪兵司令部、港口司令部、港口勤务部、美军事务所、海军军需处等。

美军进驻青岛，对蒋介石为内战布局有直接帮助。在青岛，美方同意派遣顾问团帮国民党政府筹办中央海军训练中心。此外，美方还对国民党军队在北中国的接收提供运输和护航的支持。

美军盘踞青岛期间，滥杀无辜，罪行令人发指。据《青岛市志》记载：

1948 年 2 月 21 日，四方电厂工人宋振忠在沧口被美军用枪打死。

1948 年 3 月 8 日，美军驾卡车驶向人行路，一次即轧死居民张培声、华盛炉技师于寿堂两人。美军汽车在马路上横冲直撞，旁若无人，10 小时内，在青岛的一条街上撞死了 7 人。

1948 年 4 月 25 日，渔民徐谦业的渔船在团岛海面被美军登陆艇撞沉。

1948 年 4 月 28 日、11 月 27 日，渔民杨孝硕和徐公忠的渔船，都在小青岛海面先后被美军汽艇撞沉。

1949 年 1 月 23 日，美军 4 人在湖北路殴伤洋车夫王立友，并鸣枪击伤行人陆克金、刘桂兰。海上的渔船，也时常遭到美军汽艇撞击。

1949 年 2 月 16 日，洋车夫常为玉在普集路被美军用刺刀刺死。

1949 年 3 月 7 日，青海路 12 号居民孙国章在 3 号码头拾煤渣，被美军用猎枪打死。

据《青岛市志》统计，1946 年 8 月至 1949 年 5 月，美国以"亲善""友谊""援助""视察"等种种借口，先后派遣美国海军基地司令部、海军陆战队等 11 个军事单位和 8 个情报机关进驻青岛。美国高级军政官员也不断到青岛活动。美军士兵在青岛横行霸道,肆无忌惮。在短短的 31 个月中，美军在青岛犯罪案件达 373 件。其中美军士兵无故开枪打死打伤市民 117 人，车祸肇事死伤 193 人，追逐强奸污辱妇女的暴行更是不计其数。

据国民党警察局的案卷材料从 1948 年 1 月到 1949 年 5 月共 17 个月的不完全统计，惨遭美军杀害的市民即有 46 人。其中被枪打死的是 13 人，被刀刺死的 2 人，被汽车撞死的 31 人。受伤的市民达 282 人之多。

面对美军的横行作恶，青岛掀起了 3 次反美浪潮。

第一次，美军通过平康里妓院的于小脚，从农村买来一个十六七岁的黄花闺女，拉到军营里轮奸致死……消息一经传出，立即引发青岛居民的极大愤慨，市民们汇集到中山路美军司令部门前示威游行，高呼："美国佬滚回去！""严惩图财害命的于小脚！"然而，反动派政府对此麻木不仁。青岛解放后，于小脚才被人民政府处置。

1947年3月30日和4月5日，人力车夫苏明诚和市民刘修文被美国士兵杀害，引发了第二次声势浩大的反美怒潮！

在中共山东大学地下组织的领导下，4月15日，山大学生自治会召开紧急会议，决定派人对美军罪行进行调查，慰问死难者亲属，通电全国各大学要求声援，并向南京蒋介石政府和美国大使馆提出4项严正要求：第一，组织中美联合法庭，公开审理肇事凶犯；第二，美方负责支付受难者家属终身生活费用；第三，彻底调查历次案件，由美方道歉赔偿并保证以后不再发生类似事件；第四，外国军队立即撤出中国。但国民党青岛当局以有"处理在华美军人员刑事条例"为借口，一推了之。

第三次反美怒潮发生在1948年6月，由山东大学师生为反对美国扶植日本岸信介反动政府和强烈要求美军归还山大校舍而引发。6月28日，山大学生自治会发动全校罢课3天，学生们在校内游行示威，对着铁丝网另一边占据校舍的美军士兵高呼"反对美帝扶植日本！""反对霸占山大校舍"等口号。随后，学生们还到街头张贴反美标语，散发抗议书。美军被迫将原定租期山大校舍99年改为1950年归还。

美军后期盘踞青岛的日子并不好过，一是国民党政府腐败无能，逐渐处于败势，二是中国共产党领导的武装力量夺取全国胜利已势不可挡，美军慌了神，进退两难。

到1948年夏天，国民党军队在山东战场全线崩溃，只剩下济南和青岛这两座孤城。

同年9月16—24日，华东野战军组成14万人的攻城兵团，由山东兵团司令员许世友、华东野战军副政治委员兼山东兵团政治委员谭震林、副司令员王建安统一指挥，打响了济南攻城战役。经过 8 个昼夜的浴血激战，华东野战军攻克关内第一个省会城市——济南，共歼国民党军 10.4 万余人（内含起义 2 万人），俘虏国民党军第二"绥靖"区司令官王耀武等高级将领 23 名，缴获大量武器装备，从而拉开了解放战争战略决战的序幕。青岛成为一座孤岛。

如何攻下青岛？当时党中央和毛主席从解放战争的全局来考虑青岛的解放问题，为了避免与驻扎在青岛的美军直接作战，减少城市损失，让人民少承受灾难，决定对青岛进行密切监视，暂时不发动进攻，并对驻青美军施加各种压力以逼迫其撤离。

1949 年 4 月 21 日，解放军百万雄师横渡长江，第三天便解放了南京，全国解放指日可待。

28 日，毛主席亲笔拟写了命令，同意对青岛举行威胁性进攻，其目的是迫使敌人早日撤退，我军早日占领青岛，但又应避免与美军作战。在这种情况下，美国军方不得不考虑是否撤出青岛。

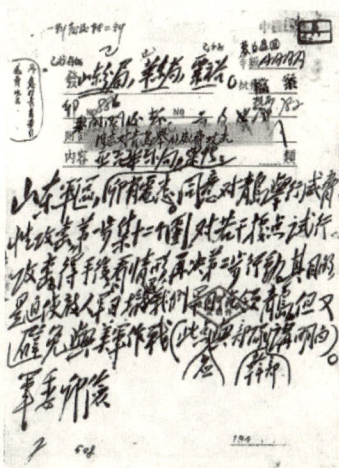
◎毛主席亲笔起草的电令

1949 年 4 月 30 日，山东军区司令员许世友指挥 32 军和胶东军区部队开始向青岛发起威胁性进攻。为了保全面子，美国劝说蒋介石将海军训练基地由青岛撤到厦门和台湾，美军基地也跟着撤出，这样就可以不给世人留下美方单方面撤退的印象。但是，1949 年 5 月 25 日，在隆隆炮声中，我人民解放军势如破竹，兵临青岛城下。专门帮国民

◎1948年美军撤离青岛。

◎1949年6月2日晚，青岛解放，解放军浩浩荡荡入城。

◎青岛人民欢庆解放。

◎1949年6月2日，青岛完全解放。

党打内战的美军一看大势已去，黯然撤离青岛海面。

1949年6月1日，青岛港内，满载着仓皇逃难的国民党军人、眷属、公职人员、学生、地主、商人等各类人群的大船启碇开行。经过三天三夜的航行，由青岛撤出来的船只载着10万余人陆续到达了台湾基隆港。

6月2日，解放军一举攻入青岛市区，国民党残兵败将落荒乘船南逃。中午12时，青岛宣告解放，人们欢天喜地迎接解放军入城，青岛终于回到了人民的怀抱。

1949年6月2日青岛解放，彻底结束了外国侵略者对青岛的侵略历史，也标志着国民党反动统治的结束，青岛真正回到了祖国和人民的怀抱。五四运动先驱们"还我青岛、还我主权"的奋斗目标在中国共产党和毛主席的领导下终于彻底实现。

第二十章

五四精神传百年

　　五四运动之所以被称为伟大的反帝反封建运动，是因为它最终取得了两个伟大的历史性成果：

　　第一个伟大成果是，青岛主权和山东权益归还中国。自鸦片战争之后，受苦受难的中国人民受尽腐败无能的旧政权和野蛮瓜分中国的列强的压迫，屡次反抗屡遭失败。中国作为一战获胜国参加巴黎和会，却被列强出卖。中国爆发五四运动，全国人民团结一心奋起抗争，逼迫北洋政府顺从民意，拒签意在让中国丧失主权的《凡尔赛和约》，虽败犹荣。中国人民继而不屈不挠地大力抗争，最终迫使各列强国在华盛顿会议上同意将青岛主权和山东权益归还中国。百年来中国人民念念不忘五四精神，始终引以为豪。

　　第二个伟大成果是，催生了中国共产党。在旧民主主义革命时期，一批又一批进步人士苦苦寻求解救中国摆脱帝国主义和封建主义压迫之路，但都无果而终。当俄国十月革命取得胜利，给中国送来了马克思列宁主义后，一些先进分子揭开了新民主主义革命的序幕，他们向往俄国十月革命的胜利，信仰马克思列宁主义，认清了只有建立中国共产党，领导人民反帝反封建，中国才会走向光明。五四运动为中国共产党成立培养了建党骨干力量，点燃了革命的星星之火，发展成燎原之势。百年来中国共产党人念念不忘五四精神，始终对五四运动饮水思源。

这就是五四运动功绩和五四运动精神能在中国传承百年经久不衰的最强大的原动力。在以后的岁月里，纪念五四运动成为传统，五四精神也成为中华民族和中国共产党的传家宝。

北京大学诞生于 1898 年，初名京师大学堂，是中国近代第一所国立大学，最初行使教育部职能，统管全国教育。

1911 年辛亥革命爆发。翌年，京师大学更名为北京大学。著名教育家蔡元培于 1916 年至 1927 年出任校长，推行教授治校、民主管理等各项制度改革，把北京大学办成全国的学术和思想中心，成为新文化运动的中心、五四运动的策源地。

1919 年 5 月 4 日五四运动爆发，北京大学等 13 所学校的学生在天安门前集会，北大学生罗家伦起草《北京学界全体宣言》，北京大学学生傅斯年任游行队伍总指挥。集会宣读了北大学生许德珩起草的《北京学生天安门大会宣言》。

游行学生火烧赵家楼，痛打章宗祥，军警当场逮捕学生。在北京各界抗争下，学生被释放。6 月 3 日，北京几千名学生纷纷走上街头，再次与北洋政府较量，170 多人遭反动军警逮捕，激发"三罢"斗争迅速在全国掀起，迫使北洋政府罢免曹汝霖、陆宗舆、章宗祥的职务，并拒绝签署《凡尔赛和约》，学生运动取得重大胜利。

五四运动后，北京大学教授李大钊率先系统地接受、传播、实践马克思主义，北大成为中国研究与传播马克思主义的摇篮和中心。1920 年 8 月，陈独秀创建共产党上海早期组织。1920 年 10 月，李大钊创立共产党北京早期组织。中共一大前涌现出的 58 名中共党员有 21 名是北大师生、校友。

百年来，北京大学始终如一地传承和弘扬五四精神。在 1929 年 5 月 4 日五四运动爆发十周年之际，北京大学法政系在北京"万丰斋"定制了一件纪念五四运动十周年的纯黄铜材质墨盒，直径约 7 厘米，高约 3 厘米，

◎ "北京大学法学系纪念五四运动十周年"纯铜墨盒

◎北大红楼新潮杂志社当年制作标语和旗帜条幅的地方

◎北京大学红楼

◎北京新文化运动纪念馆

重约 140 克。中心圆环内蓝底金色的"救国雪耻" 4 个大字醒目警示。盒盖两侧镌刻蔡元培题词："勿忘国耻，还我河山。永记历史，兴复中华。"下方镌刻"纪念五四运动十周年"。

北京大学有座声名远扬的五四红楼，即北大红楼，始建于 1918 年，因其主体由红砖砌成而得名，是北京大学旧址的一部分，是五四运动的重要活动地点之一。红楼后面有一个华北学联于 1947 年命名的"民主广场"，现已成为纪念新文化运动和宣传五四运动的爱国主义教育基地。

1961 年 3 月 4 日，红楼成为第一批全国重点文物保护单位。

李大钊等曾在红楼建立了共产党北京早期组织，成为北方革命活动的中心，当年李大钊的办公室就设在一楼东南隅朝东的两间屋子里。当年毛泽东曾在北京大学图书馆工作过。鲁迅先生自 1920 年应聘到北京大学任教，在红楼授课达 6 年之久。邓中夏等第一代共产党人也曾在此从事革命活动。红楼既是五四运动的策源地，又是共产党北京早期组织的发祥地。

红楼现在地址为北京五四大街 29 号，用一个历史事件来命名一条街，这在北京众多的道路名称中是独一无二的。

纪念馆依据研究成果对图书馆旧址进行

◎北大红楼内蔡元培先生的办公室

部分复原，目前有图书馆主任室、第二阅览室、登录室、第十四书库，以及新潮杂志社和学生大教室等 6 处陈列，并开辟蔡元培专题陈列、陈独秀专题陈列。

《新时代的先声——新文化运动陈列》是新文化运动纪念馆旧址复原的辅助陈列，分"点燃新文化的火炬"和"吹响新时代的号角"两大部分，以新文化运动的兴起、发展、影响为主线，通过 176 件实物和 67 张图片，全面展示新文化运动、五四运动和中国共产党诞生的历史。

毛泽东曾经明确地指出："研究中国共产党的历史，还应该把党成立以前的辛亥革命和五四运动的材料研究一下。不然，就不能明了历史的发展。"

毛泽东是五四运动在湖南开展斗争的学生领袖，也是中国共产党的创始人之一。对五四运动的充分研究与高度肯定，明确指出青年运动的方向和中国革命的前景，成为毛泽东思想的重要组成部分。

在 1939 年纪念五四运动 20 周年时，抗日战争进入艰难时期，革命圣地延安连续举行了盛大纪念活动。

毛泽东于 1939 年 4 月下旬撰写了《五四运动》一文。这篇文章首先发表在 5 月 1 日出版的《解放》第七十期上，新中国成立后，以原题编入《毛泽东选集》第二卷。

文章指出："二十年前的五四运动，表现中国反帝反封建的资产阶级民主革命已经发展到一个新阶段。""今天的抗日战争是其发展的又一个新的阶段，也是最伟大、最生动、最活跃的一个阶段。""在中国的民主革命运动中，知识分子是首先觉悟的成分，然而知识分子如果不和工农民众相结合，则将一事无成。革命的或不革命或反革命的知识分子的最后分界，看其是否愿意并且实行和工农民众相结合。""五四运动到现在已有了二十周年，抗日战争也快两周年了。全国的青年和文化界对于民主革命和抗日战争负有大的责任。我希望他们认识中国革命的性质和动力，把自己的工作和工农民众结合起来，到工农民众中去，变为工农民众的宣传者和组织者。全国民众奋起之日，就是抗日战争胜利之时。全国青年们，努力啊！"

在纪念五四运动 20 周年的时候，陕甘宁边区西北青年救国联合会决定将 5 月 4 日定为中国青年节，又称"五四青年节"。

1939 年 5 月 4 日，毛泽东出席在抗大第五大队坪场举行的延安青年纪念五四运动 20 周年大会，作关于青年运动的政治方向的演讲。这篇演讲稿在新中国成立后，以《青年运动的方向》为题编入《毛泽东选集》第二卷。

毛泽东强调："现在定了 5 月 4 日为中国青年节，这是很对的。中国革命现在的目的就是打倒帝国主义和封建主义，建立一个人民民主主义的共和国。中国反帝反封建的资产阶级民主革命，正确说是从孙中山开始的。孙中山开始的革命，几十年来没有取得胜利的主要原因，是占全国人口90％ 的工农群众还没有动员起来。中国革命中，知识分子起了先锋作用、带头作用，但主力军是工农大众，没有工农大众的动员起来和组织起来，中国革命要取得胜利是不可能的。"毛泽东重申了在《五四运动》一文中提出的检验一个青年是革命的、不革命或反革命的标准，指出："看一个青年是不是革命的，拿什么做标准呢？拿什么去辨别他呢？只有一个标准，这就是看他愿意不愿意，并且实行不实行和广大的工农群众结合在一块。愿意并且实行和工农结合的，是革命的，否则就是不革命的，或者是反革命的。他今天把自己结合于工农群众，他今天是革命的；但是如果他明天不结合了，或者反过来压迫老百姓，那就是不革命的，或者是反革命的了。"他希望全国的青年"要认清工农是自己的朋友，向光明的前途进军"。

《人民日报》是中国共产党中央委员会机关报，于1948年6月15日在河北省平山县里庄创刊。时由《晋察冀日报》和晋冀鲁豫《人民日报》合并而成，为华北中央局机关报，同时担负党中央机关报职能。毛泽东亲笔为《人民日报》题写报名。

《人民日报》坚持正确办报方向，积极宣传党的理论和路线方针政策，积极宣传中央重大决策部署，及时传播国内外各领域信息，为中国共产党团结带领全国人民夺取革命、建设、改革的伟大胜利作出重要贡献。

社论是新闻评论的一种，是最为重要的新闻评论和舆论工具，是报纸编辑部就重大问题发表的评论。

从1949年至今，《人民日报》以社论和评论员文章的形式，纪念五四运动和五四青年节，并且安排重要版面刊载重要活动、纪念文章等。

1949年的《人民日报》开创性地拿出了6个整版来书写"五四"，高规格纪念五四运动，这也可以看作共和国成立仪式的诸多预演之一。

现将36篇社论和11篇评论员文章目录列举如下：

1950年5月3日社论《青年要精通业务 掌握科学技术——迎五四青年节》；

1953年5月4日社论：《这是青年们发出更大的光和热的时候》；

1954年5月4日社论：《更好地培养青年一代》；

1955年5月4日社论：《用具体切实的方法培养和教育青年》；

1956 年 5 月 4 日社论：《向科学进军的正确道路》；

1957 年 5 月 4 日社论：《为着社会主义而劳动——纪念五四青年节》；

1958 年 5 月 4 日社论：《又红又专 后来居上》；

1961 年 5 月 4 日社论：《发扬革命精神和科学精神》；

1963 年 5 月 4 日社论：《一代一代地继承和发扬党的革命传统》；

1964 年 5 月 4 日社论：《知识青年要和工农群众变成一体》；

1965 年 5 月 4 日社论：《充分发挥青年的社会主义积极性——纪念五四中国青年节》；

1966 年 5 月 4 日社论：《把革命的火炬一代代地传下去》；

1967 年 5 月 4 日社论：《知识青年必须同工农相结合》；

1969 年 5 月 4 日社论：《五四运动五十年》；

1974 年 5 月 4 日社论：《纪念五四运动五十五周年》；

1978 年 5 月 4 日社论：《发扬"五四"传统 走在新长征的前列》；

1979 年 5 月 5 日社论：《解放思想，走自己的道路——纪念五四运动六十周年》；

1981 年 5 月 4 日评论员文章：《重温历史 坚定信心——纪念"五四"六十二周年》；

1982 年 5 月 4 日社论：《当代青年的历史使命》；

1984 年 5 月 4 日社论：《创造更加美好的未来——纪念五四运动六十五周年》；

1985 年 5 月 4 日社论：《奋发进取建功立业——纪念五四，祝贺全国新长征突击手表彰大会胜利闭幕》；

1988 年 5 月 4 日社论：《在改革开放中造就一代新人——热烈祝贺共青团第 12 次全国代表大会召开》；

1989 年 5 月 4 日社论：《发扬五四精神，推进改革和现代化事业》；

1990 年 5 月 4 日社论：《发扬优良传统 青春奉献中华——纪念五四运动 71 周年》；

1991 年 5 月 4 日社论：《为宏伟目标献青春——纪念五四运动七十二周年》；

1992 年 5 月 4 日社论：《肩负起走向二十一世纪的历史重任》；

1993 年 5 月 4 日社论：《当代青年的历史使命——祝贺中国共产主义青年团第十三次全国代表大会召开》；

1994 年 5 月 4 日社论：《肩负起跨世纪的历史重任——纪念五四运动七十五周年》；

1999 年 5 月 4 日社论：《承前启后 继往开来——纪念五四运动八十周年》；

2002 年 5 月 4 日社论：《永远跟党走——纪念中国共产主义青年团建团 80 周年》；

2004 年 5 月 4 日社论：《弘扬五四精神 肩负历史使命——纪念五四运动 85 周年》；

2006 年 5 月 4 日评论员文章：《我与祖国共奋进——庆祝五四青年节》；

2007 年 5 月 4 日评论员文章：《共奋进 齐奋斗 同发展——纪念"五四"青年节和中国共青团成立 85 周年》；

2009 年 5 月 4 日社论：《为民族复兴奏响青春乐章——纪念五四运动 90 周年》；

2009 年 5 月 4 日评论员文章：《推动中国历史进步的不朽丰碑——一论让五四精神放射出更加夺目的时代光芒》；

2009 年 5 月 5 日评论员文章：《把握最基本最重要的历史结论——二论让五四精神放射出更加夺目的时代光芒》；

2009 年 5 月 7 日评论员文章：《坚持实现民族复兴的正确道路——

三论让五四精神放射出更加夺目的时代光芒》；

2009 年 5 月 9 日评论员文章：《在伟大的变革中展现青春风采——四论让五四精神放射出更加夺目的时代光芒》；

2009 年 5 月 10 日评论员文章：《书写无愧于时代的辉煌篇章——五论让五四精神放射出更加夺目的时代光芒》；

2011 年 5 月 4 日社论：《用奋斗为民族赢得新光荣——庆祝"五四"青年节》；

2012 年 5 月 4 日社论：《让青春之光闪耀复兴之路——纪念中国共产主义青年团成立 90 周年》；

2014 年 5 月 4 日社论：《为实现中国梦激发青春力量——纪念五四运动九十五周年》；

2017 年 5 月 4 日社论：《青春作桨，梦想扬帆》；

2017 年 5 月 4 日社论：《不甘平庸锐意进取是青春的通行证》；

2017 年 5 月 4 日评论员文章：《"青春是用来奋斗的"——五四之际致青年》；

2018 年 5 月 3 日评论员文章：《肩负起国家和民族的希望》；

2018 年 5 月 4 日评论员观察：《青年向上 时代向前》。

纪念邮票是为纪念重大事件或重要人物而专门发行的邮票，大多以纪念事件和人物为主图，有时还印有纪念邮票的名称。和普通邮票一样，也属于通用邮票，一般可贴于各种信函的封套上。

1949 年 12 月，中华人民共和国中央人民政府政务院正式宣布 5 月 4 日为中国青年节，我国也多次发行纪念五四的邮票。

1947 年 5 月 4 日，解放区东北邮电管理局发行纪念五四运动邮票 1 套 3 枚，分绿、淡棕、紫色三色，面值分别为 10 元、30 元、50 元。主图为一只巨手持斧砍断象征专制统治的锁链，两侧空白边框内为两条标语：

"打破专制枷锁""争取民主自由"。这套邮票的设计者是张修平，他曾参考俄国十月革命后发行的邮票图案，巨手握着宝剑砍断锁链，象征无产阶级革命冲毁资本主义枷锁。

◎解放区东北邮电管理总局第二次发行五四青年节纪念邮票。

1948 年 5 月 4 日，解放区东北邮电管理总局第二次发行五四青年节纪念邮票 1 套 3 枚，面值为

◎ "纪62"《五四运动四十周年》纪念邮票

50 元（深绿）、150 元（深棕）和 250 元（深红）。邮票为华君武作图，仍由张修平设计，主图均为一东北青年一手持红旗，一手高举火炬。

从 1959 年起，新中国先后 4 次发行了 3 套 5 枚邮票和 1 套 1 枚邮资明信片来纪念伟大的五四运动，人民英雄纪念碑上的五四运动浮雕均成为邮票和邮资明信片的图案。

1959 年 7 月 1 日，正值中华人民共和国成立 10 周年前夕，我国发行"纪62"《五四运动四十周年》纪念邮票 1 套 2 枚，面值分别为 4 分和 8 分。这套邮票由钟涵设计，主图分别为高举马列主义旗帜"向科学技术进军"的人们和高举毛泽东思想旗帜的"工、农、商、学、兵"各界群众，背景为天安门及五四运动浮雕。

1969 年的五四青年节，我国发行"纪37"《纪念五四运动五十周年》纪念邮票 1 套 2 枚，这套邮票的面值均为 8 分，由邓锡清设计。邮票主图分别为"发扬'五四'光荣传统"和"为伟大的新长征贡献青春"，其中第一枚邮票的主图实质就是天安门广场上人民英雄纪念碑中的五四运动浮雕。

1989 年 5 月 4 日，我国发行"纪58"《五四运动七十周年》纪念邮票 1 套 1 枚，面值 8 分，由何洁、李跃义共同设计，图案为卷起的五四运动浮雕。

◎1999年我国发行了邮票《20世纪回顾》。

◎ "JP77"《五四运动八十周年》纪念邮资明信片

1999年，我国发行了《20世纪回顾》纪念邮票，其中有五四运动内容主题。

同年5月4日，我国还发行"JP77"《五四运动八十周年》纪念邮资明信片全套1枚，由李跃义设计。邮资面值60分，图案为变形的中国共产主义青年团团徽，明信片图案为中国共产主义青年团团旗和五四运动浮雕。

据《民主与科学》杂志统计，仅就1979年至2009年30年来"五四"研究领域的主要著作做一些梳理概览。

纪念文集成果丰硕

1979年，中国社会科学院主持召开了纪念五四运动60周年大型学术研讨会；1989年，中国社会科学院又主持召开以"五四运动与中国文化建设"为主题的学术研讨会，上海市6家单位联办举行"五四——中国文化的转机"学术研讨会；1994年，由中国现代哲学会等单位联合举办的"胡适与'五四'新文化运动——纪念'五四'75周年"学术研讨会；1995年，由中国现代文化学会、中国鲁迅研究会、北京鲁迅博物馆联合发起举办"五四精神与传统文化"座谈会；1996年，由北京市历史学会和国家教委社科中心联合召开"'五四'运动与20世纪中国历史发展道路"学术研讨会；1999年，北京大学举办了主题为"五四运动与二十世纪中国"学术研讨会；2009年，北京大学召开纪念五四运动 90 周年学术研讨会。这些研讨成果都有论文结集出版。

主要纪念文集：《五四运动论文集》《纪念五四运动六十周年学术讨论会论文选（全三册）》《五四运动六十周年纪念文集》《北京大学纪念五四运动七十周年论文集》《论传统与反传统：五四七十周年纪念文选》《五四运动与中国文化建设——五四运动七十周年学术讨论会论文选》《五四运动与二十世纪的中国：北京大学纪念五四运动八十周年国际学术研讨会论文集》《五四的历史与历史中的五四：北京大学纪念五四运动九十周年国际学术研讨会论文集》。

史料著作琳琅满目

综合性史料：《五四运动回忆录》（上、下册）、《五四爱国运动》、《五四爱国运动档案资料》。

专题性的资料主要：《五四时期的社团》《五四时期妇女问题文选》《五四前后东西文化问题论战文选》《新民学会资料》。

反映五四运动在各地情况的资料：《五四运动与北京高师》《五四运动在天津》《五四运动在上海史料选辑》《五四运动在武汉》《武汉五四运动史》《五四运动在山东资料选辑》《五四运动在河南》。

随着五四运动研究的深入，一批人物资料也相继出版。陈独秀、李大钊、胡适、蔡元培、钱玄同等人的年谱、文集、日记、传记等材料大批出版。

五四时期重要期刊如《新青年》《新潮》《少年中国》《建设》《星期评论》《觉悟》

◎《五四运动在北京》

等也被影印出版。

有关陈独秀的主要史料《陈独秀文章选编》《陈独秀著作选》《后期的陈独秀及其文章选编》《陈独秀书信集》《陈独秀评论选编》《陈独秀年谱》。

有关李大钊的主要史料《李大钊全集》《李大钊遗文补编》《李大钊生平史料编年》《李大钊史事综录》《回忆李大钊》《李大钊年谱》。

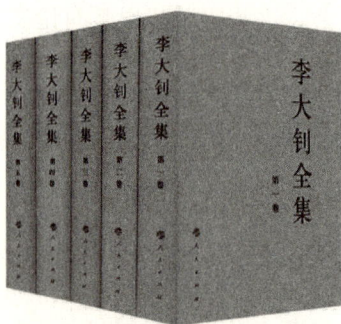

◎《李大钊全集（5卷本）》

有关胡适的主要研究资料：《胡适哲学思想资料选》《胡适文集》（12卷本）《胡适来往书信选》《胡适年谱》《胡适遗稿及秘藏书信》《胡适论争集》《胡适自传》《胡适的日记》《胡适学术文集》《胡适全集》。

在人物资料的研究基础上，出现了一批比较有名的五四时期人物传记和人物研究论著：《陈独秀传》《李大钊传》《胡适传》《蔡元培传》《鲁迅传》《五四时期陈独秀思想研究》《胡适研究论稿》《胡适新论》《蔡元培与北京大学》《李大钊早期思想与近代中国》。

海外"五四"研究活跃

"五四"研究也引起了海外及港台学者的重视，其中，美国和日本的成果比较显著。这些成果有很多已被大陆陆续译介出版，为内地学者研究参考提供了便利。

主要著作：《五四运动史》《中国意识的危机》《中国传统的创造性转化》《五四：多元的反思》《救亡与传统：五四思想形成之内在逻辑》《危机中的中国知识分子》《现代中国的思想冲突》《中国启蒙运动：知识分子与五四遗产》《五四新文化的源流》《北京大学与中国政治文化》《五四研究论文集》《革命之再起——中国国民党改组前对新思潮的回应（1914—

1924）》《五四：文化的阐释与评价——西方学者论五四》《台港及海外五四研究论著撷要》《时代的错位与理论的选择》《五四新论》《从五四到新五四：文化中国续编》《从五四到河殇》《五四与中国》《新思潮与传统——五四思想史论集》《社会改革的思潮：纪念"五四"八十周年》《科学精神与科学方法：纪念"五四"八十周年》《五四后人物、思想论集》《中国启蒙的历史图景》《启蒙的价值与局限》《中国现代思想中的唯科学主义》。

专著颇丰

近 30 年来，学术界关于五四运动的研究，无论从广度还是深度来说，都有很大的提高和发展。与此同时，有关五四运动的专题性研究也取得了很大进展。这些著作主要有：《中国新民主革命通史》（第 1 卷《伟大的开端》）《五四运动史》《北京大学与五四运动》《五四时期思想史论》《国民党人与五四运动》《新文化的源流与趋向》《无地彷徨："五四"及其回声》《五四民主观念研究》《启蒙与革命：五四"激进派"的两难》《忧患与风流——世纪先驱的百年心路》《变迁中的心态：五四时期社会心理变迁》《五四新文化运动与儒学》《历史与思想：中国现代史上的五四运动》《五四的思想世界》《新文化的传统：五四人物与思想研究》《欧阳哲生讲胡适》《触摸历史与进入五四》《五四运动画传：历史的现场和真相》《触摸历史：五四人物与现代中国》《三大思潮鼎立格局的形成：五四后期的思想文化论战》《五四之魂：中国知识分子精神史》《回首五四：百年中国思潮和人物》《中国现代思想史论》《五四运动与现代中国》《重回"五四"起跑线》《告别中世纪：五四文献选粹与解读》《五四思潮史》《五四精神新论》《"五四"与中国现代化》《五四运动与 20 世纪中国的历史道路》《五四图史》《五四运动——历史聚焦》《激变时代的文化与政治》《北大教授与〈新青年〉》《北大教授：政学两界人和事》。

　　1999 年 5 月 4 日，五四运动 80 周年纪念大会在北京举行。时任中共中央政治局常委、国家副主席胡锦涛在大会上发表了重要讲话。

　　胡锦涛回顾了五四运动以后中国共产党领导中国人民争取社会进步和推动历史前进的奋斗历程。他说，五四运动以来 80 年的历史证明：中国共产党是五四精神最忠诚的继承者；中国人民选择中国共产党作为领导自己事业的核心力量，选择经过新民主主义过渡到社会主义社会的革命道路，选择并成功地开辟具有中国特色的社会主义发展道路，是完全正确的；青年始终是我们社会中最积极、最活跃、最有生气的一部分力量，青年运动的发展始终同中国共产党领导人民不懈奋斗的历史进程紧密相连，我们的事业取得的全部成就始终与一代又一代青年的英勇奋斗分不开。

　　胡锦涛要求广大青年坚持学习科学文化与加强思想修养的统一，坚持学习书本知识与投身社会实践的统一，坚持实现自身价值与服务祖国人民的统一，坚持树立远大理想与进行艰苦奋斗的统一，努力把自己锻炼成为党和人民所需要的、符合时代要求的社会主义建设者和接班人。他希望大家：第一，要坚定理想，服务人民；第二，要深入群众，投身实践；第三，要勤奋学习，勇于创造；第四，要脚踏实地，艰苦奋斗，积极创造无愧于前辈、无愧于后人的业绩。

　　胡锦涛指出，青年是祖国和民族的未来与希望。各级党委和政府，要从社会主义事业长远发展的战略高度，热情关怀青年，正确引导青年，严格要求青年，努力把青年一代培养成为有理想、有道德、有文化、有纪律的社会主义新人。共青团是党领导的先进青年的群众组织，要发挥好作为党的助手和后备军的作用，发挥好作为国家政权的重要社会支柱的作用，发挥好作为党和政府联系青年群众的桥梁与纽带的作用。社会各方面都要热情关心青年一代的成长和发展。

　　2009 年 5 月 4 日，北京隆重纪念五四运动 90 周年，庆祝五四青年节。时任中共中央政治局常委李长春代表党中央、国务院，向全国各族青年致以节日的祝贺和亲切的问候！

90 年前爆发的五四运动，是以一批先进青年知识分子为先锋、广大人民群众共同参与的彻底反帝反封建的伟大爱国革命运动，也是一场伟大的思想解放运动和新文化运动。五四运动猛烈地冲击和荡涤了几千年来的封建旧礼教、旧道德、旧思想、旧文化，为新思想、新文化在中国的广泛传播开辟了道路。

在五四运动开启的波澜壮阔的革命洪流中，中国共产党应运而生。领导反帝反封建的革命斗争、争取民族独立和人民解放、实现中华民族伟大复兴的庄严使命，历史地落到了中国共产党的身上，中国革命从此进入了崭新的发展阶段。中国共产党带领全国各族人民夺取了新民主主义革命的胜利，建立了新中国，全面确立了社会主义基本制度，开创了中国特色社会主义事业，实现了五四先驱们不懈追求的民族独立和人民解放的奋斗目标，找到了五四先驱们矢志探索的国家富强、民族振兴和人民幸福的正确道路。

90 年的历史昭示我们，坚持中国共产党的领导，始终是推动我国各项事业不断前进的根本保证。在新的历史条件下，只要我们毫不动摇地坚持党的领导，就一定能够实现中华民族的伟大复兴。

90 年的历史昭示我们，坚持马克思主义基本原理同中国具体实际相结合，不断推进马克思主义中国化，是推动我国各项事业不断前进的强大动力。

90 年的历史昭示我们，坚持走中国特色社会主义道路，是实现国家富强、民族振兴、人民幸福唯一正确的选择。

90 年的历史昭示我们，青年始终是我国社会中最积极、最活跃、最有生气的力量，是祖国和民族的未来，是我们事业兴旺发达的希望。

李长春要求，当代青年要积极投身全面建设小康社会伟大实践，努力成为科学发展观的忠实执行者。

当代青年要勤奋刻苦学习，努力成为党和国家事业的合格建设者。

当代青年要勇于开拓创新，努力成为建设创新型国家的积极推动者。

当代青年要注重道德修养，努力成为社会主义核心价值体系的模范践行者。

伟大的五四精神历久弥新，宏伟的民族振兴大业催人奋进。让我们高举中国特色社会主义伟大旗帜，大力弘扬伟大的五四精神，在夺取全面建设小康社会新胜利、开创中国特色社会主义事业新局面、实现中华民族伟大复兴的征程中，不断谱写无愧于前辈、无愧于时代的更加辉煌的篇章！

近10年来，习近平曾多次到五四运动的策源地北京大学视察、调研，对广大青年倾注了关怀和勉励青年人的情怀。

2009年5月6—7日，习近平来到北京大学、北京航空航天大学、中央民族大学、首都师范大学、中国人民大学，对高校开展学习实践活动的情况进行调研。

2012年6月19日至20日，时任中共中央政治局常委、中央书记处书记、国家副主席习近平，先后到北京大学、中国人民大学、清华大学就加强和改进高校党建工作进行调研，并召开座谈会听取意见。

2014年5月4日是五四青年节，也是五四运动95周年纪念日。这天上午，中共中央总书记、国家主席、中央军委主席习近平来到北京大学考察。习近平代表党中央向全国各族青年致以节日问候，向全国广大教育工作者和青年工作者致以崇高敬意。

总书记考察了人文学苑、生物动态光学成像中心，参加了纪念五四诗会。

他强调，核心价值观承载着一个民族、一个国家的精神追求，是最持久、最深层的力量。广大青年要从现在做起，从自己做起，勤学、修德、明辨、笃实，使社会主义核心价值观成为自己的基本遵循，并身体力行，大力将其推广到全社会，努力在实现中国梦的伟大实践中创造自己的精彩人生。

2018 年 5 月 2 日，在五四运动 99 周年纪念日和北京大学建校 120 周年校庆日即将来临之际，习近平来到北京大学考察。习近平代表党中央，向北京大学全体师生员工和海内外校友、全国各族青年、全国青年工作者致以节日的问候。

他强调，坚持好、发展好中国特色社会主义，把我国建设成为社会主义现代化强国，是一项长期任务，需要一代又一代人接续奋斗。广大青年要成为实现中华民族伟大复兴的生力军，肩负起国家和民族的希望。高校要牢牢抓住培养社会主义建设者和接班人这个根本任务，坚持办学正确政治方向，建设高素质教师队伍，形成高水平人才培养体系，努力建设中国特色世界一流大学。

习近平发表了重要讲话。他指出，实现中华民族伟大复兴的中国梦，广大青年生逢其时，也重任在肩。广大青年既是追梦者，也是圆梦人。追梦需要激情和理想，圆梦需要奋斗和奉献。广大青年应该在奋斗中释放青春激情、追逐青春理想，以青春之我、奋斗之我，为民族复兴铺路架桥，为祖国建设添砖加瓦。

习近平强调，当代青年是同新时代共同前进的一代。广大青年既拥有广阔发展空间，也承载着伟大时代使命。每一个青年都应该成为社会主义建设者和接班人，不辱时代使命，不负人民期望。广大青年要忠于祖国、忠于人民，了解中华民族历史，秉承中华文化基因，有民族自豪感和文化自信心，把自己的理想同祖国的前途、把自己的人生同民族的命运紧密联系在一起，扎根人民，奉献国家。要立鸿鹄志、做奋斗者，培养奋斗精神，做到理想坚定，信念执着，不怕困难，勇于开拓，顽强拼搏，永不气馁。要求真学问、练真本领，通过学习知识，掌握事物发展规律，通晓天下道理，丰富学识，增长见识，更好为国争光、为民造福。要知行合一、做实干家，面向实际、深入实践，严谨务实、苦干实干，在新时代干出一番事业。要以社会主义建设者和接班人的使命担当，为全面建成小康社会、全面建设社会主义现代化强国而努力奋斗，让中华民族伟大复兴在我们的奋斗中梦想成真。

五四运动百年畅想，五四精神百年辉煌，这是中国人民的骄傲！这是中国共产党的自豪！

第二十一章
弘扬五四青岛先

青岛号称 "黄海明珠"，素有"东方瑞士"之誉，是一个风光旖旎令人心醉神怡的海滨城市。在曲折蜿蜒的海岸线上，岬角、港湾、沙滩错落分布，岛礁斑驳兀立。一字排开的团岛鼻、团岛角、汇泉角、太平角、燕儿岛、麦岛多基岩裸露，诗情画意般的团岛湾、青岛湾、汇泉湾、太平湾、浮山湾等港湾犹如人间仙境，大自然巧夺天工造就了"中国大陆最美海湾。"

由于青岛地处北温带季风区域，属温带季风气候，受海洋气候的影响十分明显。大海就像夏送凉爽、冬送温暖的大空调器，使青岛空气湿润，温度适中，四季分明。春季气温回升缓慢，较内陆迟 1 个多月；夏季湿热多雨，但无酷暑；秋季天高气爽，降水少；冬季风大温低，持续时间较长，但无严寒。青岛是风景旅游胜地，也是人类宜居的地方。

然而，这个令人心醉神怡的美丽青岛，历史上让德国、日本、美国垂涎三尺，饱受了屡遭外强侵略、占领、盘踞蹂躏的深重灾难。

1891 年，清廷向青岛派兵建置，刚过 6 年初具规模时，德皇威廉二世借突发"巨野教案"之机，于 11 月 14 日派军舰和士兵从海上突袭并占领青岛，并于 1898 年（光绪二十四年）3 月 6 日强签了《中德胶澳租界条约》，名为租借，实为殖民，德国强租殖民青岛长达 17 年之久。

1914 年第一次世界大战爆发后，北洋政府大总统袁世凯犯下不对德国宣战、恪守中立、错失从德国手中夺回青岛良机的历史之罪，为觊觎青岛多时的日本开了方便之门。日本即刻向德国宣战，却没有派一兵一卒去欧洲与德国作战，而是极度反常地在中国开辟一战唯一的第二战场，11 月 7 日攻占青岛，将德国在青岛和山东的权益攫为己有，并于 1915 年威胁利诱袁世凯签订了意在灭亡中国的"二十一条"，引起了全国人民的强烈反对。日本第一次非法占领青岛长达 8 年。

1919 年在第一次世界大战结束后召开的巴黎和会上，中国代表提出收回青岛和山东权益的长篇《说帖》但操纵会议的英、法、美、日等无视中国的正义要求，悍然将青岛主权和山东权益送给日本。在中华民族危难的紧急时刻，逐渐觉醒的中国先进青年和先进知识分子把自己的命运和国家的命运紧密联系在一起，北京学生于 5 月 4 日英勇走上街头游行示威，奋起抗争，高举爱国主义的旗帜，弘扬科学、民主精神，为救亡图存奔走呼号，促使斗争发展成为以工人阶级为主力军的波澜壮阔、声势浩大的反帝反封建的爱国政治运动。五四运动促进了马克思主义在中国的传播，为中国共产党的诞生在思想上、组织上和干部上准备了条件。

共产党青岛早期组织是中共一大之后建立起来的。经过五四运动洗礼的青岛，至 1922 年，工人总数已超过 4 万人，其中产业工人约 2 万人。他们大部分聚集在纱厂、码头、铁路以及四方机厂等行业，又多居住在四方、沧口、东镇和码头附近。因为青岛工人数量在全省最多，这成为共产党开展工作所依靠的重要力量。

邓恩铭是中共一大代表、共产党济南早期组织成员，五四运动期间积极组织和领导济南示威游行声援北京五四运动。1923 年 4 月，邓恩铭受济南党组织派遣来到青岛，谋到《胶澳日报》副刊编辑的职务，开始有计划地传播马克思主义。同年 8 月（一说 1924 年 5 月），邓恩铭、王象午、延伯真建立了青岛第一个共产党组织中共青岛组，邓恩铭任书记。同年 11

月，中国社会主义青年团青岛支部成立，邓恩铭任书记。1925 年，邓恩铭任中共青岛支部书记，参加领导了青岛日商纱厂工人大罢工和"五卅"反帝斗争。8 月，邓恩铭任中共山东地方执行委员会书记。1927 年 4 月出席中共五大，11 月出席中共中央政治局扩大会议，回来后任中共山东省委书记。1928 年 2 月调青岛，任中共青岛市委书记，后在淄博负责党的工作。1929 年初，邓恩铭被捕，于 1931 年 4 月 5 日被国民党山东当局枪杀于济南。

同样是中共一大代表、共产党济南早期组织成员、组织和领导济南示威游行声援北京五四运动的王尽美，是一个鞠躬尽瘁为革命的工作狂。1925 年春节前夕，王尽美因操劳过度吐血晕倒，住进医院治疗。时值工人运动蓬勃发展之际，他毅然出院，抱病赴青岛投入战斗。他与邓恩铭等一起组织领导胶济铁路全线、四方机厂工人大罢工，并成立了胶济铁路总工会。4 月，他去青岛与邓恩铭等一起领导青岛日商纱厂工人同盟大罢工，迫使日本资本家签订了 9 项复工条件。同年 6 月，因肺病复发，在党组织的安排下回到家乡养病，后到青岛治疗。病重期间，他请青岛党组织负责人笔录了他的遗嘱："全体同志要好好工作，为无产阶级和全人类的解放和共产主义的彻底实现而奋斗到底。"8 月 19 日，王尽美在青岛逝世，终年 27 岁。

青岛，是五四运动的导火索；青岛主权回归，是五四运动的一个重大成果。为了从外国侵略者手中收回青岛主权，中国人民进行了长期不屈不挠的斗争，1922 年 2 月终于在华盛顿签订条约，促使青岛主权和山东权益得以交还中国，但中国为此付出了 6100 万日元的巨大代价。1922 年 12 月 10 日正午，中日两国在原胶澳总督府举行交接仪式，沦陷于德、日殖民统治下长达 25 年的青岛回到了祖国怀抱。青岛回归，成为中国收回外强在华租借地、废除不平等条约的先声。

但是，受苦受难的青岛命运多舛，在主权回归 15 年后，对青岛贼心不死的日本，又借发动全面侵华战争之机，于 1938 年 1 月 10 日再次侵占青岛，并实施了近8年的殖民统治，其滔天罪行罄竹难书。

1945年8月15日，日本宣告无条件投降，抗日战争取得伟大胜利，青岛彻底摆脱了日本殖民统治。但美国支持国民党政府打内战，趁机从1945年9月11日起先后派遣美国第七舰队、西太平洋舰队、海军基地司令部、海军陆战队等10余个军事单位和8个情报机关进驻青岛。可谓日军豺狼才去，美军虎豹又来。美军在青岛盘踞3年7个月，同样是劣迹斑斑。

从1891年清廷向青岛派兵建置，到1949年6月2日青岛获得真正的解放，在这58年中，青岛被德、日侵占和美军盘踞达38年，其灾难是何等深重，其被殖民是何等耻辱。

2018年12月18日，在北京召开的庆祝改革开放40周年大会上，中共中央总书记、国家主席、中央军委主席习近平高瞻远瞩地总结说："建立中国共产党、成立中华人民共和国、推进改革开放和中国特色社会主义事业，是五四运动以来我国发生的三大历史性事件，是近代以来实现中华民族伟大复兴的三大里程碑。"

从某种意义上讲，伟大的五四反帝反封建爱国运动，是"建立中国共

◎庆祝改革开放40周年大会

产党、成立中华人民共和国、推进改革开放和中国特色社会主义事业三大里程碑"功不可没的奠基石。五四运动，永远是中华民族历史上光彩夺目的一页；五四精神，永远是照亮中国共产党领导中国人民胜利前行的一盏明灯。

百年五四，勿忘初心。我们纪念五四运动，弘扬五四精神，要坚持爱党、爱国、爱人民、爱岗位，为建设中国特色的社会主义大厦添砖加瓦。在这个方面，青岛走在了全国前列。

新中国成立初期，由于旧社会遗留下来的是一个满目疮痍的烂摊子，生产停滞，通货膨胀，物价飞涨，投机横行，人民生活困苦不堪，百废待兴刻不容缓。青岛因屡遭德国、日本、美国的侵略掠夺，又是国民党打内战最后撤退的阵地，衰弱破败景象更是有过之而无不及。

新中国成立后，青岛人民和全国人民一起，在中国共产党领导下，发扬五四精神，不忘爱国初心，走上了社会主义的康庄大道。

从 1949 年到 1952 年年底，共产党和人民政府领导和组织人民，大规模地恢复交通运输业，恢复农业生产，恢复工业生产，调整私营工商业，恢复城乡中小学教育，在短短三年时间内，取得了恢复国民经济两大方面的胜利：一方面制止了旧中国遗留下来的恶性通货膨胀，稳定了市场物价，恢复了被战争严重破坏的国民经济；另一方面基本上完成对封建土地制度的改革，解放农村生产力，发展社会主义国有经济，确立了国有经济对资本主义经济和个体经济的领导地位，为有计划地进行经济建设创造了条件。

到 1952 年年底，我国工农业总产值比 1949 年增长 77.5%，其中工业总产值增长 145%，农业总产值增长 48.5%。人民生活得到了普遍改善，全国职工的平均工资提高 70% 左右，各地农民的收入一般增长 30% 以上。国家财政经济状况有了根本好转。

青岛与共和国同步，用社会主义革命和社会主义建设的惊人成就洗刷了旧中国的贫苦和灾难。

青岛解放后，中国纺织总公司青岛分公司及其所属的棉纺织、印染、针织、纺织机械等 13 个企业获得了新生；青岛的 298 家私有企业亦走上了康庄大道。青岛纺织业向全市提供棉纱 12.53 万件，布 1.63 亿米（其中国有企业 1.06 亿米，占全国的 12.23%，占全省的 45.81%），实现工业总产值 1.3 亿元。

在经济建设大潮中，青岛涌现出了"郝建秀小组"这个光荣的集体，66 年来一直是响当当的经济建设大潮的"弄潮儿"。

◎郝建秀

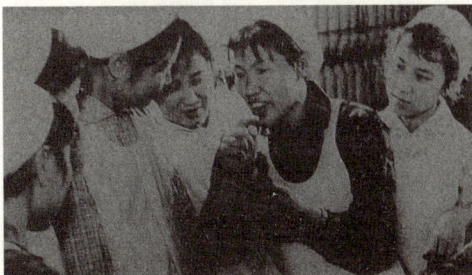

◎郝建秀和郝建秀小组的姊妹们在一起切磋技艺。

1951 年夏，在全国轰轰烈烈的"红五月"劳动竞赛中，新中国第一代纺织工人——16 岁的青岛国棉六厂细纱纺织女工郝建秀创出"细纱工作法"，是工作主动有规律、紧扣中心环节、时间合理分配、各项工作交叉结合进行的科学纺纱法，并创造了连续 7 个月皮辊花率平均 0.25% 的优异成绩。全国纺织总工会专门组成研究会总结命名并推广了"郝建秀工作法"。

郝建秀工作法的推广，带动了全国纺织行业"五一织布工作法"等 80 多个工作法的陆续产生，对中国纺织工业的基础管理、劳动组织调整和操作技术的规范产生了巨大作用，对新中国纺织工业的发展和支援抗美援朝斗争作出历史性贡献。

◎中共十五大代表、郝建秀小组第七任组长程波（左二）和第八任组长盛桂兰（左三）等同事，一起认真分析棉纱质量。

◎第九任小组长姜玲在为组员安排一天的工作。

郝建秀的模范事迹，受到了全国人民的赞扬，各新闻媒体争先进行了报道。毛泽东、周恩来、刘少奇、朱德等党和国家领导人数次接见郝建秀，中央和省市各级政府也多次对她表彰奖励。郝建秀的事迹传遍祖国大江南北，并传到海外，郝建秀成为新中国第一代英模的杰出代表，青岛人为之骄傲。

自命名至今的 66 年中，"郝建秀小组"已有 9 任组长，她们是郝建秀、王秀英、牟秀美、杨美珍、仇美春、郭爱珍、程波、盛桂兰、姜玲。

66 年来，"郝建秀小组"始终坚持把小组拼搏创新、无私奉献的火车头精神代代相传，连续 66 年月月超额完成生产计划，出色完成各种新品种试纺任务，先后培养出干部及技术骨干近 300 人，先后荣获国家级、省部级和市级集体及个人荣誉 130 多项。2 人 3 次出席过党的全国代表大会，1 人 2 次出任全国人大代表，3 人被评为"全国劳动模范"，4 人被授予"全国五一劳动奖章"，成为中国纺织工业一面高高飘扬的红旗。

百年五四，勿忘初心。我们牢记五四运动，弘扬五四精神，要树立国家主人翁的思想，发挥拼搏奋斗精神，一代人要有一代人的作为，一代人要有一代人的贡献，一代人要有一代人的牺牲。在这个方面，青岛走在了全国前面。

青岛港始建于 1892 年，距今已有 126 年历史。

最早青岛港口码头是由清廷建造的，德国和日本侵占青岛 33 年中，虽然有所扩建，但都独霸青岛港，使青岛港成为他们掠夺中国资源的吸血港，尤其日本占领时期强掳数十万劳工，有相当一部分劳工是从青岛港转运的。

抗日战争结束后，国民党政府从日本败兵手中接下的青岛港，破烂不堪，到处失修，他们无心无力重建青岛港，而是集中军力打内战。几年中有两万多名美国兵从青岛港登陆。美国给了蒋介石271艘舰艇，港口忙于军火物资装卸，成了美国帮助蒋介石打内战的一个桥头堡。此时的船舶进出口、货物进出口和内外贸易却仅维持在德国统治青岛时期的水平。那时封建把头把持青岛港，码头工人遭受欺压盘剥，过着牛马不如的生活。

新中国建立后，青岛港码头工人不再当牛做马，他们当家做主成了国家的主人，始终坚持兴港创业的奉献精神，将一个不景气的港口建设成为世界级大港。

人民政府对青岛港实施"以港养港""以航养港"的治港兴港战略，

◎新时期产业工人的杰出代表许振超接受记者采访。

◎繁忙的青岛港

从测量水深、疏浚航道和港池的恢复工程开始，历经 8 年全面对受到严重破坏的码头进行修复，到 1958 年港口吞吐量达到 223 万吨。1966 年 6 月 25 日，我国历史上第一座码头工人自己设计、自行施工的机械化煤炭码头正式动工，到 1968 年 6 月，青岛港煤炭码头正式竣工投产。

历经 40 年改革开放，青岛港已建设成为国家特大型港口。青岛港是全球第七大港，拥有集装箱、金属矿石及煤炭、液体散货等综合的货种结构，货种的多样性和服务的综合性，成为青岛港的核心竞争力。2017 年，青岛港加快"提质增效、创新发展"的步伐，港口货物和集装箱吞吐量分别达到了 5.1 亿吨和 1830 万标准箱，港油品货种年吞吐量首次超越亿吨。

百年五四，勿忘初心。我们牢记五四运动，弘扬五四精神，要树立乐于奉献的精神，在平凡的工作岗位上，做出不平凡的业绩。在这个方面，青岛走在了全国前面。

胶济铁路始建于 1899 年，由占据青岛的德国侵略者投资建设，1904 年建成通车，干线全长 395.2 千米，博山支线长 45.7 千米，是横贯山东的运输大动脉。

在从 1897 年至 1914 年侵占青岛的 17 年中，德国殖民者通过胶济铁路，将大批洋货输入山东内地，又从山东掠走大批土特产品，从而使广大农民与手工业者自给自足的自然经济基础遭到根本破坏，纷纷破产失业。与此同时，德国殖民者还利用"迁路以就矿"的办法，通过修筑铁路，霸占了山东的优良矿区，对铁路沿线的矿产资源随意挖掘、掠夺，并对山东的民营矿业进行百般压迫，使我国矿产资源遭到严重破坏，民营资本也颇受打击、压制。从而进一步加深了山东人民的贫困与苦难。

两次占领青岛15年半中，日本将胶济铁路改名为"山东铁道"，由日军铁道联队管理。为了加紧掠夺山东资源，日本对胶济铁路进行了一些改造，以扩大其运输能力。仅1915年至1921年7年间，日本从胶济铁路获得的利润就达1885万余元。直到1922年，华盛顿会议督促中日签订了《解决山东悬案条约》及附约，规定胶济铁路由中国赎回。为了青岛和胶济铁路回归，中国北洋政府付出了6100万日元，单胶济铁路就付出4000万日元，占了整个赎金的2/3，可见这条黄金运输线的分量。

1949年6月2日青岛解放，胶济铁路从此回到人民的怀抱，在其几近瘫痪的基础上起步迈向崭新的历史时期。

自20世纪50年代开始，胶济铁路沿线进行了大规模的线路建设，蓝烟铁路以及东营到张店、博兴到小营等地方铁路相继建成通车，古老的胶济线开始变得四通八达。1978年，曾两度施工又两度下马的胶济复线工程第三次复工，直到1990年，胶济铁路复线全线贯通，从此结束了胶济铁路单线行车的历史。

进入新世纪，胶济铁路建设发生了翻天覆地的变化，百年胶济铁路历经蒸汽机车、内燃机车、电力机车牵引列车的3个阶段，经过几次大提速，胶济铁路上的列车速度从每小时50千米飞跃到每小时250千米，从青岛乘火车到济南，新中国成立前需要大约12个小时，20世纪80年代减为8小时，20世纪90年代约为6小时，2000年前后大约4小时，而现在只需两个多小时。最初由德国人建造的胶济铁路，曾是旧中国积贫积弱、饱受欺凌的缩影，而现在的胶济铁路见证着新中国的发展速度和齐鲁大地的欣欣向荣。

中国铁路济南局集团有限公司青岛站，是全国铁路客货运综合性特等站，我国"八横八纵"快速铁路网骨干节点，管辖青岛站、青岛北站等 10 个部门，日开行旅客列车 61.5 对（其中动车高铁列车 38 对），承担着青岛市及周边铁路客货运输服务任务，现有职工 1694 人。

近年来，车站认真贯彻中央、山东省文明创建要求，结合铁路工作实际，以培育和践行社会主义核心价值观为引领，依托全国首个铁路车站服务品牌"阳光家园"，不断提升铁路文明服务水平，积极履行各项社会责任，文明创建取得良好成效，先后被评为全国企业文化百佳单位、全国铁路文明车站、全国铁路火车头先进单位、全国铁路模范职工之家，车站"阳光家园"品牌被评为青岛市著名商标、山东省著名商标，"阳光家园"品牌服务文化入选 2013 年度全国企业文化优秀成果、全国铁路企业文化优秀成果，深受社会和广大乘客好评。

济南铁路局青岛"海之情"青京车队，成立于 1950 年年初，其值乘的青岛至北京旅客列车是山东省第一趟进京列车。

69 年来，这个先进模范车队始终不渝地高举"旅客利益高于一切，集体荣誉重于一切"的精神旗帜，以"为先是夺，敢于领跑"的争先意识，用大海般的深情诠释着"海之情怀，家之温馨"的服务理念，在为旅客服务的"舞台"上，展现着行业翘楚的亮丽倩影。历史记载着她不平凡的"履历"：

连续 33 次荣获"全路红旗列车"称号；先后获得"全国精神文明建设示范点""全国创建文明行业工作先进单位""全国五一劳动奖状""全国青年文明号""全国用户满意服务""全国先进基层党组织""全路先进党支部标杆""山东省文明列车"等荣誉称号，也获得了山东省、青岛市服务名牌与著名商标等诸多殊荣。

百年五四，勿忘初心。我们牢记五四运动，弘扬五四精神，要发扬优良传统，树雄心，立大志，创大业，永争第一不停步，勇往直前求发展。

在这个方面，青岛走在了全国前面。

1899 年德国创办了山东铁路公司，修建了胶济铁路，为了维修机车、车辆，生产零配件，在四方站旁建了四方铁路工厂，青岛人习惯称它"四方机厂"。

当时四方机厂有工人 1520 余名，是青岛最大的机械厂。为了反抗德、日帝国主义以及北洋军阀的长期剥削和压迫，郭恒祥、张吉祥、郭学濂等进步工人将厂内的鲁班会、老君会、油匠会等小团体联络在

◎青岛站员工热心为乘客服务。

◎"海之情"青京车队在列车行进途中开展评比颁发"流动红旗"活动。

一起，于 1923 年 1 月成立了圣诞会，参会工人多达数百名。

改造四方机厂圣诞会，成为青岛党组织开展工人运动的首要目标和任务。1923 年 4 月，中共北方区委派王荷波（化名满玉钢）来到青岛，即对圣诞会的领导人进行了革命启蒙教育。中共一大代表邓恩铭随后来到青岛后，将发动群众，启发教育工人，进行马克思主义的传播，开展斗争的重点放在了四方机厂。在王荷波、邓恩铭、王尽美等共产党员的帮助教育下，郭恒祥等圣诞会领导人诚心接受党的领导。圣诞会成为党领导下的青岛第一个工会组织，青岛工人运动也翻开了新的篇章。

1924 年 10 月，邓恩铭召集四方机厂工人积极分子开会，建立四方机厂秘密工会。数月内有 800 余人入会，占全厂工人的 60% 以上。1925 年 2 月 8 日，在中共青岛支部的领导下，在山东地方势力派的配合下，胶济铁路全线员工举行大罢工。从零时起，铁路工人用枕木钢轨封锁铁路线，司机熄灭了机车内的炉火，各段各站的工人一律停止工作，未开出的货车、客车一律不许开出；已开出的，在午夜 12 时一律停止，不再开动。整条胶济铁路全线瘫痪。

罢工斗争坚持到第九天，路局终于答应工人提出的部分条件：同意恢复郭恒祥等 4 人的工作；年终奖金照发；增薪事项原则同意，呈请上级批准后执行；关于福利待遇问题，如买大煤块等也基本同意；承认工会一事，路方认为是地方官厅的权限，应向地方当局申请，但工人可以推举代表与厂方交涉。虽然没有满足全部条件，但是党组织根据斗争的实际情况，指出：不能要求一次斗争解决全部问题，要适可而止，只要答复条件的 60%，就是胜利。四方机厂工会根据党组织的意见，决定第二天复工。2 月 18 日，四方机厂召开全体工人大会，庆祝罢工胜利，全厂 1500 余名工人参加了工会。

在四方机厂工会的基础上，胶济铁路总工会也宣告成立。胶济铁路总工会的建立，有力地推动了青岛工人运动向前发展。在其影响下，1925 年 3 月，内外棉纱厂、隆兴纱厂、钟渊纱厂、富士纱厂、啤酒厂、祥泰木厂、铃木丝厂及水道局、电话局等工厂企业工人纷纷成立工会。中共青岛支部根据工会组织的迅速发展，决定以胶济铁路总工会为主，成立四方工人联合会。青岛工人运动开始掀起高潮。

有着光荣革命历史的四方机车车辆厂，到目前已历经 120 年，于 2007 年 6 月变更为中国南车四方机车车辆股份有限公司，被誉为新中国机车车辆的摇篮。1952 年 8 月 1 日，企业创造了全国第一个第一，即新中国第一台国产蒸汽机车"八一"号试制成功；到 2015 年 3 月，连续创造出第 39 个第一，即世界首列氢能源 100% 低地板现代有轨电车下线。

中国南车四方机车车辆股份有限公司占地面积约 79 万平方米，是国家认定的高新技术企业，是中国轨道交通装备制造行业的骨干企业，是中国机车车辆的重要生产基地和出口基地，是中国高速列车产业化制造基地和城轨地铁车辆定点制造企业，是国家主要的轨道交通装备产品出口基地。主要从事铁路高档客车、动车组、城轨地铁的制造与修理，铁路机车车辆、城轨车辆零部件配套及发电设备辅机制造，金属热加工，物流及外贸等业务。拥有铁路高档客车新造、铁路高档客车修理、铁路机车车辆零部件及能源设备配套、铸锻、物流五大产业板块及生产基地。目前，南车青岛四方高速动车组市场占有率近 50%，高档铁路客车市场占有率超过 70%。生产的动车组列车有 CRH2、CRH380A 等。随着国内外铁路建设不断发展，中国南车四方机车车辆股份有限公司前景更为广阔。

百年五四，勿忘初心。我们牢记五四运动，弘扬五四精神，努力建设社会主义现代化强国，要以强大国防为后盾，以科学发展为引领，以经济发展为基础，才会永远立于不败之地。在这个方面，青岛走在了全国前面。

◎中国南车四方机车车辆股份有限公司生产的高速列车

中国自晚清以来一直被动挨打受欺负，除了旧政权腐败无能外，国防落后、科学技术落后、经济落后是三大顽疾。

自新中国成立以来，在国家运筹和努力下，青岛的国防、科学技术、经济地位和实力已今非昔比。

北海舰队、东海舰队、南海舰队是中国海军的三大主力部队，"辽宁"号航母是中国第一艘航母，母港设在青岛，可见青岛占据海军战略的重要地位。

科研兴，中国兴！海洋强，中国强！增强海洋意识，建设海上强国，成为青岛自新中国成立以来科学研究和发展的主旋律。

青岛不仅是一个优美的海滨旅游避暑胜地和重要外贸海港，还是一个声名日盛的海洋科学城，是中国海洋科学研究和发展的摇篮，在全国海洋科研方面起到了领军作用。广大海洋科学工作者抱定为国争光、为民造福的坚定信念，向浩瀚深奥的海洋进军。

新中国成立前，海洋科研在青岛还是一片空白。

中华人民共和国诞生后不久，先有农业部中央水产实验所从上海迁到青岛，后经调整发展为中国水产科学研究院黄海水产研究所。

1950 年 8 月，我国第一个海洋科研机构——中国科学院水生生物研究所青岛海洋生物研究室，由我国著名的生物学家童第周、曾呈奎和张玺教授创建，继而扩大发展为全国规模最大的海洋研究所。之后，当时我国唯一的海洋学院在青岛建立，这就是今天的中国海洋大学。

在新中国成立之初急需人才的时候，一些羁旅海外的海洋科学家冲破重重阻力，毅然归来报效祖国，成为我国海洋科学研究的奠基人。

◎航母"辽宁舰"

　　赫崇本教授从美国回到青岛，创办了山东大学海洋系，使这里成为物理海洋学研究中心和海洋气象学的发祥地。著名物理海洋学家毛汉礼，放弃在美国一家著名海洋研究所的职位，到中国科学院海洋研究所工作，充分发挥了他作为我国物理海洋学学科带头人的作用。从英国归来的水产专家朱树屏和从菲律宾归来的爱国华侨郑守仪，也都在各自的海洋科研岗位上作出贡献。

　　目前，青岛已拥有 20 多家"海"字号的科研单位，组成了一个包括海洋生物、物理海洋学、海洋气象学、海洋化学、海洋地质学、海洋涂料、海洋药物学、海洋仪器等多学科综合配套，科研、教学与生产相结合的海洋科学研究体系。

　　1955 年，童第周当选为中国科学院首届学部委员（现称院士），并任生物地学部副主任。

　　1980 年，曾呈奎、毛汉礼当选为中国科学院学部委员。

◎我国于1984年11月首次派队赴南极考察以来，有8次从青岛启航。左上图是考察队员在五星红旗下合影。

到现在，青岛各海洋科研、教学单位有28人当选中国科学院院士、中国工程院院士。

中国科学院海洋研究所原有10名两院院士：中国科学院院士童第周、曾呈奎、毛汉礼、秦蕴珊、刘瑞玉、郑守仪、胡敦欣、穆穆，中国工程院院士张福绥、侯保荣。

中国海洋大学有13名两院院士：中国科学院院士文圣常、冯士筰、吴立新、宋微波、张国伟，中国工程院院士管华诗、李庆忠、高从堦、麦康森、李华军、包振民、刘鸿亮。

国家自然资源部第一海洋研究所有中国工程院院士袁业立、丁德文、方国洪。

中国水产科学研究院黄海水产研究所有中国工程院院士赵法箴、唐启升、雷霁霖。

中国科学院海洋研究所，是中国第一个在国际海洋科学领域具有重要影响的研究所，现有在职职工720余人，其中专业技术人员638人，"973"首席科学家7人，"千人计划"学者5人，"万人计划"学者4人，国家杰出青年获得者7人，山东省"泰山学者"13人，中国科学院"百人计划"学者18人，博士生导师101人，硕士生导师172人。建所60多年来，在我国海洋科技主要领域的研究和发展中作出许多奠基性和开创性的贡献，取得1100余项科研成果，共发表论文11000余篇（其中SCI/EI收录论文3800余篇），出版专著230余部；授权发明专利近500件。

中国海洋大学是一所海洋和水产学科特色显著、学科门类齐全的教育部直属重点综合性大学，是国家"985工程"和"211工程"重点建设的高校，2017年9月入选国家"世界一流大学建设高校"（A类）。学校创建于1924年，历经私立青岛大学、国立青岛大学、国立山东大学、山东大学等办学时期，于1959年发展成为山东海洋学院，1960年被国家确定为全国13所重点综合性大学之一，1988年更名为青岛海洋大学，2002

年更名为中国海洋大学。现有中国科学院院士 6 人、中国工程院院士 7 人。全日制在校生 25000 余人，其中本科生 15000 余人、硕士研究生 8300 余人、博士研究生 1800 余人。教职工 3405 人，其中专任教师 1683 人，博士生导师 455 人，正高级专业技术人员 530 人、副高级专业技术人员 646 人。学校获国家技术发明一等奖 1 项、二等奖 2 项，自然科学二等奖 1 项，科技进步二等奖 9 项；"十二五"以来，主持国家级各类项目 1100 余项，获省部级科技奖励 34 项、人文社科奖励 51 项，被 SCI、EI、ISTP 等三大系统收录论文 17000 余篇，申请发明专利 1704 项，授权发明专利 918 项，其中国际发明专利 26 项。

◎中国实验胚胎学的主要创始人，中国海洋科学研究的奠基人童第周

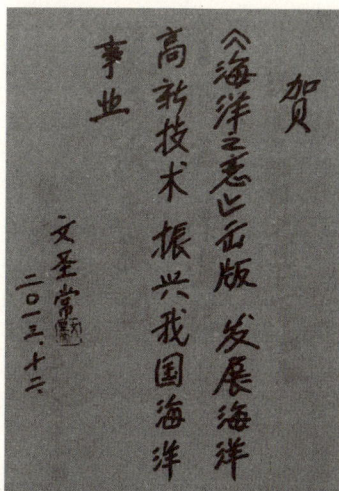

◎文圣常院士为《海洋之恋》一书题词。

从 20 世纪 50 年代初到 21 世纪初的 50 年间，我国海洋水产养殖业经历了紫菜海带、对虾、海湾扇贝人工养殖 3 次浪潮，使全国水产品年产总量超过 4000 万吨，居世界第一。

也正是因为这 3 次人工养殖大潮的成果，中国人均水产品年消费量上升到 30 千克，大大超过了世界人均 20 千克的水平。

这是一个了不起的奇迹。

中国的海洋水产养殖 3 次浪潮，均从青岛发起，再推向全国。

第一次浪潮：彻底改变了我国不能生产海带的历史，海带摆上寻常百姓家餐桌。领衔人是中国科学院院士曾呈奎。

1963 年前，我国海带主要从日本、朝鲜进口。

海带靠进口时，身价高得出奇。新中国成立初，500 克大虾才值一毛五六分钱，而 500 克海带卖一块多钱。尤其在甲亢病高发地区，海带被视为灵丹妙药，是最上等的海珍品。

海带属喜欢冷温的孢子植物。虽然我国海岸线绵延 18000 千米，但由于夏天海水温度较高，自然生长的海带是秋天放孢子，海带在中国自然无生存之地。

对中国藻类分布、形态生活史研究很深的曾呈奎，通过细心的观察发现，海带晚春、夏天也放孢子。

这个新思路以及随之而来的科研成果，将我国人工养殖海带引向了成功之路。

◎曾呈奎院士接受新华社记者采访。

曾呈奎与他的助手吴超元、孙国玉等采取海带夏苗人工低温培育法，在灯光照明的冰箱中成功地培育出了海带夏苗，并安全度过炎热的夏天，为海带人工养殖做了奠基性的工作。

中国水产科学研究院黄海水产研究所和山东省水产养殖研究所也分别发挥自己的优势，先后将灯光育苗发展为自然光育苗，从而将海带人工养殖推向了完善阶段。

随后，中国的海洋科学家们又创造了海上施肥法、切梢增产法、合理密植法、夏苗病害防治法等新技术，并在浙江、福建海域将海带南移养殖试验成功。

过去紫菜的获得多靠大自然恩赐，自1959年我国开始人工养殖紫菜，竟一发而不可收。到1985年，全国海带养殖面积达20多万亩，总产达25万吨干品，占世界海藻产量的一半，成为世界头号海带养殖生产大国。紫菜年产量达1万多吨干品，2003年我国以年产紫菜3.5万多吨干品一举超过日本和韩国，成为世界第一。

第二次浪潮：大虾不再是奢侈品。

出产于渤海的中国大虾，以壳软、肉质细嫩、营养价值高而著称于世。

由于以往人们在渤海上布下"天罗地网"，海虾遭到掠夺性捕捞，加之大量污水排入大海，负有盛名的中国对虾遭到毁灭性打击。

科学家为应对这个大虾短缺的局面，启动了人工养虾的工程。

中国科学院海洋研究所研究员吴尚勤，首先在实验室人工控制下培育出了人工虾苗。当时的国家水产部在1960年召开了现场会。中国水产科学研究院黄海水产研究所对虾组，在前组长王堉研究员和后任组长赵法箴院士的组织下，对人工养殖对虾进行了综合性的研究，并在推广应用上更上一层楼。

国家水产部门于1979年专门召开会议，组织中国水产科学研究院黄海水产研究所、中国科学院海洋研究所、青岛海洋大学、山东省海水养殖研究所、浙江省水产养殖研究所等单位，集中优势兵力进行攻关，实现了亲虾产卵孵化优质增养全过程的人工控制，取得了大规模工厂化育苗成功的战果。

从 1982 年到 1992 年 10 年间，以中国对虾为代表的海洋水产养殖第二次浪潮，使中国连续十几年创产量、出口量、育苗量 3 个世界第一，直接产值累计超过 400 亿元。

这项对发展我国人工养殖对虾具有划时代意义的重大科技成果，被评为国家科技进步一等奖。

目前，我国对虾养殖年产量达到 20 多万吨的水平。

第三次浪潮：美国海湾扇贝加入中国籍。

中国工程院院士张福绥发挥了领军作用。

张福绥认为，这种扇贝除了具有生长快、养殖一年就可以达到商品规格的特点外，还具有耐温范围广的特点，环境条件从 −1℃至 31℃都能生长。我国东部沿岸与美国海湾扇贝的原产地生态环境条件相近，引进扇贝成功的可能性较大。张福绥曾经托人或亲自共 3 次从美国带回海湾扇贝，引进跨出了成功的第一步。

经过数年试验研究，张福绥与他的助手及合作伙伴解决了亲贝促熟、饵料、采卵、孵化、幼虫培养、苗种中间培育、养成等关键技术问题，建立了一套工厂化育苗及全人工养成技术，并从 1985 年开始向各地推广，在山东、辽宁、河北等地水产系统的共同努力下，在黄渤海迅速形成国际上新兴的海湾扇贝养殖产业。

到 1994 年，我国扇贝年产量已达 30 万吨，累计产量为 100 万吨，产值达 40 亿元以上，

◎"扇贝之父"张福绥院士

产品多销往美国。正是因为这一科技成果，我国无数沿海渔民也得以借海湾扇贝养殖致富。一位世界水产养殖学术权威称这是"近10年来世界上非凡成功的水产养殖项目之一"。

1990年，此成果获国家科技进步奖一等奖。

百年五四，勿忘初心。我们牢记五四运动，弘扬五四精神，要坚持不懈走改革开放之路，要将中国经济融入世界经济。有了改革开放，才有了今天，只有继续改革开放，才会有更美好的明天。青岛和青岛人民在这方面走在了全国前面。

◎《中国青年报》连载张荣大撰写的5个整版海洋科研文章。

青岛改革开放有奇观，"五朵金花"别样红。

改革开放以来，青岛崛起了海尔、海信、青啤、双星、澳柯玛五大企业集团，这五大企业集团拥有五个中国驰名商标，被誉为青岛工业的"五朵金花"。"五朵金花"在市场竞争中争奇斗艳，香飘海内外，成为青岛特有的经济奇观。

青岛工业"五朵金花"，个个领改革之先，家家得开放之益。

过去，这些企业都有一本难念的经，甚至各有"家丑"：

海尔集团的前身是亏损147万元的一个集体小厂；海信集团原为青岛电视机厂，1977年，在参加全国第一届黑白电视机评比会上，所产的一台35厘米黑白电视机经不住震动试验散了架，被当作废品扔到一边；双星集团过去叫青岛橡胶九厂，1984 年前生产的傻大黑粗胶鞋堆积如山卖不动；澳柯玛 1991 年前亏损 2700 多万元，濒临破产；老牌的青岛啤酒，也曾两次因质量问题被勒令停产整顿。

为什么在这样"贫瘠"的土壤上，枯枝发芽吐绿，"五朵金花"竞相开放？这原因在植物学里叫"嫁接"，在工业技术领域叫"引进"。青岛工业"五朵金花"是中国改革开放大潮中成功"嫁接""引进"的硕果。

海信是青岛第一个"走出夜郎国"的国有企业。这个当年只有 10 余名员工、靠生产"红灯牌"半导体收音机起家的国有无线电小厂，于 1970 年 8 月研制出山东省第一台电子管式 14 英寸电视机；1976 年 9 月，9 英寸全塑机壳晶体管黑白电视机问世；1976 年 11 月，12 英寸木塑结构晶体管电视机试制成功；1978 年 9 月，首台 CJD18 型彩色电视机出产。终于，在 1979 年 2 月，青岛电视机总厂成立了，这是海信历史上的一次重要角色转变。但在那个时期，虽然身份是国家确定的电视机定点生产厂，但青岛电视机总厂还只是一家产品单一、基本没有品牌运作概念的企业。

老厂长李德珍满怀要改变中国电视机工业落后面貌、让中国人看上名牌国产电视机的志向，1984 年 12 月 26 日，主持从日本引进日本松下先进技术和生产线，当年安装，当年投产，生产出第一台 14 英寸彩电，靠引进实现了企业的第一次飞跃。

"当年引进彩电生产线的选择是决定海信命运的关键所系，如果一念之差选择另一条彩电生产线，海信也许像很多同伴一样不存在了。"多年后回忆这段往事，海信上下无不承认这一决策的正确性。

海信开始第二次腾飞，是从 1992 年年仅 35 岁的周厚健出任厂长开始的。1994 年，电视机市场上青岛电视机总厂生产的青岛牌渐渐变成了海信牌，海信集团就在这一年成立了。海信一靠改革，二靠科技，开辟技术与投入的"特区"，建造产业孵化航空母舰；开辟人才与分配的"特区"，让贡献大的人实现自身价值；开辟财务与管理的"特区"，保证国企血脉畅通。如今，海信已成长为大型国有控股电子信息产业集团，旗下运作海信、科龙、容声、赛维四大品牌，产品覆盖电视机、空调、冰箱、洗衣机、移动终端、智能交通、光纤通信及网络多媒体系统等领域，生产基地遍布青岛、顺德、北京、南京、成都、

◎全国人大代表、海信集团董事长周厚健为"十三五"加油。

湖州、扬州、杭州、营口、芜湖等 10 余个城市，还在国外设厂。

　　海信开始的第三次腾飞，是依赖在众多技术成果中最令海信自豪的、2005 年 6 月研发出的拥有自主知识产权并产业化的数字视频处理芯片——"信芯"。立足自主研发和技术创新，企业才有生命力；拥有自主知识产权和核心技术，企业才有竞争力。

　　企业自主研发芯片高投入、高风险、低成功率，业内对此曾经有句笑谈，"不研发芯片是等死，研发是自己找死"。为了摆脱中国电视产业配装芯片全部依赖进口的局面，海信选择挑战极限，在上海设立了 ASIC（专用集成电路）设计中心，上马研制芯片项目。从 2001 年开始的 1600 多个日子里，"信芯" 终于研发成功走下生产线，配装到一批又一批海信电视机上。

　　海信集团 2017 年实现销售收入 1110.65 亿元，同比增长 10.7%。海信电视机连续 14 年国内占有率第一，并继续保持中国最大的互联网电视云平台的领先优势；海信智能交通连续 9 年国内排名首位，接入网光模块产品连续 7 年全球排名第一；海外市场占有率稳步提升，其中在南非和澳洲市场，海信电视机的销售量和占有率、冰箱的销售额和占有率分别位居当地首位。

　　在海尔原集体小厂走投无路时，深谋远虑的张瑞敏飞赴德国，没要国

◎海信匈牙利生产车间

家一分钱，引进德国利勃海尔19条冰箱生产流水线和1942条高于国际一般标准的技术标准。

从创名牌到多元化、国际化，海尔成功实现了两大战略性跨越。海尔人现在已经获得了许许多多的荣誉，但在他们心里，分量最重的是国家质量奖。它所代表的海尔质量理念，是让海尔站稳国内和国际市场的基石。这一质量理念是一把大锤砸出来的。

那把大锤如今挂在海尔冰箱生产车间的一面墙上。1985年，企业正在艰难起步之时，张瑞敏一反当时国内企业把产品分为一、二、三等品的做法，毅然下令砸掉了76台不合格的电冰箱。在叮叮当当的锤声中，在全厂工人痛心的泪光里，"有缺陷的产品就是废品"的观念从此树立起来。

7年生聚，7年创牌，海尔在中国的市场上站稳了脚跟。审时度势，当机立断，海尔以雷霆万钧之势开始了多元化战略。经过几十年不断奋进创新，海尔从白色家电到黑色家电、米色家电，再到智慧家庭家电，连战连捷。

◎当年用大锤砸掉不合格冰箱，海尔产品质量跃上高台阶。

2017年海尔集团全球收入达2419亿元，同比增长20%。同时，集团全年利税首次突破300亿元，全球经营利润的增长率达到了41%。其中，高端品牌卡萨帝的表现尤为突出，收入增速超过40%。海外市场营业额占到了整个集团营

业额的 40%。与这份优异的
成绩单相呼应的，是海尔在
智慧家庭领域的先声夺人。
2018 年 1 月初，在美国拉
斯维加斯举行的 CES2018
上，海尔带来的一站式智慧
成套解决方案，以开放生态
圈为基础，以物联网为联结，
以智慧客厅、智慧厨房、智

◎1988年12月，海尔冰箱在全国冰箱评比中，以最高分获得中国电冰箱史上的第一枚金牌。

慧浴室等四大物理空间内的馨厨、魔镜等"网器"为交互控制中心，将空气、用水、美食、洗护、安全、健康、娱乐七大生态圈并联起来，为用户创造真实的智慧家庭场景。

青岛双星集团公司，前身是成立于 1921 年的一家鞋厂，1983 年时企业走进了死胡同。看着厂内堆积如山的 200 万双黄"解放"鞋卖不出去，新任厂长汪海抓的第一件大事就是带领人马出市跨省找出路，下决心从海外引进了先进生产线，完成了对 30 年代老设备、50 年代老工艺和几十年一贯制老产品脱胎换骨的改造。

现在的双星已发展成为拥有 5 万名员工和 140 多家成员单位的综合性大型集团公司，拥有鞋业、
轮胎、服装、机械、热电五
大支柱产业和印刷、绣品、
三产配套等辅助产业。 资
产总额 60 亿元，年销售收
入 100 亿元，出口创汇 2
亿美元。双星专业运动鞋、
双星旅游鞋、双星皮鞋和双

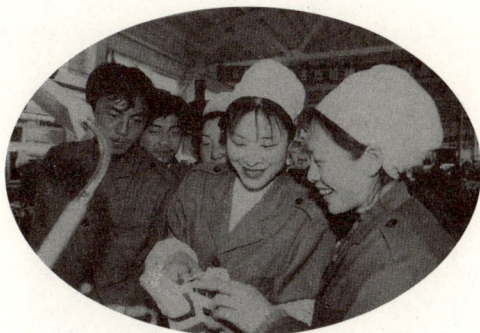

◎双星集团的青年工人

星轮胎荣获"中国名牌",双星品牌价值 492.92 亿元。

青岛啤酒股份有限公司的前身是 1903 年 8 月由德国商人和英国商人合资在青岛创建的日耳曼啤酒公司青岛股份公司,已有 116 年历史。

青啤的品牌历史悠久,在国际上的影响力大,但却是"帆很大,船很小"。1996 年被挤下全国销量第一的宝座,全厂上下极为震惊。面对激烈的市场竞争,青啤大作市场文章,实施新鲜度管理,承诺让青岛市民喝上当周酒,让外地人喝上当月酒。现在,远在黑龙江、福建、广东、云南的消费者都可以喝上当月的新鲜青岛啤酒。青岛啤酒已畅销世界 30 多个国家和地区。

1998 年,公司制定了"大名牌"发展战略,开始进行大规模的并购扩张。青啤的战略重点从"做大做强"转为"做强做大",从扩张转向整合。青岛啤酒 2013 年品牌价值 805.85 亿元,升值 28%,连续 10 年居啤酒行业首位。

青岛啤酒几乎囊括了 1949 年新中国建立以来所举办的啤酒质量评比的所有金奖,并在世界各地举办的国际评比大赛中多次荣获金奖。2018 年 1 月 27 日,青岛啤酒入选"中国工业遗产保护名录",2018 年 11 月 15 日,青岛啤酒厂列入第二批国家工业遗产名单。

目前公司在国内拥有 62 家全资和控股的啤酒生产企业,以及两家联营及合营啤酒生产企业,分布于全国 20 个省、直辖市、自治区,规模和市场份额居国内啤酒行业领先地位。其生产的青岛啤酒为国际市场上最具知名度的中国品牌,已行销世界 100 个国家和地区。2017 年青岛啤酒总资产 309.74 亿元,营业收入 262.77 亿元,同比增长 0.65%;净利润 12.63 亿元,同比增长 21.04%。

◎壮观的青岛啤酒生产线

澳柯玛是一个具有 31 年历史的企业,是伴随着中国的

◎澳柯玛冰柜生产线

改革开放，尤其是改革开放后中国工业的发展而成长起来的。在国内国际经济转型的大背景下，企业在发展中也经历过起伏。

澳柯玛1987年建厂于一个短缺经济时代。当时家电市场上，海尔进入冰箱领域，海信进入彩电领域，澳柯玛则进入冷柜领域。虽然当时进入家电市场的企业很多，但是30年后仍然存在的企业寥寥无几，可是青岛的几家企业都活下来了，而且发展比较稳健，这得益于企业不断创新、不断超越，正如澳柯玛的企业精神"没有最好，只有更好"，"不满足、不停息"是青岛企业甚至青岛工业文明、青岛企业家的精神所在。

澳柯玛的"三智工程"，即智能家电、智慧冷链、智能制造工厂。澳柯玛在智能家电方面已实现以用户为中心的应用场景和应用体验打造，这是一个完整的解决方案；智慧冷链，就是打通制冷产品全冷链产品线，实现从田间到餐桌的完美解决方案。目前，公司已基本形成了全套的、标准化的解决方案，建成了全冷链硬件和软件系统；智能工厂正在全面建设中。澳柯玛自 2006 年二次创业以来，制定了突出优势主业、发展规模效应、全面增强企业整体实力的发展策略，集中精力做好制冷家电、电动车、小家电三大产业，并得到了迅猛发展，公司新的产业格局已初步形成。公司拥有员工 7000 多人，具备年产冷柜 300 万台、冰箱 300 万台、生活家电 500 万台、洗衣机 400 万台、电动车 100 万辆、基于互联网的自动售货机 1 万台的生产能力，营销网络覆盖全球五大洲 100 个国家和地区。

2017 年，澳柯玛家电业务等总资产 48.98 亿元，营业收入 46.61 亿元。

青岛工业盛开的"五朵金花"，在全国工业改革开放盛开的百花园中大放异彩。

青岛，永远走在感恩五四运动的路上。

青岛，永远走在弘扬五四精神的路上。

第二十二章　五四研究再补充

百年前爆发的那场五四运动，至今依然震撼人心，像一首伟大的反帝反封建运动的绝唱，其旋律依然回旋在人类舞台；像一座高过珠穆朗玛峰的丰碑，永远屹立在中国大地上，并且已经成为有着五千年文明史的中华民族一笔极为宝贵的物质和精神遗产。

当年那些冲锋陷阵参加五四运动的先辈们，都已经远离我们而去。我们要了解那段刻骨铭心的历史，还原先辈们不屈不挠的斗争情景，以传承五四精神，激励后人，主要是通过阅读先辈们写下的著作、回忆录，观览保留下的历史档案、文物实物，阅读当年的新闻报道，以及不是当年当事人的众多现代专家、学者、作家、作者所撰写的研究文章和追忆文章等来实现的。史料是丰富的，研究也是比较深入的，但是也不得不说，五四运动的研究虽然取得丰硕成果，但离广泛、深入、细致、精准还有很长的路要走。

笔者撰写这部《百年五四与青岛》，就是要让五四情怀在新时代发扬光大。

感同身受的是，我们一谈到五四运动，几乎所有的人都会脱口而出"青岛是五四运动的导火索。"但是，再追问为什么青岛是五四运动的导火索，

"青岛是五四运动导火索"的来龙去脉是什么，能说出个一二三的，能讲上几个关联历史事件的，能摆出青岛与五四运动密切关系的，就少之又少了。这就是五四运动研究的一个短板。

这本《百年五四与青岛》力求补上研究五四运动的这块短板，不把"青岛是五四运动的导火索"当作引子来肤浅地说明，而是把"青岛是五四运动的导火索"当作根源来深层次研究；不是把青岛当作五四运动的配角来研究，而是把青岛当作五四运动的主角来研究。转化和深化研究的角度，就会真实、客观、深刻地反映历史的真相，五四运动与青岛本身是一个整体，谁也离不开谁。

希望读者读过这本书后，既会怒火中烧，也会激情跌宕；既会嫉恶如仇，也会大爱无疆；既会忧国忧民，也会勇往直前。

年轻的青岛与中国众多历史悠久的城市相比，远远不在一个重量级上。而屡被侵略者占领掠夺的青岛身单力薄，与那些实力雄厚的城市来比，也远远不在一个层面上。

但是，历史却造就了青岛的特殊作用和地位。有一个不争的事实：年轻穷困的青岛因主权回归引爆了一场空前绝后的伟大的五四运动，竟然成为两次国际会议的一个重大焦点，这种历史地位、作用和影响力，是中国任何城市无法比拟的。青岛主权回归，是五四运动的出发点和目的，是中华民族核心利益的象征，没有力争青岛主权回归，就不会爆发五四运动；没有五四运动力挽狂澜，青岛主权回归就不会梦想成真。从这个意义上讲，对五四运动历史的研究，应该将青岛回归主权全过程的研究提升到最重要处，补齐青岛主权回归问题研究的短板，且势在必行。

由于以往研究五四运动史或撰写教科书时，对"青岛是五四运动导火索"缺乏深入的追根溯源，没有弄清来龙去脉，没有把青岛主权回归问题摆到五四运动史的重要地位上进行全面深入研究，不能不说是一种缺憾。1999 年以前，无论是历史学界还是宣传媒体，在这方面均有所忽视，鲜有成果问世。

究其原因，首先是在过去的 80 年间，中国史学界都将五四运动的主要研究方向集中在五四运动本身，而对于"导火索"的由来、演化、爆发以及五四之后的进程等缺乏全面系统的研究，从而忽视了青岛在五四运动历史上的作用与地位的研究。

其次，5 月 4 日被定为中国青年节后，在历年的宣传和纪念上偏重于青年的内容，在客观上淡化了五四运动的社会意义和历史意义。

最后，与五四运动有着密切关系的青岛，缺乏历史研究队伍和重大学术成果，青岛在中国近代历史和社会中的地位与作用的研究被忽视，青岛的历史文化地位与影响力被淡化，导致了人们对青岛与五四运动的密切关系的漠视。因此，长期以来，对于青岛这座城市在五四运动乃至所有与青岛有关的中外重大历史事件中的地位与关系的研究严重不足。人们所知道的就是教科书上的一句话——"青岛是五四运动的导火索。"因此，青岛本身应努力提高在五四运动中的历史地位，青岛的史学界率先注重并开展青岛在五四运动中的地位的研究，一切从自己做起、做好，青岛就会产生青岛与五四运动的正传、大传。

青岛逐渐认识到这个问题的迫切性和重要性，开始并推进了这项系统工程的建设。

青岛市 1992 年掀起了第二次改革开放热潮，果敢实施"转让机关大楼，开发市区东部"战略，即决定将机关老办公楼迁离前海栈桥一带，移往市区东部开发建设新天地，把原有的 6 幢老办公楼转让出去用于发展第三产业，奏响了青岛大开发的"东进序曲"。

这一引起国内外关注的投石问路之举，首先震动了四平八稳的青岛，民众对此举褒贬不一。

而青岛市委、市政府认为，如果怕说三道四，只会一事无成。青岛市长期以来由于囿于房地产禁区，守着遍地黄金屋，缺少城市开发建设资金，这方面的工作已经落后于全国和全省。市机关原在地办公环境优良，但带动不起整个城市的发展。只有机关带头迁出闹市，走出围城，开发山东路以东、湛流干路（今香港路）以南最佳地段近千亩土地，才能争取在两到三年内建成一个全市新的政治、商业、文化中心。

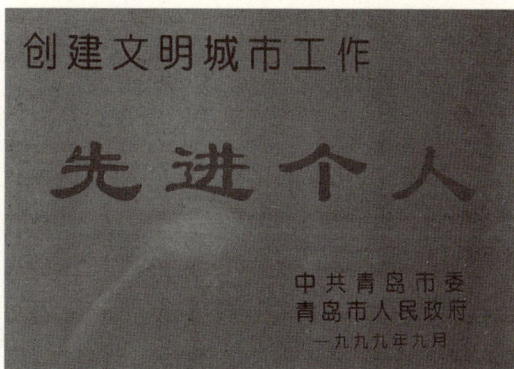
◎张荣大获得的奖牌

从1992年4月20日起不到20天，青岛市就从各个部门抽调46名精兵强将成立指挥部，住进一家招待所，紧锣密鼓运转起来。仅用8天时间，指挥部就组织本市8个设计单位拿出了14个规划设计构思方案，而在平时这要耗费3个月时间。

不到两个月，可供开发的出让的890亩土地，被国内外26家客商"瓜分"，我国香港、台湾和中外合资企业客商出让金额占70%以上。青岛的"东进序曲"越奏越嘹亮。

新华社记者从1992年5月4日至1994年7月29日，连续采写了7篇新华社新闻稿，播发后引起国内外广泛关注和反响。这7篇新闻是：《青岛大开城门发展房地产业》《青岛市四大机关东迁新建办公楼工程招标》《青岛市四大机关新办公楼今天奠基》《青岛四大机关陆续迁出繁华区》《青岛原机关大楼开始拆除》《青岛市区东部成为开发建设"热土"》《青岛市转让机关大楼带动一方繁荣》。1999年9月，中共青岛市委、青岛市人民政府表彰一批创建文明城市工作先进个人，新华社记者张荣大名列其中。

青岛市转让黄金地段的原机关大楼，引来了一片繁荣。受益最大的当

◎青岛市机关新办公大楼

属新机关大楼所在的市区东部，这块 1.5 平方公里的城乡接合部，立即变为开发建设的热土。市委决定迁址不到两个月，这里就接待了 200 多个投资团组，与 20 多家房地产公司签订了合同。到 1993 年年底，已有 29 家公司在青岛东部进行工商注册，其中 27 家三资企业的总投资就达 5.29 亿美元，合同利用外资 3.35 亿美元，奠基开工项目 16 个。青岛市区东部通过房地产开发，将兴建 30 多万平方米的商业经营面积，房地产产业已成为这里的龙头产业。

与青岛市区东部邻近的石老人旅游开发区、高科技工业园和一海之隔的青岛市经济技术开发区，也在青岛市委东迁的实施中步入了开发建设新阶段。数百个项目在这里签约，仅两个大项目的投资就计 70 亿元。

在房地产开发大潮中，青岛市并没有把黄金地段全部用于房地产开发，而是在 1997 年作出一个惊人之举，即在市委大楼面南正前方、浮山湾最佳地段建起"五四广场"，为迎接21世纪新时代修建了青岛市一个标志性景观，更为五四运动在青岛树立了一座丰碑。

五四广场总占地面积10万平方米，建有大型草坪、音乐喷泉。其主体雕塑"五月的风"，重达700吨，高30米，直径27米，采用螺旋向上的钢体结构组合，以单纯洗练的造型元素排列组合为旋转腾升的"风"之造型，火红的色彩，充分体现了五四运动反帝反封建的爱国主义基调和张扬腾升的民族力量。"五月的风"18层，寓指自改革开放之初至雕塑建成之日的18年里青岛取得的辉煌成绩，加上底座为19层，又寓指莫忘1919年的五四运动，提醒人们勿忘国耻！

对面海中有可喷高百米的水中喷泉，使整个景区显得宁静典雅、舒适祥和。五四广场荣获国家市政工程最高奖"金杯奖"、国家建筑工程最高奖"鲁班奖"。

1999年5月4日是五四运动80周年纪念日，这是一个历史的重大节点，也是宣传五四运动与青岛的最佳时机，尤其青岛兴建了五四广场和"五月的风"这个具有划时代意义的标志性建筑，应全力为纪念五四运动80周年做好宣传工作。

在五四运动80周年临近的1998年下半年，新华社青岛支社作了一个全面细致的策划，要牵头组织采写《难忘青岛回归》报纸长篇连载，编撰出版《五四运动与青岛》大型画册，举办"五四运动与青岛"大型图片展。这3项活动都属于青岛的第一次，规模之大，影响之大，难度之大，质量之高，都是前所未有的，带有原创性的。

方案有了，需要领导支持，更需要经费。于是忙活了几个月，新华社青岛支社起草了一份专题报告，报送青岛市委主要领导和新华社山东分社领导。上级对作者积极主动为青岛纪念五四运动80周年勇挑重担给以充分肯定，特别是青岛市委主要领导批复有关部门给予资金支持，各个项目迅速进入实战状态。

◎青岛五四广场

　　经协商确定，《五四运动与青岛》大型画册由中共青岛市委宣传部、新华通讯社山东分社编辑，主编王永生（青岛市委常委、宣传部部长）、柴杯吉（新华社山东分社社长），副主编张百新（新华社山东分社副社长）、张荣大（新华社青岛支社社长）、徐建宏（青岛市委宣传部副部长）、张树枫（青岛社科院研究员）、吕曰让（青岛市档案局局长）。

　　在时间紧、任务重的情况下，各个专题组紧张有序地开展工作，力争高质量、高速度打好这一硬仗。张荣大邀请青岛市社科院研究员张树枫、青岛市档案馆编研处处长于佐臣、青岛大学副教授孙顺华，带头并组织几位研究历史的专家学者分头赶写《难忘青岛回归》报纸长篇连载文章。成稿 5 万字的《难忘青岛回归》是新华社供《青岛晚报》的专稿，以每天1500 字的版面，从 1999 年 4 月 20 日至 5 月 31 日连续刊载。

　　与此同时，张荣大、张树枫和新华社青岛支社派人首先到青岛有关部门联系并收集有关五四运动的老照片和资料，又赴北京新华社中央照片档案馆收集关于五四运动的老照片和资料，边收集边撰稿，常常废寝忘食，通宵达旦，终于编写出了有 260 多幅照片（其中有 210 幅是珍贵的老照片）、中英文对照的《五四运动与青岛》大型画册，由新华出版社出版，发行 3000 册。

紧接着，他们又赶到北京新华社图片社制作《五四运动与青岛》大型图片展板，与制作人员具体商量展板格式、材料选材、制作效果，忙得顾不

◎《青岛晚报》连载新华社专稿《难忘青岛回归》。

上吃饭休息。整个图片展板内容丰富，整体壮观，制作精良，有很强的视觉冲击力和感染力。图片展分为"五四运动导火索""举国抗争，还我青岛""艰难的青岛主权回归""五四精神在青岛"四大部分，共计 240 多幅图片。1999 年 4 月 28 日，在纪念五四运动 80 周年前夕，"五四运动与青岛"大型图片展在青岛博物馆开幕，市委主要领导出席，社会各界人士前来参观，开展的当天就受到群众热烈欢迎和高度评价。连日里，参观者络绎不绝，好评如潮。后来，《五四运动与青岛》图片展又在青岛电视塔等地长期展出。最后被青岛市档案馆永久收藏，成为青岛市重要历史资料。

从此之后，有关青岛和国内研究青岛与五四运动的关系及所处地位的论点，都由"青岛是五四运动的导火索"小合唱直接跨越到"五四运动与

◎《五四运动与青岛》大型画册

青岛"融为一体的大合唱，成为主旋律。

1999年2月，青岛市委主要领导接到一位市民的来信，反映中央电视台《青春中国》栏目正在制作一部关于纪念五四运动的电视专题片，由于青岛与五四运动有着密切关系，建议青岛能够参与到这一纪念活动中去。

市委主要领导非常重视这一建议，批转市委宣传部办理。于是，市委宣传部领导便派外宣办到北京与中央电视台相关部门联系，邀请他们到青岛来摄制《青春中国》专题片。然而令人失望的是，央视相关栏目组编导认为"五四运动是在北大和北京爆发的，与青岛没有关系"，谢绝了青岛方面的邀请。外宣办的同志再三解释五四运动与青岛有密切关系，但又无法从史实和理论方面予以解释。于是，央视方面答复说："请将青岛与五四的关系解释明白以后再作决定是否到青岛摄制。"市委宣传部领导遂联系青岛市社科院研究员张树枫，因为他先前一直从事青岛历史研究工作，对于德、日侵青历史和青岛主权回归的历史深有研究。这次趁热打铁，他接到电话之后立即从外地返青，当天上午即奋笔疾书，对胶澳设防胶州湾事件、德国强租青岛、第一次世界大战、日本从德国手中抢夺青岛、"二十一条"、巴黎和会、五四运动爆发、华盛顿会议、青岛主权回归等若干重大事件进行叙述，指出了青岛在中国近代历史上的地位，以及青岛与巴黎和会、与五四运动的密切关系等历史事实，最终归结为"青岛是五四运动的导火索，收回青岛主权是五四运动斗争的核心诉求和口号，青岛主权回归是五四运动的胜利成果”，这3条历史事实构成了“青岛与五四运动密不可分”的重大理由。

稿件当天上午即传真到中央电视台。中午12时，从北京传来好消息：中央电视台对于青岛与五四运动的历史关系如此密切深感惊讶，也极为震撼，当即表示要将青岛作为专题片的主要摄制地。同时，央视其他栏目也对青岛与五四运动的主题表现出极大兴趣，将会联袂到青岛实地采访制作，请青岛方面做好接待工作，称特别是专题片和相关栏目的策划方案与实施方案要尽快准备好，以便马上开始拍摄制作。

青岛市委、市政府对此极为重视，当即成立了由青岛市委宣传部、青岛市团市委有关同志组成的筹备小组，筹备“五四运动与青岛——纪念五四运动80周年”相关活动，并要接待好中央电视台栏目组。张树枫因此成为本次纪念活动的总策划和总撰稿。

3月上旬，中央电视台的4个栏目组同时到达青岛，活动组织者和青岛方面策划和撰稿者向中央电视台栏目组介绍了“五四运动与青岛”纪念活动的策划方案、历史背景资料、探访内容和实地拍摄景点等。针对各栏目组的摄制主题内容，筹备小组与中央电视台敲定各个分策划方案，如《东方时空》则根据其栏目主旨和播出风格将其定位在为什么青岛成为五四运动的导火索，以及今天我们应该如何通过五四运动来促进民主与爱国主义的主题；《青春中国》是一部专题纪录片，也对拍摄作了具体安排。青岛方面同时为栏目组提供了大量的历史档案资料和研究成果。各栏目摄制组在青岛老市区拍摄了众多现场实地外景，在节目中融入了浓厚的青岛历史文化元素。

《第二起跑线》是4个栏目中规模最大的一个。为了全方位宣传青岛，青岛筹备委员会和专家策划人建议将录制现场放在五四广场，以“五月的风”为背景，突出“五四”与“青岛”两大元素。这一策划方案得到宣传部和团市委领导的同意，也得到《第二起跑线》栏目组的认可。于是，团市委与青岛市教育局在全市范围内通过竞争选拔了一批中小学校，各个学校又通过选拔、组队参加了《第二起跑线——五四运动与青岛》知识竞赛抢答节目。

《第二起跑线》栏目最重要也是最紧迫的任务是拟定出系列的知识问答题，范围涉及世界和中国以及与青岛有关的历史知识，特别是围绕着"五四与青岛"延伸开来。

经过一周夜以继日的奋战，张树枫终于拟定了百余条与青岛、五四的历史相关联的提问和答案内容以及青岛与五四的历史背景资料文稿，发放给参加栏目录制的各个学校，再由学校根据试题先行竞选，从中选拔出校代表队参加竞赛活动。一场全面学习青岛城市历史文化、宣传普及五四运动历史与精神的学习活动在青岛市教育界紧锣密鼓地开展起来。

4月上旬的一天，以"五月的风"雕塑为背景的广场上聚满了来自青岛市各参赛学校的代表队伍，四周的空地上则挤满了青岛市民，用"人山人海"来形容毫不为过。广场上弥漫着欢快、紧张的气息，更显现出青少年学子青春、活泼、向上的风貌。

节目录制得非常顺利，气氛非常热烈。栏目组还专门请到了老艺术家田华、歌唱家关牧村在录制现场朗读王蒙的散文诗《青春》。争抢答题的过程显现出了青岛中小学生深厚的历史知识功底和优秀的答题能力，各代表队你争我抢，紧张有序。几个小时的录制中没有出现一处差错混乱，一切都在顺利进行中。

由于五四播期临近，时间紧迫，中央电视台各个栏目组的摄制、采访和新华社的活动项目等都是同步进行，筹备组的同志陪同栏目组一起实地拍摄、查阅资料、接受采访。最终顺利完成了各栏目组的摄制任务。

1999年5月4日前后，中央电视台分别播出了各个栏目组在青岛摄制的纪念五四运动的系列节目，受到极大关注和欢迎。中央电视台的一系列特别节目，让全国人民全面深入地了解了青岛百年历史文化，了解了五四运动与青岛的密切关系，在全国乃至世界范围内扩大了青岛城市的影响力。特别是《第二起跑线》节目播出后，在全国中小学观众中引起轰动，被认为开创了在室外大型广场上录制节目的先河。节目主题鲜明，历史知识性突出，是爱国主义教育的一个好模式。

在新华社、中央电视台积极报道五四运动与青岛以及青岛大力开展纪念五四运动 80 周年活动的同时，山东省、青岛市的报纸、电视等地方媒体也积极参与纪念活动，对青岛市五四运动纪念的进程与专题项目予以全程跟踪报道，并在众多栏目里开设了"五四运动与青岛"的纪念活动的采访、专访、报道。青岛电视台在演播大厅还举行了一场发扬五四精神的大型现场纪念活动，邀请了老红军、原中国科学院海洋研究所老领导及张树枫为特邀嘉宾，与市民共同制作了节目。能够容纳 800 余人的演播大厅坐满了学生和市民，现场采访和提问互动的场景热烈感人，播出后在市民中产生了较大影响。

青岛纪念五四运动 80 周年系列活动取得了圆满成功，产生了强烈的社会反响，是关于五四运动与青岛的一次广泛的普及教育，为丰富五四史料、弘扬五四精神作出了重要贡献。

从此以后，青岛与五四运动的密切关系终于为世人所熟知，也得到史学界的充分认可。在以后凡是有关青岛历史文化的历史研究成果、电视专题片制作、博物馆陈列等文化领域里，"五四运动与青岛"都成为不可或缺的主要内容。"五四运动与青岛"已经深深刻印在青岛历史轨迹和城市文化的血脉与灵魂中。

多年来，新华社还播发了多篇记者单独或记者与通讯员合作撰写的有关"五四运动与青岛"史料的稿件，主要有：

《青岛市档案馆发现日本侵华又一重大新罪证 日军当年从青岛转

口输出招募强掠的中国劳工达 70 万人》（新华社青岛 1999 年 10 月 9 日电）；

《传教背后是侵略——从"巨野教案"揭露外强侵占青岛黑幕》（新华网青岛 2000 年 10 月 3 日专电）；

《日伪"劳工训练所"罪恶大揭秘》（新华社青岛 2000 年 3 月 8 日电）；

《历史学家说青岛 日伪"劳工训练所"罪恶累累》（新华社青岛 2000 年 3 月 19 日电）；

《日军侵华档案揭秘之一：青岛市图书馆新发现一批日军侵华历史罪证》（新华网青岛 2000 年 8 月 11 日专电）；

《日军侵华档案揭秘之二：当年日本在青岛设立众多特务机构》（新华网 2000 年 9 月 16 日专电）；

《日军侵华档案揭秘之三：无孔不入的经济掠夺》（新华网 2000 年 9 月 21 日专电）；

《日军侵华档案揭秘之四：日军美术作品大肆描绘侵华战争场面》（新华网 2000 年 9 月 21 日专电）；

《青岛公布百人劳工名单并开通寻找专线》（新华网青岛 2002 年 1 月 30 日电）。

"五四运动与青岛"的主旋律，已在青岛唱响。

在青岛旅游文化领域，"五四运动与青岛"也成为宣传青岛历史文化品牌的重要内容，在《青岛导游》等图书和导游讲解词中占有一席之地。

青岛地铁也设了五四广场站，有 7 个出口，旅客流量很大，为到五四广场参观的人提供了方便。

从青岛轰轰烈烈举行纪念五四运动 80 周年之后，每年的五四运动纪念日，各层面都会开展丰富多彩的纪念活动，这已经成为常态。

◎青岛地铁五四广场站

　　时间飞驰到 2018 年，一个纪念五四运动 99 周年、迎接五四运动百年大庆的活动，在青岛又掀起了一次庆祝热潮。

　　为认真学习贯彻落实党的十九大精神，团结带领广大团员青年为建设时尚幸福的现代化国际城市贡献青春力量，2018 年 5 月 4 日，由青岛市市南团区委主办，共青团青岛大学委员会和市南区文明办协办的市南区纪念五四运动 99 周年暨"青年志愿者在行动"启动仪式，在青岛大学国际学术交流中心举行。

　　大会向"交通引导""外事帮"等 4 支特色青年志愿者服务队授旗。大会希望广大青年志愿者以饱满的热情勤学善思，打造一支高素质专业化的队伍，希望广大青年志愿者以高度的责任感崇德尚贤，树立志愿者良好的形象，希望广大青年志愿者以坚韧的毅力忠于职守，圆满完成志愿服务任务。

伴随着精彩的诗歌朗诵《献给志愿者的诗》，志愿者队伍面向全社会发出倡议，让大家共同行动起来，从现在做起，倡导文明，奉献社会，积极做志愿服务的实践者和传播者；从身边做起，用真诚的爱心和无私的关心帮助别人，在人与人之间传递感恩和温暖；从自己做起，用善意微笑和文明行动带动和感染周围每一个人，让更多的人加入志愿者的队伍中来。

"青年志愿者在行动"启动后，将对前期招募的志愿者从志愿服务通用知识、应急救护等多个方面开展专业化的培训，提高志愿者服务的专业化水平，为今后在市南区辖内的各项重大活动中，提供外语外事、道路交通引导、清朗网络空间共建等志愿服务。市南团区委也将在6月份开通"外事帮"青年志愿服务热线，由熟练掌握英、俄、西等8种语言的近100名青年志愿者作为强大后盾，在各类重大活动期间，任何组织或个人都可以通过拨打热线，申请免费的语言类、外事类青年志愿服务。

5月8日，青岛科技大学"奋斗的青春最美丽"——纪念五四运动99周年"榜样青春"颁奖典礼暨第十一届合唱比赛决赛在四方校区西礼堂举行。

弘扬五四精神、传播榜样力量，以"奋斗的青春最美丽"为主线的"榜样青春"颁奖典礼，对在基层团建、创新创业、社会实践、志愿服务、校园文化等活动中涌现出的优秀青年和青年集体进行表彰，号召广大青年学子以榜样为方向，以青春之我、奋斗之我，为"双一流"和"五有"高水平大学建设作出新的更大贡献。

经过前期预选赛，共有12支合唱队脱颖而出，进入决赛现场。各合唱队满怀激情，歌唱青春的无限梦想，讴歌爱党、爱国精神，展现了朝气蓬勃的青春风采。机电学院的《在太行山上》、中德科技学院的《保卫黄河》、中德双元学院的《国土》等生动地表达了中国人民英勇抗击侵略的大无畏的革命气概和高昂的战斗热情，化工学院的《长江之歌》、海洋学院的《彩虹》、环境学院的《在灿烂的阳光下》唱出了对祖国壮美河山的热爱之情，经管学院的《我爱你中国》、材料学院及信息学院分别演唱的《共筑中国梦》、高分子学院的《国家》、外语学院及高密校区分别演唱的《不忘初心》、化学院的《走向复兴》，展现了新时代青年的爱国主义热情、斗志昂扬的精神风貌，展现了为实现中华民族伟大复兴中国梦而奋斗的科大学

◎青岛市市南区团委读书会现场

◎青岛科技大学合唱比赛决赛

子的青春力量。比赛在艺术学院带来的《小河淌水》悠扬的歌声中落下帷幕。

　　2018 年 4 月 26 日上午，青岛市首家以展示五四运动历史为主题的红色文化展馆——"五四运动与青岛"陈列馆，在馆陶路 49 号的交运文化新天地景区开展。陈列馆举行了"距五四运动爆发 100 周年倒计时 365 天"签名活动。市区众多单位、机构、驻青部队及学校自发组织青年人前来参与活动。

　　活动在雄浑的《光荣啊，中国共青团》歌声中拉开帷幕。青年们面向团旗，紧握拳头，在陈列馆领誓员的带领下庄严宣誓，重温了入团誓词。随后，大家纷纷在"倒计时红旗"上签下自己的名字。下笔之际，大家的爱国之情油然而生，进取之心愈加坚定，散发出了强烈的爱国情怀，弥足珍贵的红色基因不经意间印刻在了大家心田里。

　　签名仪式后，人们参观了"五四运动与青岛"陈列馆。4 个板块展厅展出了若干珍贵史料，通过老照片、老档案、纪录片等多种展览形式，对五四运动的深刻内涵和崇高的历史地位予以解读，并着重阐述了其对中国

◎"五四运动与青岛"陈列馆

◎青年们在百年五四"倒计时红旗"上签名。

共产党诞生和发展的直接影响，使观众们得以对共产党人的"初心"和"使命"有了新的感悟，对五四运动这座推动中国历史走向进步的不朽丰碑有了新的认识。

下一步，陈列馆将坚持致力于推动青岛五四运动文史研究与红色文化学术交流，使更多的民众在此接受爱国主义教育的"红色"洗礼，汲取精神养料，勇敢面对任何艰难险阻，将五四精神永远继承和弘扬下去，更好地服务社会、奉献社会。

继纪念五四运动80周年活动，由张荣大主导组织专家学者取得"五四运动与青岛"3项成果后，现在张荣大又执笔与张树枫合作完成《百年五四与青岛》文图并茂专著，全书17万字，270幅照片，其中老照片235幅，实现了从"青岛是五四运动的导火索"跨越到"五四运动与青岛"主旋律，又跃升到"百年五四与青岛"的时代大合唱，为研究五四运动史贡献了自己的一点力量。

五四运动走过了光辉的一百年，历史作证，她的丰功伟绩永载史册。

五四精神传承了光辉的一百年，历史作证，她的光辉将继续普照大地。

图书在版编目（ＣＩＰ）数据

百年五四与青岛 / 张荣大, 张树枫著. -- 青岛：
青岛出版社, 2019.4
ISBN 978-7-5552-8216-7

Ⅰ.①百… Ⅱ.①张… ②张… Ⅲ.①五四运动－史
料－青岛 Ⅳ.①K261.106

中国版本图书馆CIP数据核字(2019)第070703号

书　　　名	**百年五四与青岛**
著　　　者	张荣大　张树枫
出版发行	青岛出版社
社　　　址	青岛市海尔路 182 号（266061）
本社网址	http：//www.qdpub.com
邮购电话	13335059110　0532-85814750（传真）0532-68068026
策　　　划	高继民
责任编辑	刘　坤　刘　冰
装帧设计	戊戌同文
印　　　刷	青岛新华印刷有限公司
出版日期	2019 年 4 月第 1 版　2019 年 4 月第 1 次印刷
开　　　本	16 开（710mm x1000mm）
印　　　张	20.5
字　　　数	400 千
印　　　数	1 - 5000
书　　　号	ISBN 978-7-5552-8216-7
定　　　价	54.00 元

编校印装质量、盗版监督服务电话 4006532017　0532-68068638